More Honey

뭐 하니?

한 줄 성경

More Honey 한 줄 성경

초판 1쇄 발행 2021년 11월 20일

지은이 정기호
펴낸이 장길수
펴낸곳 지식과감성#
출판등록 제2012-000081호

교정 김우연
디자인 박예은
편집 박예은
검수 백승은, 이현
마케팅 고은빛, 정연우

주소 서울시 금천구 벚꽃로298 대륭포스트타워6차 1212호
전화 070-4651-3730~4
팩스 070-4325-7006
이메일 ksbookup@naver.com
홈페이지 www.knsbookup.com

ISBN 979-11-392-0182-6(03230)
값 15,000원

지식과감성#
홈페이지 바로가기

• 이 책에 인용된 성경은 개역개정판입니다.

그림이 있는 암송책

More Honey 뭐 하니?

한 줄 성경

신·구약 150개 축토링 수록
장절주소 연상 550개 수록

* 축토링: '압축어 스토리텔링'의 줄임말

정기호 지음

줄임말과 재밌는 스토리텔링으로 쉽게 암송하고 오래 기억해보세요!

지식과감성#

More Honey

뭐 하니?

한 줄 성경

신명기 32:11	축토링	새끼 훈련과 보호
마치 독수리가 자기의 보금자리를 어지럽게 하며	독수리가 '어	
자기의 새끼 위에 너풀거리며	너	
그의 날개를 펴서 새끼를 받으며	새. 받	
그의 날개 위에 그것을 업는 것 같이	업' 같이	

(어느새 받어)

축토링='압축어 스토리텔링'의 줄임말

주의 말씀의 맛이 내게 어찌 그리 단지요 내 입에 꿀보다 더 다니이다(시 119:103)

머리말

귀한 말씀에 대한 각자의 암기 요령이 대개 있을 것입니다.
이것을 한곳에 모으고, 의견도 나누고, 함께 공유하고자 합니다.
하나님이 주신 은혜로 생성된 '축토링'의 독특한 재미를 혼자 느끼기에는 아쉬워, 공유하고자 과감히 펜을 들었습니다.

〈이 책의 성격〉

* 주요 말씀의 QT책 = 아닙니다.
* 주요 말씀 전체 암기책 = 아닙니다.
* 주요 말씀 핵심 되새김책 = 맞습니다(기발한 압축어+삽화로 오래 기억됩니다).
* 주요 말씀 핵심 되새김 요령책 = 맞습니다(기발한 압축어를 새로 만들었습니다).
* 주요 말씀 장절주소 암기책 = 맞습니다(신세대 감각에 맞춘/유머+재치가 넘칩니다).

말씀 암송 = 훈련생의 전유물이 아닙니다.

대개 제자반, 전도폭발 등 각종 훈련 시에는 정해진 말씀을 의무적으로 암송하게 됩니다. 훈련 종료 후 되돌아보면 언제 암송했었지? 아쉬움을 토로하게 됩니다(사후관리 필요합니다).

망각은 필연적이므로 자투리 시간을 활용하여 '주요 말씀'을 '축토링과 삽화'로 줄거리를 재음미해 보는 것입니다. 이리하여 살아 있는 말씀이 능력이 되어, 우리 삶에 작동하게 되면 '내 삶의 이유'라고 고백하게 될 것입니다.

부모님들이 먼저 주요 말씀을 축토링과 암송에 힘 기울이는 모습은 보석보다 더 귀합니다.
이런 귀한 모습을 보고 자란 아이들은 말씀을 비교적 가깝게 지내게 됩니다.
이보다 큰 유산은 없을 것입니다.
자녀들이 초등학교 5학년 이상이면 각종 주요 말씀(핵심 말씀/연초에 받은 말씀/훈련 암송 말씀 등)을 주말에 부모님과 함께 月에 1~4회 정도 축토링 작성 가능합니다.

'주요 말씀의 암송 축약'을 통해 말씀에 대한 거부반응의 최소화는 물론, 암기 능력의 향상, 성경적 신조어 창출, 산 너머 숲의 시각, 새로운 것에 대한 융합 시각 등을 경험하게 될 것입니다.
아이들은 아이들 수준에서, 청년들은 청년들 수준에서, 장년들은 장년들 수준에서 축토링을 이용하여 말씀의 깊은 뜻을 헤아리게 될 것입니다.

이 책을 통하여 많은 영혼이 살아 있는 말씀의 힘을 얻기 원하며, 매일매일 삶 속에서 은혜가 넘치기를 고대합니다.

목차

'축토링'이란? 축토링='압축어 스토리텔링'의 줄임말

A. 필요성

1. 영적 양식인 말씀을 매일 먹지 않는다면, 이는 영적 빈사 상태이다.
2. 성경책을 꾸준히 읽기(묵상) 어렵다면, '주요 말씀'이라도 반복, 되새김하자!
3. 잊혀가는 주요 말씀의 '핵심'이라도 재미있게 오래 기억하자!
4. 망각은 필연적, 반복하여 '돌'에 새기자! 십계명처럼….
5. 축토링 암기로 '물 떠 온 하인만이 아는 기쁨'을 향유해 보자.

B. 의미

1. 말씀의 핵심(줄거리)을 '내 것化'의 지름길이다.
2. 줄거리 속으로 헤집고 파고든다.
3. 영광 굴비를 꿰어 해풍에 말려 맛을 내듯이, 핵심 말씀을 꿰어 '축토링 굴비'를 만든다.
4. 그리하여 말씀의 은혜 속으로 풍덩~ 빠져든다.

C. (외형상)특색

1. 축토링 = 한 줄 성경.
2. 요절 말씀마다 '압축 제목'이 있어, 쉽게 기억된다.
3. (노랑 바탕) 축토링 정식 표기+삽화가 첨부되어 있다.
4. (우측 빈칸) 독자 축토링 = '독자 참여'란 제공(자기 축토링을 기록할 수 있다).
   = 채택되면, '증보판'에 반영 예정입니다.
5. 축토링이 만들어지는 과정(주요 단어/첫 단어/첫 글자/동사 등)이 자세히 표현되어 있다.

D. (내용상)특색

1. '축토링'에는 독특한 재미와 삽화가 있다.
2. 재미가 있어 비교적 쉽게 암기된다.
3. 잊더라도 삽화가 있어, 매몰된 줄거리가 더듬더듬 기억이 되살아난다.

E. 암기 효과

1. 재미있는 축토링이면, 말씀 줄거리를 오래 기억할 수 있다.
2. 말씀 줄거리를 남에게 자신 있게 전할 수 있게 된다.
3. 말씀 줄거리가 내 속에 풍성히 거하게 되므로, 내적 기쁨이 창출된다.
4. 삶 속에서 적용 능력이 서서히 생겨, 작은 간증 거리가 된다.
5. 재미있는 줄거리/삽화가 암기되므로, 치매(영적 치매) 예방 효과를 기대할 수도 있다.

각 페이지 구성

* (표 좌측)주요 말씀(개역개정 4판)
* (표 중간)핵심 단어/첫 단어/첫 글자/동사 등 직접 표기
* (표 우측)축토링 1, 2, 3, 4 - 축토링 3, 4(독자 기록용)
* (노랑색 바탕)채택된 축토링 - 말씀에 없는 글자는 축소됨
* (바로 아래)관련 삽화 등 - 말씀에 없는 글자는 축소됨
* 말씀 장절주소의 암기 요령(연상법)
* 묵상은 절제(내용상 무거운 책 예방)

축토링 도출 요령(각 개인) = TOOL 적용

* 축토링(의미) = '압축어 스토리텔링'의 줄임말이다.

1단계 - '소절' 중심으로 한 절 말씀이 짧으면 1~2개로, 길면 3~4개로 나눈다.

2단계 - 나눈 말씀의 '핵심 단어'를 우측 '주요 단어(빈칸)'에 세로형으로 순서대로 표기한다.

3단계 - '핵심 단어'로만 story를 만들어 본다(중요).

4단계 - 위 3단계에서 산뜻한 story가 안 떠오르면, 마찬가지로 '첫 단어'로만 표기 및 story를 만들어 본다.

5단계 - 마찬가지로 '첫 글자'로만 표기 및 story를 만들어 본다.

6단계 - 마찬가지로 '동사'로만 표기 및 story를 만들어 본다.

7단계 -제대로 안 되면, '핵심 단어/첫 단어/첫 글자/동사 등'을 섞어 축토링해 본다.

8단계 - 단계마다 옛 추억/유머/재미 요소를 최대한 적용해 본다(상상력 총동원).

9단계 - 재미있는 테마가 잡히면, 더욱더 재미있도록 각색을 한다.

10단계 - 재미있는 테마가 안 잡히면, 포기하고 나중에 다시 한다.

11단계 - 다시 해도 안 되면, '핵심 단어' 중심으로 '(제목)한 줄 성경'을 작성해 본다.

** (고려 사항)너무 '글자'에 얽매이지 말고, 숲(전체)과 의미를 살펴보아야 한다.

** (고려 사항)말씀 전체를 포함하기 어려우면, 주요 핵심만 표현해도 된다.

책자 활용도

1. 훈련/양육 대상자 - (암송/축토링 직접 작성 등)훈련용 교재이다.
2. 주일학교 각부서 - 여러 권을 비치, (예배 전)폰게임 대신에 반별로 재미있게 축토링 하도록 유도한다.
   - 축토링 교재 형태의 과제물(A4용지 1장)을 미리 제공한다.
   - 다음 주 축토링 말씀을 선정하여 미리 알려 주어, 일주일 동안 축토링하게 한다.
3. (가정)자녀와 함께 - 삽화가 있어, 재미있게 신앙적 교제가 가능하다(거부 반응의 최소화).
4. 영적 성장 촉진 - 축토링 과정이 열거되어 있어 꾸준히 하면, 믿음의 진보를 꾀할 수 있다.
5. 국내/해외의 성도 - 양육용/암기용/선물용/전도용 등으로 활용된다.
6. 다문화인/외국인들 - 양육용/암기용/선물용/전도용 등으로 활용된다.
7. 목회자/신학생/신학준비생 - 예화집, 유머집, 말씀을 재미있게 암송토록 유도한다.

축토링 활용법

구분	축토링 필요성
주일 예배 실태	* (게임/오락/음란 등)인터넷 유혹을 대체할 수단이 없다 * 일류 대학 입시를 위한 교육제도를 안 따를 수도 없다 * 주일 예배의 순위가 학원 공부/시험 준비에도 밀리는 실정이다 * 주일 예배 말씀에 흥미도 점차 감소한다
축토링 필요성	* 젊은 세대의 취향을 살리면서 말씀을 가까이하게 하는 수단이다 * 여러 권을 비치, (예배前)폰게임 대신 반별로 축토링 하도록 유도한다 * 다음 주 말씀을 알려 주어, 일주일 동안 축토링하도록 과제물을 제공한다 * 주일 말씀에 흥미를 갖도록 유도한다(경건+재미). (주입식→참여식) * 신세대에 맞도록 유머/압축어/신조어/산 너머 숲/새로운 것을 추구한다 * 영적 세계는 아니더라도, 상상의 나래 펼치도록… * 말씀 속 재미요소를 찾아 많이 동참하여, 믿음의 진보(B.C→A등급)를 꾀한다 * 축토링으로 말씀 세계로의 초대 및 적극 참여를 유도한다

구분	A. 교재로 활용	B. 말씀에 축토링 Tool을 적용
1. 각 주일 학교	* 소규모 시에는 교재 사용 * 대규모 시에는 복사하여 사용 * 축토링 교재 형태의 과제물(1장)을 미리 제공한다 * 축토링 Tool을 각자 적용, 삽화 그림 * 장절주소의 암기(연상법)	* 축토링 교재 형태의 과제물(1장)을 미리 제공한다 - 연간/월간 계획 말씀에 적용 - 행사(수련회) 말씀에 적용 * 축토링 Tool을 적용하도록 * 재미있어 축토링 3중 연속효과 있음 (예습/말씀 집중/다음 주 복습)
2. 청년부/장년부	* QT, 정독, 필사(기본) * 잊혀진 말씀 핵심의 기억 재생을 위해서 축토링 적용(추가) * 장절주소의 암기(연상법)	* 주어진 말씀에 축토링 Tool을 적용 (예습, 복습용)
3. 다락방/순모임/목장 등	* (말씀)축토링 교재를 활용 * (추가)기도+나눔+교제 등	* 주어진 말씀에 축토링 Tool을 적용 (예습, 복습용)
4. 각 가정	* 가정 예배 유인책(1회/주말) * 말씀 회피 예방책(신세대 취향에 맞춰) * 주말은 가족과 함께 친교 * 현대 감각의 쉐마 말씀으로 양육	* 주어진 말씀에 축토링 Tool을 적용 (예습, 복습용) * (예) '행복한 밥상'에의 접목 검토
5. 국내용	* 전도용 * 양육용 * 선물용	
6. 해외용	* 선교용 * 양육용 * 선물용 * 한글학습용	

A. (주일 학교에서) '축토링 방법' 적용 시 3중 연속효과

1. 다음 주일 말씀/제목을 주일학교 학생들에게 미리 공유한다.
   * 축토링 교재 형태의 과제물(1장)을 미리 제공한다(축토링 말씀, 별도 준비된 말씀).
2. 각자 1주 동안 재미있는 혹은 기발한 축토링을 연구/작성하게 한다.
   * 각자 1주 동안 말씀을 암송한다(축토링 예습).
   * 처음에는 익숙하지 못하므로 2주 동안 1개 말씀(1~4개 요절)으로 운영해도 좋다.
3. 다음 주에 본인이 만든 축토링을 발표한다.
   * 타인의 축토링을 경청하며, 나의 축토링과 비교해 본다.
   * 1~2개 우수한 축토링을 채택한다.
4. (다음 주)교역자가 조금 더 다듬어, '우리 반의 축토링'을 완성한다.
5. 채택된 축토링에 적합한 삽화/도표/사진 등을 마련한다.
   * 재미있는 삽화가 있어야, 오래 기억되며, 망각 時 재생이 가능하다.
   * 본인이 작성한 축토링의 '기억 유효기간'은 매우 길다(타인이 작성한 것은 짧다).
   * 주일학교 디자인 팀에서 '축토링 삽화'를 완성한다.
6. (다음 주에)완성된 축토링(말씀과 삽화)을 화면에 띄워 놓고, 같이 핵심을 암송한다.
   * 잘된 장절주소의 암기 요령 = 아주 오랫동안 기억된다.
7. 월 1회 정도 최우수 축토링 작성자에게는 간단한 선물을 제공한다.
8. 몇 년 동안 축토링을 모으면, 신세대에 맞는 아주 귀한 자료가 된다.
   (축토링 100개이면, 귀한 책이 완성됩니다).

축토링 3중 연속효과 흐름도(요약)

구분	전주	금주	다음 주
A. 교역자	다음 주 말씀/제목을 미리 제공한다 (축토링 과제물)	openning 전주 '축토링'으로 복습 주일 설교 금주 '축토링'의 제시	채택 축토링 1~2개 발표 (선물 지급) 삽화/이미지 준비 완성 축토링으로 복습
B. 아이들	축토링 예습 축토링 연구 및 작성 (가족과 함께)	말씀에 집중한다 본인 축토링과 비교 본인 축토링 발표 여부	완성 축토링으로 복습 삽화로 오래 기억된다
3중 연속효과	미리 예습/암송한다 가족과 협의도 한다 스케치/삽화 그려본다	말씀에 집중한다 상호 비교하게 된다 잘된 주소요령=오래 기억	삽화는 오래 기억된다 삽화는 입으로 오래 회자된다
3중 연속효과를 보려면	1. 재미가 있어야 (말씀 속에서 재미요소를 찾아야) 2. 내 의견을 펼칠 수 있어야 (유머/압축어/신조어/산 너머 숲/신규 추구) 3. 쉽게 접근할 수 있어야 (정형화된 FORM)		

* 축토링 과제물 = 손쉽게 표현/기록하도록 정형화된 FORM으로 제공(가족과 함께도 가능)
  = 아이들/학생들/청년들/장년들 수준에 맞게

B. (교회 모임/가정에서) 축토링 모임 운영

1. 해당 말씀을 선정한다.
   * 핵심 말씀
   * 연초 주제 말씀(개인적, 교회적)
   * 기타 필요한 말씀 등
2. 선정된 말씀을 구성원(교회/가족 등)과 공유한다.
3. 각자 1주 동안 재미있는 혹은 기발한 축토링을 연구/작성한다.
   * 각자 1주 동안 말씀을 (예습)암송한다.
   * 처음에는 익숙지 못하므로 2주~4주 동안 1개 말씀으로 운영해도 좋다.
4. 다음 주에 본인이 만든 축토링을 발표한다.
   * 타인의 축토링을 경청하며, 나의 축토링과 비교해 본다.
   * 우수 작품에는 박수로 격려한다.
5. 조금 더 다듬어, '나의 축토링'을 완성한다.
6. 채택된 축토링에 적합한 삽화/도표/사진 등을 마련한다.
   * 재미있는 삽화가 있어야, 오래 기억되며, 망각 時 재생이 용이하다.
   * 본인이 작성한 축토링의 기억 유효기간은 매우 길다(타인이 작성한 것은 짧다).
   * 전문 작가가 아니더라도 처음에는 본인만 알 수 있는 스케치/삽화 정도면 된다.
   * 잘된 장절주소의 암기 요령 = 아주 오랫동안 기억된다.
7. 몇 개월이나 몇 년 동안 축토링을 모으면, 아주 귀한 자료가 된다.

(예) 자녀들이 초등학교 5학년 이상이면

각종 주요 말씀(핵심 말씀/연초에 받은 말씀/훈련 암송 말씀 등)을 부모님과 함께 月에 1~4회 정도 축토링 작성/말씀 암송을 누적적으로 하면, 한 해 동안 12~48회를 축토링/말씀 암송하므로, 풍성한 말씀 잔치를 누리게 될 것입니다. 또한 주중에도 축토링을 연상토록 하면, 말씀의 깊이를 제법 구축하게 될 것입니다.

신약 축토링(92개)

A. 성경별 구성분포

B. 신약 목차 (92개)

C. 장절주소의 암기 요령 - 각 축토링 밑에 있음

(히 4:12)하나님의 말씀은 살아 있고 활력이 있어 좌우에 날 선 어떤 검보다 예리하여 혼과 영과 및 관절과 골수를 찔러 쪼개기까지 하며 또 마음의 생각과 뜻을 판단하나니

히 4:12 = 희한하게도 말씀은 살아 있어 4가지(혼,영,관절,골수)를 찔러(1/모습) 쪼개기(2)까지 하네

* 각 축토링의 '이미지' 하단에 표기되어 있다.
* 장절주소의 숫자를 연상법에 의한 암기 요령이다.
* (수십 년 동안)최대한 요절 말씀과 연관되도록 노력한 것입니다.
* 여러 개 중 재밌는 1~2개를 연상합니다.
* 재밌게 표현되어야 오래 기억이 가능하고, 또한 기억 재생이 용이합니다.
* '장절주소의 기억 분실물' 보관센터는 없습니다.
* 또한 맨 아래에 있는 '독자 참여용'에도 많은 참여 바랍니다.
(본인이 작성한 것은 오래 기억됩니다.)

A. 성경별 구성분포(신약 92개)

성경	번호	개수	성경	번호	개수
마태복음	01~13번	13개	디모데전서	-	-
마가복음	14~15번	2개	디모데후서	71번	1개
누가복음	16~22번	7개	디도서	-	-
요한복음	23~26번	4개	빌레몬서	-	-
사도행전	27~30번	4개	히브리서	72~76번	5개
로마서	31~40번	10개	야고보서	77~80번	4개
고린도전서	41~47번	7개	베드로전서	81~82번	2개
고린도후서	48~52번	5개	베드로후서	83번	1개
갈라디아서	53~56번	4개	요한일서	84번	1개
에베소서	57~60번	4개	요한이서	-	-
빌립보서	61~65번	5개	요한삼서	85번	1개
골로새서	66~67번	2개	유다서	-	-
데살로니가전서	68~70번	3개	요한계시록	86~87번	2개
데살로니가후서	-	-	공통	88~91번	4개
			신약 목록	92번	1개
			계		92개

B. 신약 목차

—

01. 처녀가.잉태.아들을 이름은.임마.누.엘.때려? 하나님이.함께.계신데~(마 1:23)
02. 예수께서.두루.다니사 가.전.고치시니(마 4:23)
03. (팔복)심.천가는 통.로 온.땅에 의.주.배.주렁주렁 끙.끙.수확 청결.하나.로 화.들.짝 이윤.박해도.천국.기분 (마 5:3~10)
04. (주기도문)a. 하늘.아버지여/이름이/나라가/뜻이.하늘.땅.이루어
b. 우리에게/양식을/죄를/우리를.험.악에서.구하소서(마 6:9~13)
05. 구.두.찾으라! 찾아낼.것이요(마 7:7)
06. (12제자들)Bed요.안드러워?얍보고..요한의.빌라.연립.청소맡어.할.사람.추천? 時급.모니는?의심.도마는.제외.나다.나~.다.되오?자금.얍보고.가로채는.유다는?(마 10:2~4)
07. 내.너희.보냄이 양을.이리.가운데로.보냄과.같도다 뱀.지혜.비.결.갖추라(마 10:16)
08. (씨뿌리는 비유)길.가로 돌아 가시지.말고 좋은.땅으로(마 13:4~8)
09. 무엇이든지.너희가 땅.매.하늘.매 땅.풀.하늘.풀리리라(마 18:18)
10. 청년이.무엇이.부족.까? 소유.팔아.가난자.주라 나를.따르라.근심하며.가니라(마 19:20~22)
11. 박.근.회.십일조.드리되 더.중한.정.긍.믿음.버렸도다 이.행.저.버리지.말아야(마 23:23)
12. 방주.날까지.먹.마.시.장 홍수.멸하기까지.깨닫.못 인자의.임함도.같으리라(마 24:38~39)
13. 너희.가 제.세.가(制世家).지? 내가.끝날까지.너희와.함께.있으리라(마 28:19~20)
14. 천국은.씨.뿌림 씨.자라.알.못 처음.싹.삭.식.수때라(자라나는.씨 비유)(막 4:26~29)
15. 믿는.자들에게는.표적.따르릉 내.방.귀.집어.마실지라도 해.받지×.손.얹은즉.나으리라(막 16:17~18)
16. 다윗의.동네에.구주.나셨으니 높.하.영광 땅.사.평화로다(눅 2:11, 14)
17. 골.메워.산.낮지 굽.곧아.길.평탄하여질.것이요(주님 오신.목적)(눅 3:5)
18. 쭈.그리 후히.누르고.흔들어 넘.안.주리라(눅 6:38)
19. 마.목.힘.뜻을.다하여 하.이.같이.사랑하라(눅 10:27)
20. 강도.만나매.거.죽.을.사위.사마 돌보라.더.갚으리 누가.이웃? 너도.이와.같이.하라(자비)(눅 10:30~37)
21. 저들.풍족.중.넣었거니와 과부.전부.넣었느니라(헌금)(눅 21:4)
22. 엠마오.가면서.슬픈.빛을 성경을.풀어.주실.때에.마음이.뜨겁지 예루살렘에.돌아가(눅 24:13, 17. 32~33)
23. 하나님이 세상을.사랑니처럼.사랑하사 독생자를.주셨으니 이는.멸망하지×.영생을.얻게.하려.하심이라 (요 3:16)

24. 아이가.가지고.온.52를.74로 5000명.배부른.후에 남은.조각이.12바구니에.찼더라(오병이어)(요 6:9~13)
25. 내가.길.진.생 나.말.고는 아버지께로.올.자가.없느니라(요 14:6)
26. 너희.내.거/내.말.너.거 원하(11)는.대로.9하라.그리하면.2루리라(손동작)(요 15:7)
27. 오직.성령이.임하시면.권능을.받고 예.유.사.땅끝까지 내.증인이.되리라(지상 명령) (행 1:8)
28. 말씀하시기를 말세에.내.영을.부어 예.상.꿈을.꾸리라(요엘/예언 성취)(행 2:17)
29. 베드로.은과금.내게.없거니와 나사렛.예수.이름으로.일어나.걸으라 힘.건.뛰며.찬송하니(행 3:6~8)
30. 옥.중.바.라 기도.찬송하매.큰.지진 문.열리며.매인.것이.벗어진지라(바울과 실라)(행 16:24~26)
31. 아브라함이.바랄.수.없는.중에.믿었으니 후손이.이같이 많은.민족의.조상이.되게.하려(롬 4:18)
32. 예수는 우리.죄.때문.내줌 우리.의롭다.위하여.살아나셨느니라(롬 4:25)
33. 우리가.환난.중에도.즐거워 이는.환.인.연.소 이루는.줄.앎이로다(롬 5:3~4)
34. 환.인.연.소.후 성령으로.말미암아 하나님의.사랑이.우리.'마.부'됨이니(롬 5:3~5)
35. 죄.삯은.사망이요 은사는.주.안.영생이니라(롬 6:23)
36. 성령도.연약함을.도우시나니 우리는.'기도.알.못' 성령이.탄식누룽지으로.간구하시느니라(롬 8:26)
37. 사람이 마음.밑.의.입으로.시인 구원에.이르느니라(롬 10:10)
38. 만물이 주에게서.나오고 주.말 주에게로.돌아감이라(롬 11:36)
39. 몸.뻐.제물.영적예배 새롭게.변화.받아 son.뻐.전.분별하도록.하라(롬 12:1~2)
40. 악을.악으로.갚지.말고 선한.일을.도모하라(롬 12:17)
41. 십자가의.도가 멸망.자들에게는.미련 구원.받는.우리에게는.능력이라(고전 1:18)
42. 대.표.라.지.찾으나 우리는.못.박힌.그를.전하니 하나님의.능력/지혜니라(고전 1:22~24)
43. 하.어이.사.보다.지혜롭고 하.약이.사.보다.강하니라(고전 1:25)
44. 세상의.미련한.것들.택/지혜자들.부끄 약한.것들.택/강한.것들.부끄럽게.하려.하시며(고전 1:27)
45. 나.심고 아침마다.물.주었으되 오직.하나님께서.자라나게.하셨나니(고전 3:6)
46. (성찬식)예수.잡.밤에 떡.축사.내몸/잔.내피.새언약.기념하라 떡먹.잔마.때마다
주.죽으심.오실.때까지.전하라(고전 11:23~26)
47. 사랑은.오래.참고.온유君과.시.자嫉은.교만× 무행유구×.성내지.악.생각하지×
불의.기뻐×.진리.기뻐하고 모든.것.참으며.밑.빠져도.견디느니라(고전 13:4~7)
48. 그가.큰.사망(死網)에서 우리를.건지셨/건지실/건지시기를 바라노라(고후 1:10)
49. 우리가.주목하는.것은 보이.잠깐이요 보않.영원함이라(고후 4:18)
50. 근심.가난.없는.자.같으나 복음기뻐.부요.가진.자로다(세로형)(고후 6:10)
51. 적심.적거.많심.많거 인색.억지.말지니 즐겨.내는.자.사랑하시느니라(연보)(고후 9: 6~7)
52. 내.은혜.네게.조카 이는.내.능력.약한.데서.온전하여짐 여러.약.들.자랑 그.능력.내게.머물게(고후 12:9)
53. 내가.그와.함께 십자가에.못.박혔나니 내가.사는.것× 내.안에.그.께서.사시는.것이라(갈 2:20)
54. (육체의.일 15가지)부러진.달고나 몰래.붙이기(갈 5:19~21)
55. 성령의.열매는 사희화.참자양.충온절(9가지 모습)(갈 5:22~23)
56. 무엇.심든지 육.심.썩.거두고 령.심.영.거두리라(갈 6:7~8)
57. 겸손균과.온유양의 참.사랑이.남.편(용.안).줄로 성령이.하나.되게.지키라(세로형)(엡 4 :2~3)
58. 아들.믿는/아는.일에.하나.되어 온전한.사람.이루어 그.장성.분량이.충만.까지.이르리니(엡 4:13)
59. a.자녀들아 부모에게.순종 공경은.첫.계명 네가.잘되고.장수하리라
b.아비들아 자녀를.노엽게× 훈계로.양육하라(엡 6:1~4)

60. (전신.갑주 6가지)진리.의.복음.믿.구.성령을.가지라(엡 6:14~17)
61. 겸손한.마음으로 남을.낫게.여기고 자기.일/다른사람.일.돌보아 기쁨.충만하게.하라(빌 2:3~4)
62. 내게.유익.해로/모든.것.해(害)로.여김은 예수.지식.가장.고상 모든.것.배설물로.여김은.그를.얻고 (빌 3:7~8)
63. 얻었다×.이루었다× 잡힌.바.된.그것을.잡으려고.달려 뒤것.잊어.앞것.잡으려고 푯대.향하여.달려. 가노라(빌 3:12~14)
64. 기도.간구.감사로.아뢰라 지각에.뛰어난.(지각대장)평강이 마음과.생각을.지키시리라(빌 4:6~7)
65. 비.처할/풍.처할.줄도.알아 배부름과.배고.풍.궁.에도.처할 일체.비결.배웠노라(자족)(빌 4:12)
66. 위의.것.생각하고 땅의.것.생각하지.말라(골 3:2)
67. (7가지 옷)긍.자양과 겸.온균은 오래.참고.용.용 사랑을.더하라(골 3:12~14)
68. (믿음의 역사)미역은 (사랑의 수고)임신과 (소망의 인내)진통을 기억나게.하네(살전 1:3)
69. 호.소.나팔소리로.강림 죽은.자들.먼저.남은.자들도.함께 구름속.올려.공중에서.주.영접하게(재림) (살전 4:16~17)
70. 뻐.도.사는.하나님의.뜻 성령.소멸×.예언.멸시× 좋.취/악.버리라(살전 5:16~22)
71. 구원에.이르는.지혜가.성경 하나님.감동으로.된 교훈.책.바.유~(딤후 3:15~16)
72. 말씀은 활.살.력이.있어 혼.영.관절.골수를 찔러.쪼개기까지.하며(히 4:12)
73. 너에게 복.복.주며 번~번~하게.하리라.하셨더니(히 6:14)
74. 믿.바라!실상이요 음(音)은.보이지.않는.것들의.증거니(세로형)(히 11:1)
75. 징계가 당시.슬퍼.보이나 후에.연단.받은.자들은 열매를.맺느니라(히 12:11)
76. 예수는 어제.오늘.영원토록 동일하시니라(히 13:8)
77. 여러.가지.시험을.기쁘게.여기라 이는.믿음의.시련이 인내를.만들어.내는.줄.앎이라(약 1:2~3)
78. 누구든지.지혜가.부족하거든 후.꾸.아니하시는 하나님께.구하라.주시리라(약 1:5)
79. 욕심.잉태한즉.죄.낳고 죄.장성한즉.사망.낳느니라(약 1:15)
80. 하나님께.복종할지어다 대적.가까이.깨끗이.낮추라 그리하면.높이시리라(약 4:7~10)
81. 너희는.택하신.제사장.나라.백성 어두운데서.불러.빛에.들어가게.하신 아름다운.덕을.선포하게 (벧전 2:9)
82. 누가 말하려면.하.말.같이/봉사하려면.하.힘.같이.하라 그로.말미암아.하.영광.받으시게(벧전 4:11)
83. 믿.덕.지않게 절.인.경.우 소금을.더하라(8성품)(벧후 1:5~7)
84. 세상/세상.것들.사랑× 세상.모든.것이 육.정/안.정/이.자(6.1.2)이니(요일 2:15~16)
85. 사랑하는.자여 네.영혼.잘됨.같이 범사.잘되.강~.간구하노라(요삼 1:2)
86. (계시록 7교회)애.써 버거워.두 사데 빌.라를(계 2:1~3:22)
87. 나는.알.오.마.처 생명수.샘물.목마른.자에게.값없이.주리니 이기는.자.상속.받으리라(계 21:6~7)
88. (사도신경)가스펠, 부를 노래는?
89. (가상칠언)아.낙.여자여~ 四方묶어다니.목.다이 영혼을.부탁하나이다
90. (복음 제시)범죄.자가.무덤배회? 부활.십자가.안믿어? 믿어야.구원이야~
91. 감사 십계명(찰스 스펄전)
92. (신약 목록)결정타 없어서 계속 고전해

01 처녀가.잉태.아들을 이름은.임마.누.엘.때려? 하나님이.함께.계신데~ (마 1:23)

장절	말씀	주요 단어	축토링 1
마 1:21	아들을 낳으리니 이름을 예수라 하라	아들 예수	아들 예수
	이는 그가 자기 백성을 그들의 죄에서 구원할 자이심이라 하니라	죄에서 구원할 자	죄에서 구원할 자
마 1:22	이 모든 일이 된 것은 주께서 선지자로 하신 말씀을 이루려 하심이니 이르시되	말씀을 이루려	
마 1:23	보라 처녀가 잉태하여 아들을 낳을 것이요	아들을 낳을 것	**처녀가 잉태**하여 **아들을** 낳을 것이요
	그의 이름은 임마누엘이라 하리라 하셨으니 이를 번역한즉 하나님이 우리와 함께 계시다 함이라	임마누엘 하나님이 우리와 함께 계시다	**이름은** **임마 누 엘** 때려? **하나님이** **함께 계신**데~

장절	축토링 2	축토링 3
마 1:21		
마 1:22		
마 1:23		

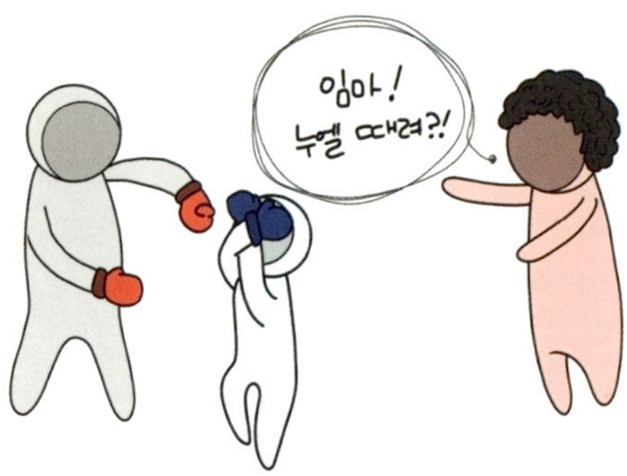

(처녀가.잉태.아들을 이름은.임마.누.엘.때려? 하나님이.함께.계신데~)

◆ 마 1:23 = 아들 예수를 마치 123(1:23) 권투하듯… 임마! 누엘 때려!
= 아들 예수는 마치 세상에 보내진 하나님(1) 이세(23)
= 아들 예수는 마치 세상에 보내진 하나님(1)의 이세(23)일세
= (독자 참여용)

묵상 A. 에벤에셀 = 과거의 임마누엘
B. 임마누엘 = 현재의 임마누엘
C. 여호와 이레 = 미래의 임마누엘, 따라서 A+B+C = 영원한 임마누엘!

02 예수께서.두루.다니사 가.전.고치시니(마 4:23)

장절	말씀	주요 단어	축토링 1
마 4:23	예수께서 온 갈릴리에 두루 다니사	예수께서 두루 다니사	**예수께서 두루 다니사**
	그들의 회당에서 가르치시며	회당에서 가르치시며	회당 **가**르치시며
	천국 복음을 전파하시며	복음을 전파하시며	복음 **전**파하시며
	백성 중의 모든 병과 모든 약한 것을 고치시니	병과 약한 것을 고치시니	병을 **고치시니**

장절	축토링 2
마 4:23	

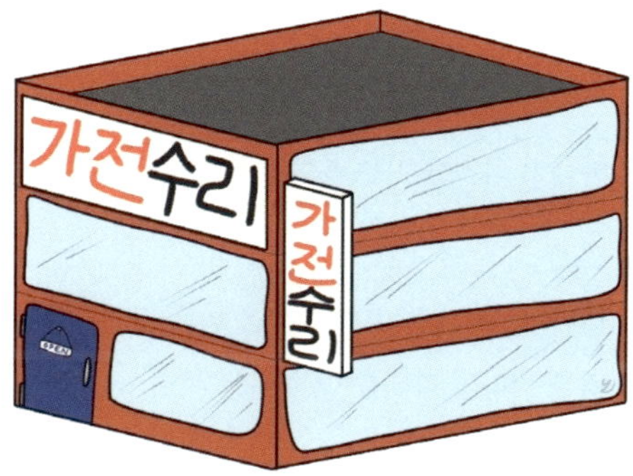

(예수께서.두루.다니사 가.전.고치시니)

- 마 4:23 = 마치 예수님의 사역(4)은 이(2) 세(3) 가지 '가.전.고치시'는 것!
  = 마치 '가.전.고치시'는 예수님의 사역(4)은 이상(23)적이네
  = 마치 '가.전.고치시'는 예수님의 사역(4)은 서민적이세(23)
  = (독자 참여용)

- 마 9:35 = 예수님은 '가.전.고치시'는 것을 마구(9) 사모(35)해
  = 마당발처럼 구원(9)사역을 사모(35)하셨네!

퀴즈 예수님의 직업은?

힌트 가.전.고치시니(마 4:23)

정답 전파상, 가전 수리업자

03 (팔복)심.천가는 통.로 온.땅에 의.주.배.주렁주렁 끙.끙.수확 청결.하나.로 화.들.짝 이윤.박해도.천국.기분(마 5:3~10)

장절	말씀(山上 수훈)	시재	축토링1	축토링 2(앞뒤)
마 5:3	심령이 가난한 자는 복이 있나니 천국이 그들의 것임이요	현재 비움	심	심 천 가는 (深川, 心天)
마 5:4	애통하는 자는 복이 있나니 그들이 위로를 받을 것임이요	미래 채움	애	통 로
마 5:5	온유한 자는 복이 있나니 그들이 땅을 기업으로 받을 것임이요		온	온 땅에
마 5:6	의에 주리고 목마른 자는 복이 있나니 그들이 배부를 것임이요		의	의.주 배 주렁주렁
마 5:7	긍휼히 여기는 자는 복이 있나니 그들이 긍휼히 여김을 받을 것임이요		긍휼	끙 끙 수확
마 5:8	마음이 청결한 자는 복이 있나니 그들이 하나님을 볼 것임이요		마음	청결 하나로(품질)
마 5:9	화평하게 하는 자는 복이 있나니 그들이 하나님의 아들이라 일컬음을 받을 것임이요		화	화 들짝
마 5:10	의를 위하여 박해를 받은 자는 복이 있나니 천국이 그들의 것임이라		의 (첫 글)	이윤 박해도 천국기분 (심천 과수원 길)

장절	축토링 3(앞뒤)	축토링4
마5:3	심 천 가는	
마5:4	통 로	
마5:5	온 땅에	
마5:6	의.주 배 심었더니	
마5:7	끙 끙 수확했네	
마5:8	청결 하나?	
마5:9	꿀배는 화평 아들이요	
마5:10	부리로 박해받으면 천국가네 (박해 받은 배)	

(심.천가는 통.로 온.땅에 의.주.배.주렁주렁 끙.끙.수확 청결.하나.로 화.들.짝 이윤.박해도.천국.기분)

- 마 5:3 = 마치 심령이 가난한 자는 복이 있나니 천국으로 오세(5:3)!
- 마 5:3~10 = 산상수훈 말씀 들으러 마냥 오세(5:3)요! 천국 길이 열(10)립니다
  = 마치 산상수훈 말씀은 오염(5) 속세(3) 벗어나 천국 길이 열납(10)된다네
  = '심애온(女)의 긍휼마음 화의'로 마주 오세(5:3)! 팔복이(男) 마음이 열(10)렸네!
  = 마치 '심천 과수원 길'은 복이 있나니 모두들 오세(5:3)! 열(10)심히 맛봅시다
  =

04 (주기도문)a. 하늘.아버지여/이름이/나라가/뜻이.하늘.땅.이루어 b. 우리에게/양식을/죄를/우리를.험.악에서.구하소서(마 6:9~13)

장절	주기도문	축토링 1	축토링 2
마 6:09	그러므로 너희는 이렇게 기도하라 하늘에 계신 우리 아버지여 이름이 거룩히 여김을 받으시오며	a. 아버지여 1 이름 거룩	a. 하늘에 계신 아버지여 1 이름이 거룩히
마 6:10	나라가 임하시오며 뜻이 하늘에서 이루어진 것 같이 땅에서도 이루어지이다	2 나라 임하 3 뜻.하늘이루 땅이루	2 나라가 임하시오며 3 뜻이 하늘.땅에서도, 이루어
마 6:11	오늘 우리에게 일용할 양식을 주시옵고	b. 우리에게 1 일용 양식	b. 우리에게 1 양식을 주시옵고
마 6:12	우리가 우리에게 죄 지은 자를 사하여 준 것 같이 우리 죄를 사하여 주시옵고	2 죄지은 자 사하여 우리죄 사하여	2 우리 죄를 사하여
마 6:13	우리를 시험에 들게 하지 마시옵고 다만 악에서 구하시옵소서	3 시험 들게× 악에서 구하시	3 우리를 시험.악에서 구하소서
	(나라와 권세와 영광이 아버지께 영원히 있사옵나이다 아멘)	나권영 아영있	나라.권세.영광이 아버지께 영원히 있사옵나이다

장절	축토링 3	축토링 4
마 6:09		
마 6:10		
마 6:11		
마 6:12		
마 6:13		

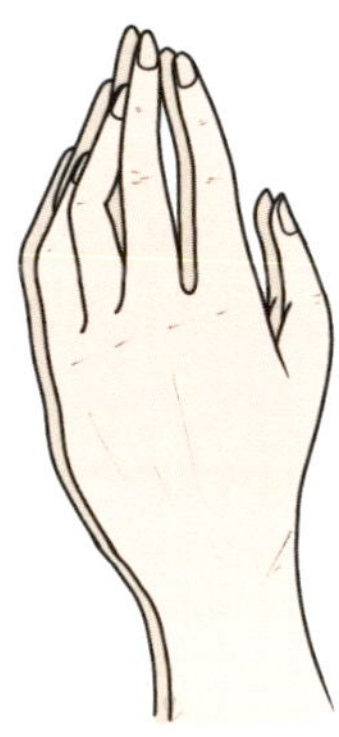

a. 하늘.아버지여/이름이/나라가/뜻이.하늘.땅.이루어
b. 우리에게/양식을/죄를/우리를.험.악에서.구하소서

◆ 마 6:9~13 = 마침내 육(6)도 구(9)함일세(13)
= 주기도문은 마침내 육(6)도 구(9)함일세(13) – (마 6:33)
(마 6:33) 그런즉 너희는 먼저 그의 나라와 그의 의를 구하라
그리하면 이 모든 것을 너희에게 더하시리라
=

◆ 요 6:9~13 = 오병이어

05 구.두.찾으라! 찾아낼.것이요(마 7:7)

장절	말씀	축토링 1	축토링 2
마 7:7	구하라 그리하면 너희에게 주실 것이요	**구**하라	구　　주
	찾으라 그리하면 찾아낼 것이요	↗ **두**드리라	찾　　찾
	문을 두드리라 그리하면 너희에게 열릴 것이니	↘ **찾으라** **찾아낼 것이요**	문　　열릴 두드리라　것이니

장절	축토링 3	축토링 4
마 4:23		

(구.두.찾으라! 찾아낼.것이요)

- 마 7:7 = 마치 77표 구두 찾으라!
  = 마치 구두를 척척(7:7) 찾아내리라!
  = 마치 구두를 척척(7:7) 찾아낼 것이요
  = 마치 진열된 구두들은 매우 칠칠(7:7)하다
  (칠칠하다 = 일의 처리가 깔끔하고 야무지다)
  =

06 (12제자들)Bed요.안드러워?얍보고.요한의.빌라.연립.청소말어.할.사람.추천? 時급.모니는?의심.도마는.제외.나다.나~.다.되오?자금.얍보고.가로채는.유다는? (마 10:2~4)

장절	이름	축토링 1	축토링 2
마 10:2~4	1 시몬 베드로	Bed요	Bed요
	2 안드레	안드러워?	안드러워?
	3 야고보	고모부	얍보고
	4 요한	요한의	요한의
	5 빌립	빌라 연립인데	빌라 연립
	6 마태	청소 말어 할 사람	청소 말어 할 사람 추천?
	7 가나나人 시몬	1 열심 당원 시몬은?	時급 모니는?
	8 도마	2 의심 많은 도마는?	의심 도마는 제외
	9 나다나엘(바돌로매)	3 '나다 나'는?	나다 나~
	10 다대오	4 '다 되오'는?	다 되오?
	11 작은 야고보	5 작은고모부	자금 얍보고
	12 가룟 유다	6 가룟 유다는?	가로채는 유다는?

장절	축토링 3
마 10:2~4	1
	2
	3
	4
	5
	6
	7
	8
	9
	10
	11
	12

(Bed요.안드러워?얍보고.요한의.빌라.연립.청소말어.할.사람.추천?
時급.모니는?의심.도마는.제외.나다.나~.다.되오?자금.얍보고.가로채는.유다는?)
(청소 돌보미 모집)

- (마 10:2) 열두 사도의 이름은 이러하니 베드로라 하는 시몬을 비롯하여 그의 형제 안드레와 세베대의 아들 야고보와 그의 형제 요한,
- (마 10:3) 빌립과 바돌로매, 도마와 세리 마태, 알패오의 아들 야고보와 다대오,
- (마 10:4) 가나나인 시몬 및 가룟 유다 곧 예수를 판 자라

- 마 10:2~4 = 마침 베드로 침대를 청소하러, 열(10)심히 이사(2~4)하네
  = 마침 베드로 침대를 청소하러, 열(10)심히 이삿(2~4)짐을 옮기네
  = 마치 모두들 뜨거운 열정(10)으로 뒤따라 이사(2~4)했네
  =

07 내.너희.보냄이 양을.이리.가운데로.보냄과.같도다 뱀.지혜.비.결.갖추라 (마 10:16)

장절	말씀	축토링 1	축토링 2
마 10:16	보라 내가 너희를 보냄이	너희를 보냄	내가 너희를 보냄이
	양을 이리 가운데로 보냄과 같도다	양을 이리 보냄 같도다	양을 이리 가운데로 보냄과 같도다
	그러므로 너희는 뱀 같이 지혜롭고	뱀 지혜	뱀 지혜
	비둘기 같이 순결하라	비둘기 순결	비둘기 순결 갖추라

장절	축토링 3
마 10:16	

(내.너희.보냄이 양을.이리.가운데로.보냄과.같도다 뱀.지혜.비.결.갖추라)

◆ 마 10:16 = 너희는 마치 열량(10) 많은 뱀과 일류(一流/16) 새인 비둘기 같이 하라!(지혜/순결)
= 마치 십자가(10) 고난의 의미가 너희 인류(16)를 이리 가운데 보냄과 같도다
=

묵상 상호 이질적인 뱀의 지혜(전도 전략)와 비둘기의 순결(전도 내용)을 잘 통합/적용해야 합니다

08 (씨뿌리는 비유)길.가로 돌아 가시지.말고 좋은.땅으로(마 13:4~8)

장절	말씀	밭	결실	축토링 1	축토링 2
마 13:4	뿌릴새 더러는 길 가에 떨어지매 새들이 와서 먹어버렸고	길 가에	새들이 먹어버렸고	길 가	**길 가**로
마 13:5	더러는 흙이 얕은 돌밭에 떨어지매 흙이 깊지 아니 하므로 곧 싹이 나오나	돌밭에	뿌리가 없어 말랐고	돌	**돌**아
마 13:6	해가 돋은 후에 타서 뿌리가 없으므로 말랐고				
마 13:7	더러는 가시떨기 위에 떨어지매 가시가 자라서 기운을 막았고	가시떨기 위에	가시가 기운을 막았고	가시	**가시**지 말고
마 13:8	더러는 좋은 땅에 떨어지매 어떤 것은 백 배, 어떤 것은 육십 배, 어떤 것은 삼십 배의 결실을 하였느니라	좋은 땅에	백 배, 육십 배, 삼십 배의 결실	다음은 좋은 땅	**좋은 땅**으로

장절	축토링 3
마 13:4	
마 13:5	
마 13:6	
마 13:7	
마 13:8	

(길.가로 돌아 가시지.말고 좋은.땅으로) (씨의 부탁)

- 마 13:4~8 = 마침내 좋은 땅일세(13), 사팔(4~8)이 아니라면…
  = 마침내 좋은 땅일세(13), 사망(4)이냐?, 팔(8)십 배 수확이냐?
  = 마치 좋은 땅 1곳 외 3곳(길 가/돌밭/가시떨기)에 뿌릴 때는 사팔(4~8)이었나?
  = 마치 좋은 땅 1곳 외 3곳에 뿌릴 때는 안내문을 못 본 사팔(4~8)이었나?
  =

09 무엇이든지.너희가 땅.매.하늘.매 땅.풀.하늘.풀리리라(마 18:18)

장절	말씀	주요 단어	축토링 1
마 18:18	진실로 너희에게 이르노니		
	무엇이든지 너희가 땅에서 매면 하늘에서도 매일 것이요	무엇이든지 땅에서 매면 하늘에서도 매일 것	무엇이든지 너희가 땅에서 매면 하늘 매일 것이요
	무엇이든지 땅에서 풀면 하늘에서도 풀리리라	땅에서 풀면 하늘에서도 풀리	땅에서 풀면 하늘 풀리리라

장절	축토링 2	축토링 3
마 18:18		

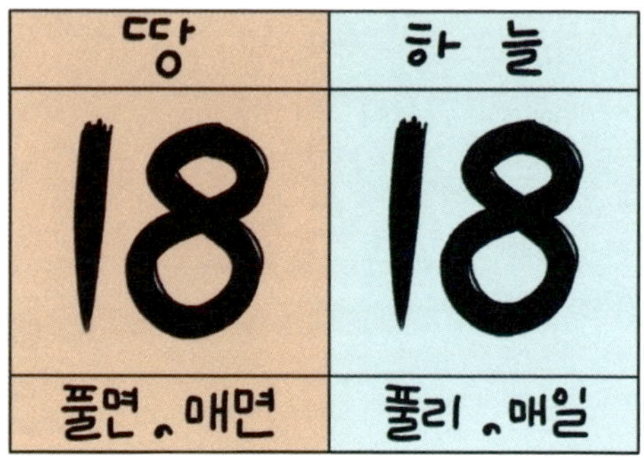

(무엇이든지.너희가 땅.풀.하늘.풀 땅.매.하늘.매일.것이요)
(말씀과 숫자의 앞뒤 바뀜)

◆ 마 18:18 = 마치 땅에서 풀고(1/모습) 매면(8/모습), 하늘에서도 풀고(1) 매일(8) 것이요
= 마치 땅에서 1번 매면(8/모습), 하늘에서도 1번 매일(8/모습) 것이요
=

10 청년이.무엇이.부족.까? 소유.팔아.가난자.주라 나를.따르라.근심하며.가니라 (마 19:20~22)

장절	말씀	축토링 1	축토링 2
마 19:20	그 청년이 이르되 이 모든 것을 내가 지키었사온대 아직도 무엇이 부족하니이까	그 청년이 이르되 이 모든 것을 내가 지키었사온대 **무엇**이 **부족**하니이까	그 **청년이** 모든 것을 지키었사온대 **무엇이 부족**하니이**까**
마 19:21	예수께서 이르시되 네가 온전하고자 할진대	예수께서 이르시되 네가 온전하고자	예수께서 네가 온전하고자
	가서 네 소유를 팔아 가난한 자들에게 주라	가서 네 **소유**를 **팔아** 가난한 자들에게 **주라**	가서 네 **소유**를 **팔아** **가난**한 **자**들에게 **주라**
	그리하면 하늘에서 보화가 네게 있으리라	**그리하면** 하늘에서 **보화가** 네게 **있으리라**	그리하면 하늘에서 보화가 네게 있으리라
	그리고 와서 나를 따르라 하시니		그리고 와서 **나를 따르라**
마 19:22	그 청년이 재물이 많으므로 이 말씀을 듣고 근심하며 가니라		그 청년이 재물이 많으므로 이 말씀을 듣고 **근심하며 가니라**

장절	축토링 3
마 19:20	
마 19:21	
마 19:22	

(청년이.무엇이.부족.까? 소유.팔아.가난자.주라 나를.따르라.근심하며.가니라)

◆ 마 19:21 = 마치 식구(19)에게 주듯 가난자에게 주라! 그리하면, 이일(21)은 하늘에 기록되리!
= 소유를 팔아 가난자에게 주면, 마침내 천국(1009/19) 보화가 이일(21)로 네게 있으리라

◆ 마 19:20~22 = 소유를 팔아 가난자에게 주면, 마침내 천국(19) 보화가 된 계산이여(20), 똘똘(22)하시네
= 소유를 팔아 가난자에게 주면, 마침내 천국(19) 보화가 예비된 것이여(20), 정말 똘똘(22)하시네
=

11 박.근.회.십일조.드리되 더.중한.정.긍.믿음.버렸도다 이.행.저.버리지.말아야 (마 23:23)

장절	말씀	축토링 1	축토링 2
마 23:23	화 있을진저 외식하는 서기관들과 바리새인들이여		
	너희가 박하와 회향과 근채의 십일조는 드리되	너희가 박하와 회향과 근채의 십일조는 드리되	너희가 박하와 회향과 근채의 십일조는 드리되
	율법의 더 중한 바 정의와 긍휼과 믿음은 버렸도다	율법의 더 중한 바 정의와 긍휼과 믿음은 버렸도다	율법의 더 중한 바 정의와 긍휼과 믿음은 버렸도다
	그러나 이것도 행하고 저것도 버리지 말아야 할지니라		그러나 이것도 행하고 저것도 버리지 말아야 할지니라

장절	축토링 3
마 23:23	

(박.근.회.십일조.드리되. 더.중한.정.긍.믿음.버렸도다 이.행.저.버리지.말아야)
*형식보다는 정신이 중요

* 정금 믿음 = (욥 23:10)나의 가는 길을 오직 그가 아시나니 그가 나를 단련하신 후에는 내가 정금 같이 나오리라(종전)

◆ 마 23:23 = 마치 이(2) 3가지(박하.회향.근채)의 십일조는 드려도, 더 귀한 정의.긍휼.믿음은 이상(23) 끝이네
= 마치 이(2) 3가지(박하.회향.근채)의 십일조는 드려도, 더 귀한 정의.긍휼.믿음은 이상(23) 하게도 버렸네
=

12 방주.날까지.먹.마.시.장 홍수.멸하기까지.깨닫.못 인자의.임함도.같으리라 (마 24:38~39)

장절	말씀	축토링 1	축토링 2
마 24:38	홍수 전에 노아가 방주에 들어가던 날까지	노아 방주 날까지	노아 방주 날까지
	사람들이 먹고 마시고 장가 들고 시집 가고 있으면서	먹고 마시고 시집 장가	먹고 마시고 시집 장가
마 24:39	홍수가 나서 그들을 다 멸하기까지 깨닫지 못하였으니	홍수가 다 멸하기까지 깨닫지.못하였으니	깨 멸까지 깨 멸 깨닫.못 깻묵
	인자의 임함도 이와 같으리라	인자의 임함도 이와 같으리라	인자의 임함도

장절	축토링 3	축토링 4
마 24:38		
마 24:39		

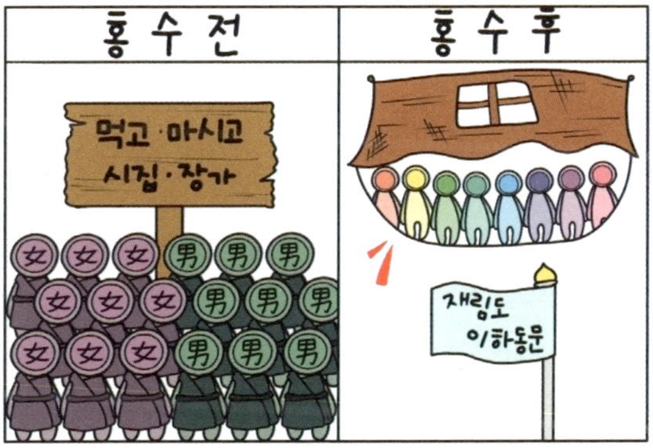

(방주.날까지.먹.마.시.장 홍수.멸하기까지.깨닫.못
인자의.임함도.같으리라)

- 마 24:38~39 = 세상은 마치 방주 속으로 이사(24)보다 '먹.마.시.장!'을 38광땡으로 삼구(39)
  = 세상은 마치 '먹.마.시.장!' 이런(2) 사건(4)들을 38광땡으로 삼구(39)
  = 방주 끝날 먹.마.시.장으로 이사(24) 간 깨알못들은 이를 38광땡으로 삼구(39)
  =

묵상 '먹.마.시.장'의 모습들은 극히 일상적인 모습입니다
그러나 성도인 우리는 일상생활에만 함몰되어 사는 것은 문제입니다

13 너희.가 제.세.가(制世家).지? 내가.끝날까지.너희와.함께.있으리라 (마 28:19~20)

장절	말씀	주요 동사	축토링 1
마 28:19	그러므로 너희는 가서 모든 민족을 제자로 삼아	가서 제자로 삼아	너희는 가서 제자로 삼아
	아버지와 아들과 성령의 이름으로 세례를 베풀고	세례를 베풀고	세례를 베풀고
마 28:20	내가 너희에게 분부한 모든 것을 가르쳐 지키게 하라	가르쳐 지키게 하라	가르쳐 지키게 하라
	볼지어다 내가 세상 끝날까지 너희와 항상 함께 있으리라 하시니라	끝날까지 함께 있으리라	내가 끝날까지 너희와 함께 있으리라

장절	축토링 2	축토링 3
마 28:19	너희는 가서 제자로 삼아	
마 28:20	세례를 베풀고	
	가르쳐 지키게 하라	
	끝날까지 함께 있으리라	

(너희.가 제.세.가(制世家).지?
내가.끝날까지.너희와.함께.있으리라)

* 제.세.가(制世家) = 복음으로 세계 전역을 제패한 가문/족속

- 마 28:19~20 = 마치 이빨(28/전도)로 전하는 천국(19)이여(20)!
  = 마치 이빨(28/전도)로 전하는 복음 식구(19)이여(20)!
  = 마치 28청춘 때 힘 있게 전하는 천국(19)이여(20)!
  = 9182(구원빨리)를 마치 거꾸로(28:19) 해도 내용은 같네!
  = 마땅히 '제세가'처럼 복음을 전하면, 이 세상은 천국(19)이여(20)~
  =

묵상 나는 마태복음 29장을 기록하고 있는가? 혹은 나태복음 29장을 기록하고 있는가?

14 천국은.씨.뿌림 씨.자라.알.못 처음.싹.삭.식.수때라(자라나는.씨 비유) (막 4:26~29)

장절	말씀	축토링 1	축토링 2
막 4:26	또 이르시되 하나님의 나라는 사람이 씨를 땅에 뿌림과 같으니	천국은 씨.뿌림.같으니	**천국은 씨.뿌림**
막 4:27	그가 밤낮 자고 깨고 하는 중에 씨가 나서 자라되 어떻게 그리 되는지를 알지 못하느니라		**씨**가 **자라**되 **알**지 **못**하느니라
막 4:28	땅이 스스로 열매를 맺되 처음에는 싹이요	처음 싹	**처음 싹**
	다음에는 이삭이요 그 다음에는 이삭에 충실한 곡식이라	다음 이삭 그 다음 곡식	이**삭** 곡**식**
막 4:29	열매가 익으면 곧 낫을 대나니 이는 추수 때가 이르렀음이라	익으면 추수	추**수 때라**

장절	축토링 3	축토링 4
막 4:26		
막 4:27		
막 4:28		
막 4:29		

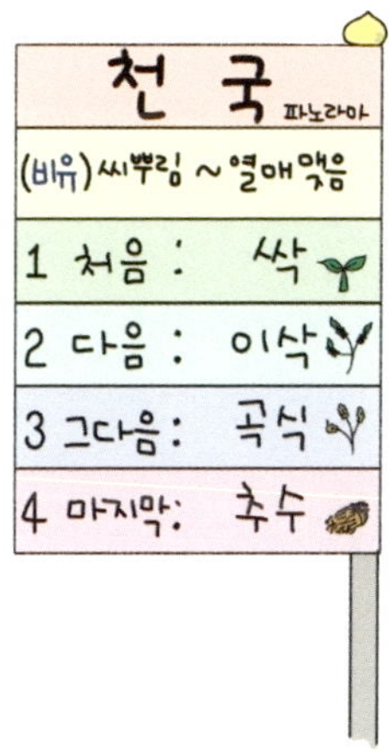

(천국은.씨.뿌림 씨.자라.알.못 처음.싹.삭.식.수때라)

('ㅅ' 종친회)

- 막 4:28 = 막 싹(4)이 난 후에는 이파(28)리가 나고…
- 막 4:29 = 추수하면 열매가 막~ 쌓이구(4:29)
- 막 4:26~29 = 막 씨가 사방(4)으로 이륙(26)하고, 자라면 추수이구(29)
  = 막 씨가 사방(4)으로 이륙(26)하고, 자라서 열매 맺으면 추수이구(29)
  =

묵상 성장하는 데는 반드시 거쳐야 할 단계가 있다(:28)싹→이삭→곡식
그리고 성장 후에는 추수할 때가 있다(:29)

15 믿는.자들에게는.표적.따르릉 내.방.귀.집어.마실지라도 해.받지×. 손.얹은즉.나으리라(막 16:17~18)

장절	말씀	축토링 1	축토링 2
막 16:17	믿는 자들에게는 이런 표적이 따르리니	믿는 표적	믿는 자들에게는 표적이 따르릉
	곧 그들이 내 이름으로 귀신을 쫓아내며	내 이름	내 이름 ↗방언 말하며
	새 방언을 말하며	새 방언	↘귀신 쫓아내며
막 16:18	뱀을 집어올리며	뱀	뱀 집어
	무슨 독을 마실지라도 해를 받지 아니하며	독	독 마실지라도 해 받지×
	병든 사람에게 손을 얹은즉 나으리라 하시더라	병든 사람에게	손을 얹은 즉 나으리라

장절	축토링 3	축토링 4
막 16:17		
막 16:18		

(믿는.자들에게는.표적.따르릉 내.방.귀.집어.마실지라도 해.받지×.손.얹은즉.나으리라)

- 막 16:18 = 예수님은 뱀을 막 집어올려도 해를 받지 않는 일류(16) 심판(18)자라네!
  = 예수님은 뱀을 막 집어올려도 해를 받지 않는 인류(16)의 심판(18)자라네!

- 막 16:17~18 = 방귀를 마실지라도 해 받지 아니한 자가 지금 막 16, 17, 18명(16:17~18)째이다
  = 예수님은 뱀을 막 집어올려도 해를 받지 않는 인류(16)의 일절(17) 심판(18)자라네!
  = 예수님은 뱀을 막 집어올려도 해를 받지 않는 일류(16)에 일치(17)하는 심판(18)자라네!
  =

16 다윗의.동네에.구주.나셨으니 높.하.영광 땅.사.평화로다(눅 2:11, 14)

장절	말씀	축토링 1	축토링 2
눅 2:11	오늘 다윗의 동네에 너희를 위하여		다윗의 동네에 너희 위하여
	구주가 나셨으니 곧 그리스도 주시니라		구주 나셨으니 그리스도 주시니라
눅 2:14	지극히 높은 곳에서는 하나님께 영광이요	하나님께 영광	높은 곳에서는 하나님께 영광
	땅에서는 하나님이 기뻐하신 사람들 중에 평화로다 하니라	땅에서는 평화	땅에서는 사람들 중에 평화로다

장절	축토링 3
눅 2:11	
눅 2:14	

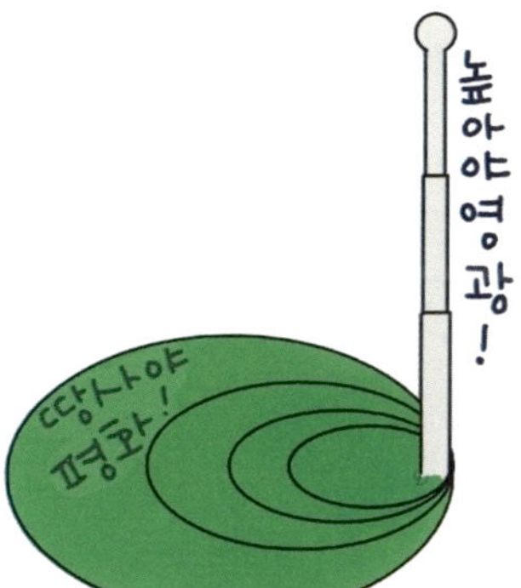

(다윗의.동네에.구주.나셨으니 높.하.영광 땅.사.평화로다)

- 눅 2:14 = 성도 누구(눅)에게나 두(2) 가지인 영광과 평화가 찾아왔네(14)!
  = 성도 누구(눅)에게나 두(2) 가지(영광, 평화)가 찾아왔네(14)!
- 눅 2:11, 14 = 성도 누구(눅)에게나 두(2) 가지인 영광과 평화가 일일(11)이 찾아왔네(14)!
  = 성도 누구(눅)에게나 두(2) 가지(영광, 평화)가 일일(11)이 찾아왔네(14)!
  =
- 대상 16:31 = (준말)하.기뻐 땅.즐거 = 하늘은 기뻐하고 땅은 즐거워하며
  = 대상 받을 인류(16)의 삶(3)은 오직 한(1) 가지 기뻐하기!
  A. 공간적 기쁨 = 대상 16:31, 눅 2:14
  B. 시간적 기쁨 = 살전 5:16

묵상 이 땅에 평화가 넘쳐 나면, 하나님께 영광을 돌리게 됩니다. 나의 삶은?

17 골.메워.산.낮지 굽.곧아.길.평탄하여질.것이요(주님 오신.목적)(눅 3:5)

장절	말씀(주님 오신 목적)	축토링 1	축토링 2
사 40:4 예언	골짜기마다 돋우어지며 산마다, 언덕마다 낮아지며		
	고르지 아니한 곳이 평탄하게 되며 험한 곳이 평지가 될 것이요		
눅 3:4	선지자 이사야의 책에 쓴 바 광야에서 외치는 자의 소리가 있어	외치는 소리	외치는 소리
	이르되 너희는 주의 길을 준비하라	주의 길 준비	주의 길 준비
	그의 오실 길을 곧게 하라		
눅 3:5 성취	모든 골짜기가 메워지고 모든 산과 작은 산이 낮아지고	골짜기 메워 산 낮아	골짜기 메워지고 산 낮아지고
	굽은 것이 곧아지고 험한 길이 평탄하여질 것이요	굽은 것 곧아 험한 길 평탄	굽은 것 곧아지고 험한 길이 평탄하여질 것이요

장절	축토링 3	축토링 4
사 40:4 예언		
눅 3:4		
눅 3:5 성취		

(골.메워.산.낮지 굽.곧아.길.평탄하여질.것이요)

- 눅 3:5 = 골짜기가 메워지기를 누가 사모(3:5)했나?
  = 예수님은 골짜기 메우심을 누구(누가)를 위해 사모(3:5)하셨나?
  =
  = 〈예언 성취〉예수님이 하실 일로서, 예언(사 40:4)이 성취되었다(눅 3:5)

변화 사 40:4 = 4+0+4 = 3+5 = 눅 3:5

- 사 40:4 = 사막의 경사(4)나 웅덩이(0)가 사토(4/모래흙)로 돋우어진다네
  = 예수님은 사람을 낚는 사공(40)의 사(4)부님!

18 쭈.그리 후히.누르고.흔들어 넘.안.주리라(눅 6:38)

장절	말씀	축토링 1	축토링 2
눅 6:38	주라 그리하면 너희에게 줄 것이니	주라 그리하면	주라 쭈 그리하면
	곧 후히 되어 누르고 흔들어 넘치도록 하여	후히 누르고 흔들어 넘치도록	후히 누르고 흔들어 넘치도록 너
	너희에게 안겨 주리라	안겨 주리라	안겨 주리라 만
	너희가 헤아리는 그 헤아림으로 너희도 헤아림을 도로 받을 것이니라	그 헤아림으로 너도 받아	

장절	축토링 3
눅 6:38	

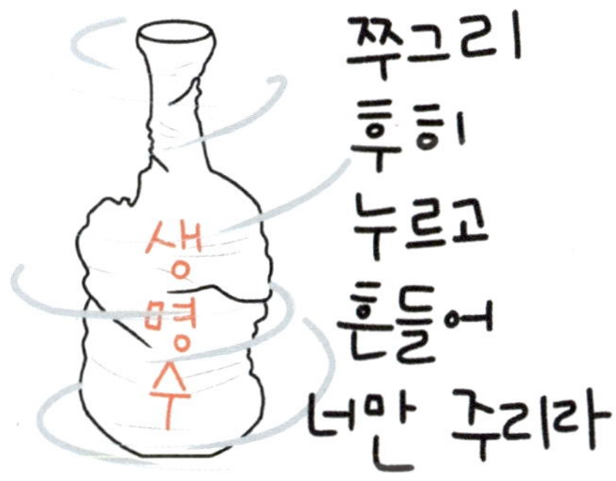

(쭈.그리 후히.누르고.흔들어 넘.안.주리라)

- 눅 6:38 = 누르고 흔들어 넘치면, 누구(눅)든지 육(肉/6)은 38광땡이라!
  = 누르고 흔들어 너만 주리라! 누구(눅)든지 육(肉/6)은 38광땡이라!
  = 누구(눅)든지 '후누흔' 넘치면 육(6)은 38광땡이라!
  = 누구(눅)든지 공격자의 육(6)은 38광땡이나, 수비자의 육은 38따라지라네
  =

유머 레슬링의 공격 모습 = 상대방을 누르고 흔들어 넘어지도록 하여야 승리가 주어진다

19 마.목.힘.뜻을.다하여 하.이.같이.사랑하라(눅 10:27)

장절	말씀	축토링 1	축토링 2
눅 10:25	어떤 율법교사가 일어나 예수를 시험하여 이르되 선생님 내가 무엇을 하여야 영생을 얻으리이까		
눅 10:26	예수께서 이르시되 율법에 무엇이라 기록되었으며 네가 어떻게 읽느냐		
눅 10:27	대답하여 이르되		
	네 마음을 다하며 목숨을 다하며 힘을 다하며 뜻을 다하여	마음 다하며 목숨 다하며 힘 다하며 뜻 다하여	마음 다하며 목숨 다하며 힘 다하며 뜻을 다하여
	주 너의 하나님을 사랑하고	하나님 사랑하고	하나님 사랑하고
	또한 네 이웃을 네 자신 같이 사랑하라 하였나이다	이웃 자신 같이 사랑하라	이웃 자신 같이 사랑하라

장절	축토링 3
눅 10:25	
눅 10:26	
눅 10:27	

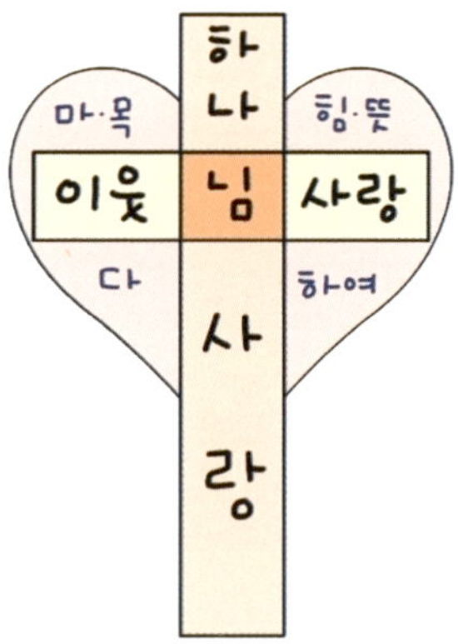

(마.목.힘.뜻을.다하여 하.이.같이.사랑하라)

- 눅 10:27 = 누구(눅)든지 하나님 사랑과 이웃 사랑은 모양 상 십자가(10/세로.가로) 이치(27)라네
  = '마.목.힘.뜻을 다하여'는 누구(눅)를 위한 십자가(10)이지(27)?
  = '마.목.힘.뜻을 다하여'는 누구(눅)를 위한 십자가(10) 이치(27)인가?
  =

- 마 22:37 = 마.목.뜻을 다하여 똘똘(22)하게 너의 상처(37)를 만져 주실 하나님을 사랑하라
  = 마.목.뜻을 다하여 똘똘(22)하게, 먼저 하나님께 새치(37)기해서라도 사랑하라

- 막 12:30 = 마지막 12월 30일까지는 마.목.뜻.힘 다하여 주 너희 하나님을 사랑하고(송구영신)

20 강도.만나매.거.죽.을.사위.사마 돌보라.더.갚으리 누가.이웃? 너도.이와.같이.하라(자비)(눅 10:30~37)

장절	말씀	축토링 1	축토링 2
눅 10:30	예수께서 대답하여 이르시되 어떤 사람이 예루살렘에서 여리고로 내려가다가 강도를 만나매 강도들이 그 옷을 벗기고 때려 거의 죽은 것을 버리고 갔더라	거의 죽은 것을	강도를 만나매 거의 죽은 것을 버리고
눅 10:31	마침 한 제사장이 그 길로 내려가다가 그를 보고 피하여 지나가고	사 지나가고	제사장이 지나가고
눅 10:32	또 이와 같이 한 레위인도 그 곳에 이르러 그를 보고 피하여 지나가되	위 지나가고	레위인도 지나가되
눅 10:33	어떤 사마리아 사람은 여행하는 중 거기 이르러 그를 보고 불쌍히 여겨	사마 불쌍히	사마리아 삼아 불쌍히 여겨
눅 10:34	가까이 가서 기름과 포도주를 그 상처에 붓고 싸매고 자기 짐승에 태워 주막으로 데리고 가서 돌보아 주니라	돌보아	주막으로 데리고 가서
눅 10:35	그 이튿날 그가 주막 주인에게 데나리온 둘을 내어 주며 이르되 이 사람을 돌보아 주라 비용이 더 들면 내가 돌아올 때에 갚으리라 하였으니	추가 비용 갚으리라	돌보아 주라 더 들면 갚으리라
눅 10:36	네 생각에는 이 세 사람 중에 누가 강도 만난 자의 이웃이 되겠느냐	누가 이웃?	누가 이웃?
눅 10:37	이르되 자비를 베푼 자니이다 예수께서 이르시되 가서 너도 이와 같이 하라 하시니라	같이 하라!	너도 이와 같이 하라!

장절	축토링 3	축토링 4
눅10:30		
눅10:31		
눅10:32		
눅10:33		
눅10:34		
눅10:35		
눅10:36		
눅10:37		

(강도.만나매.거.죽.을.사위.사마 돌보라.더.갚으리 누가.이웃? 너도.이와.같이.하라)

- 눅 10:30~37 = 누가? 강도 만난 자를 열정(10)으로 30분 이상 상처(37)를 돌보았는가?
  = 누가? 십자가(10)의 희생으로 30분 이상 상처(37)를 돌보았는가?
  = 누가 십자가(10) 정신? 제사장/레위인은 상여(30) 신세, 사마리아人은 상처(37) 돌봤네?
  =

묵상 나에게 자비는 '명사'인가? '동사'인가?

21 저들.풍족.중.넣었거니와 과부.전부.넣었느니라(헌금)(눅 21:4)

장절	말씀	주요 단어	축토링 1
눅 21:2	또 어떤 가난한 과부가 두 렙돈 넣는 것을 보시고		
눅 21:3	이르시되 내가 참으로 너희에게 말하노니		
	이 가난한 과부가 다른 모든 사람보다 많이 넣었도다	가난한 과부가 많이 넣었도다	
눅 21:4	저들은 그 풍족한 중에서 헌금을 넣었거니와	저들은 풍족한 중에서 헌금을	저들은 풍족한 중에서 넣었거니와
	이 과부는 그 가난한 중에서	과부는 가난한 중에서	과부는
	자기가 가지고 있는 생활비 전부를 넣었느니라 하시니라	생활비 전부를 넣었느니라	생활비 전부를 넣었느니라

장절	축토링 2	축토링 3
눅 21:2		
눅 21:3		
눅 21:4		

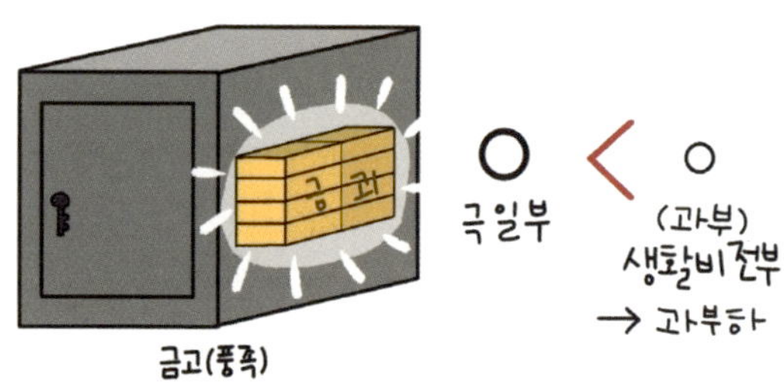

(저들.풍족.중.넣었거니와 과부.전부.넣었느니라)

*렙돈 = 동전의 명칭

- 눅 21:4 = 누가 봐도 과부의 두 렙돈 헌금! 이일(21)은 사력(4)을 다한 것이오
  =
- 막 12:43 = 막무가내 시비(12) 말라! 과부는 사생(43)결단으로 생활비 전부를 넣었느니라
- 막 12:44 = 막간의 예수님 말씀은 일리(12)가 있네! 부자는 넉넉(44)한 중에 넣었거니와…
  = 막무가내 시비(12) 말라! 과부는 넉넉(44)하지 못한 중에 생활비 전부를 넣었느니라

22 엠마오.가면서.슬픈.빛을 성경을.풀어.주실.때에.마음이.뜨겁지 예루살렘에.돌아가 (눅 24:13, 17. 32~33)

	말씀	주요 단어	축토링 1
눅 24:13	그 날에 그들 중 둘이 예루살렘에서 이십 오 리 되는 엠마오라 하는 마을로 가면서	이십 오리 엠마오	엠마오 가면서
눅 24:17	예수께서 이르시되 너희가 길 가면서 서로 주고받고 하는 이야기가 무엇이냐 하시니		
	두 사람이 슬픈 빛을 띠고 머물러 서더라	슬픈 빛을 띠고	두 사람이 슬픈 빛을 띠고
눅 24:30	그들과 함께 음식 잡수실 때에 떡을 가지사 축사하시고 떼어 그들에게 주시니		
눅 24:31	그들의 눈이 밝아져 그인 줄 알아 보더니 예수는 그들에게 보이지 아니하시는지라	눈이 밝아져 예수는 보이지 아니	그들의 눈이 밝아져 예수는 보이지 아니
눅 24:32	그들이 서로 말하되 길에서 우리에게 말씀하시고		
	우리에게 성경을 풀어 주실 때에 우리 속에서 마음이 뜨겁지 아니하더냐 하고	성경을 풀어 주실 때 마음이 뜨겁지	성경을 풀어 주실 때에 마음이 뜨겁지
눅 24:33	곧 그 때로 일어나 예루살렘에 돌아가 보니 열 한 제자 및 그들과 함께 한 자들이 모여 있어	곧 일어나 돌아가 보니	곧 일어나 예루살렘에 돌아가 보니

장절	축토링 2	축토링 3
눅 24:13		
눅 24:17		
눅 24:30		
눅 24:31		
눅 24:32		
눅 24:33		

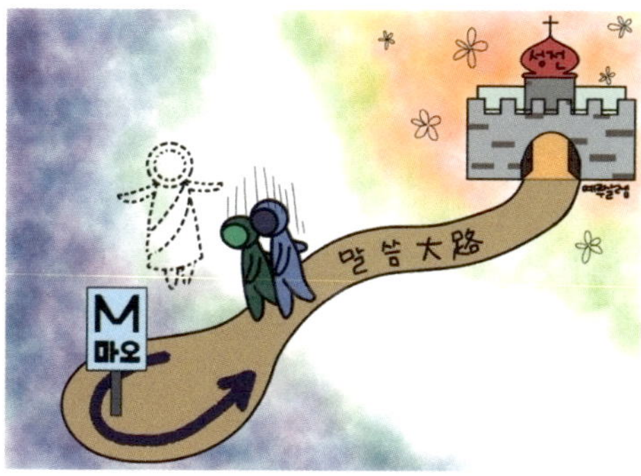

(엠마오.가면서.슬픈.빛을 성경을.풀어.주실.때에.
마음이.뜨겁지 예루살렘에.돌아가) (말씀 大路)

- 눅 24:33 = 누구(눅)든지 말씀大路 돌아 이사(24)가는 것은 삼삼(33)한 일일세
  = 엠마오로 가던 제자처럼 누구(눅)든지 말씀大路 돌아 이사(24)가는 것은 삼삼(33)한 일일세

- 눅 24:32~33 = 누구(눅)든지 말씀대로 이사(24)가는 삶이(32) 삼삼(33)한 일일세
  = 누구(눅)든지 말씀大路 돌아 이사(24)가는 삶이(32) 삼삼(33)한 일일세
  = 엠마오로 가던 제자처럼 누구(눅)든지 말씀大路 돌아 이사(24)가는 삶이(32) 삼삼(33)하네
  =

유머 M형상 = 출발점으로 되돌아 가는 형상임
엠마오 = M은 결국 되돌아가야 하니, 가지 마오!

묵상 종교개혁 동기 = 말씀으로 돌아가자!(오직 성경)
말씀대로 사는 인생이 되어야 합니다

23 하나님이 세상을.사랑니처럼.사랑하사 독생자를.주셨으니 이는.멸망하지×.영생을.얻게.하려.하심이라(요 3:16)

장절	말씀	축토링 1	축토링 2
요 3:14	모세가 광야에서 뱀을 든 것 같이 인자도 들려야 하리니		
요 3:15	이는 그를 믿는 자마다 영생을 얻게 하려 하심이니라		
요 3:16	하나님이 세상을 이처럼 사랑하사 독생자를 주셨으니	하나님이 세상을 사랑니처럼 사랑하사 독생자를 주셨으니	**하나님이 세상을** 사랑**니처럼 사랑하사** **독생자를 주셨으니**
	이는 그를 믿는 자마다 멸망하지 않고 영생을 얻게 하려 하심이라	믿는 자 멸망× 영생을	**이는** 믿는 자마다 **멸망하지× 영생을** **얻게 하려 하심이라**

장절	축토링 3
요 3:14	
요 3:15	
요 3:16	

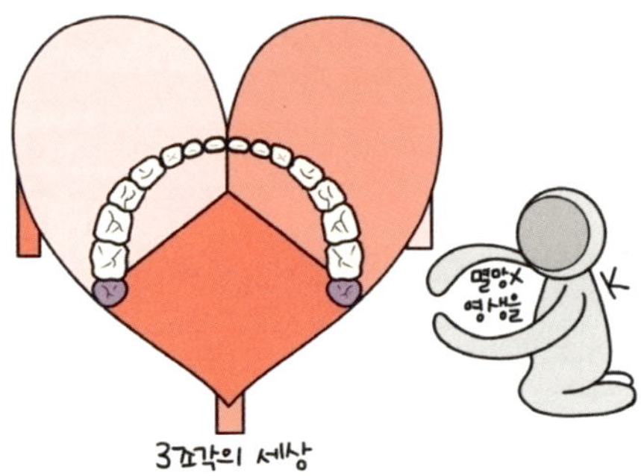

(하나님이 세상을.사랑니처럼.사랑하사 독생자를.주셨으니 이는.멸망하지×.영생을.얻게.하려.하심이라)

A. 사랑니 = 대개 뽑아 버린다
B. 독생자 = 구원을 완성하고자 십자가에서 죽으셨다

- 요 3:16 = 요 말씀이 우리 삶(3)을 일류(16)로 인도하시네
  = 요 말씀이 우리 삶(3)을 일류(16)로 하신다네
  = 요 말씀이 우리를 영생의 삶(3)이 보장된 인류(16)로 이끄시네
  =

24 아이가.가지고.온.52를.74로 5000명.배부른.후에 남은.조각이. 12바구니에.찼더라(오병이어)(요 6:9~13)

장절	말씀	주요 단어	축토링 1
요 6:7	빌립이 대답하되 각 사람으로 조금씩 받게 할지라도 이백 데나리온의 떡이 부족하리이다		
요 6:9	여기 한 아이가 있어 보리떡 다섯 개와 물고기 두 마리를 가지고 있나이다	떡 5개 물고기 2마리	아이가 가지고 온 보리떡 5개 물고기 2마리를
	그러나 그것이 이 많은 사람에게 얼마나 되겠사옵나이까		
요 6:10	예수께서 이르시되 이 사람들로 앉게 하라 하시니 그 곳에 잔디가 많은지라	앉게 하라	앉게 하라
	사람들이 앉으니 수가 오천 명쯤 되더라	5000명쯤	5000명쯤
요 6:11	예수께서 떡을 가져 축사하신 후에	예수 축사 74	예수 축사 74로
	앉아 있는 자들에게 나눠 주시고 물고기도 그렇게 그들의 원대로 주시니라		
요 6:12	그들이 배부른 후에 예수께서 제자들에게 이르시되 남은 조각을 거두고 버리는 것이 없게 하라 하시므로	남은 조각을 거두고	배부른 후에 남은 조각을 거두고
요 6:13	이에 거두니 보리떡 다섯 개로 먹고 남은 조각이 열두 바구니에 찼더라	남은 조각이 12 바구니	남은 조각이 12 바구니에 찼더라

장절	축토링 2	축토링 3
요 6:7		
요 6:9		
요 6:10		
요 6:11		
요 6:12		
요 6:13		

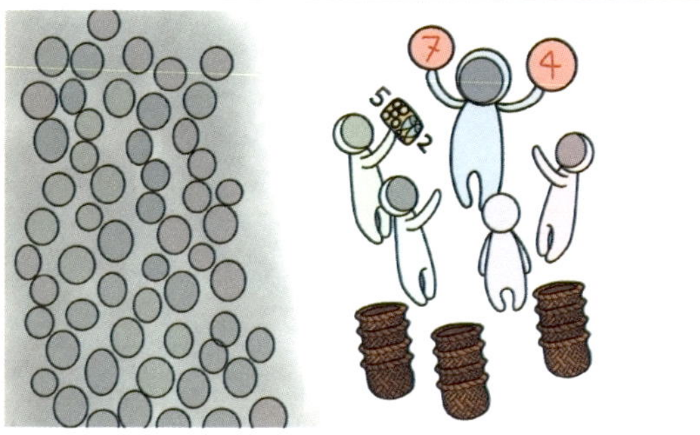

(군중들) *52.74=오병이어 축사
(아이가.가지고.온.52를.74로 5000명.배부른.후에 남은.조각이. 12바구니에.찼더라)

* 1데나리온 = 노동자 하루의 품삯

- 요 6:9~13 = 요런 도시락으로 배고픈 육(6)을 구(9)출한 것일세(13)
  = 요것으로 배고픈 육(6)은 구(9)사일생 된 것일세(13)
  = 요술의 5274(오병이어 축사)가 배고픈 육(6)을 구(9)한 것일세(13)
  =
- 요 6:7 = 필요한 금액은 이백 데나리온… 육(6)에 풀칠(7)하려면
- 마 6:9~13 = 주기도문

25 내가.길.진.생 나.말.고는 아버지께로.올.자가.없느니라(요 14:6)

장절	말씀	축토링 1	축토링 2
요 14:5	도마가 이르되 주여 주께서 어디로 가시는지		
	우리가 알지 못하거늘 그 길을 어찌 알겠사옵나이까		
요 14:6	예수께서 이르시되 내가 곧 길이요 진리요 생명이니	내가 곧 길이요 진리요 생명이니	내가 곧 길이요 진리요 생명이니
	나로 말미암지 않고는 아버지께로 올 자가 없느니라	나로 말미암지 않고는 아버지께로 올 자가 없느니라	나로 말미암지 않고는 아버지께로 올 자가 없느니라

장절	축토링 3
요 14:5	
요 14:6	

(내가.길.진.생 나.말.고는 아버지께로.올.자가.없느니라)

* 말미암다 = 어떤 현상이나 사물 따위가 원인이나 이유가 되다
* 길.진.생(길.眞.生) = 방이 없어 길가 구유에서 진짜 탄생하심(사 9:6)

◆ 요 14:6 = 중요하게도 예수님이 우리를 하나님께로 인도코자 왔네유(14:6)~
= 요긴하게 (길.진.생이신)예수님이 왔네(14)! 육(6)은 길짐승이야~
= 요긴한 예수님이 왔네(14)! 육(6)에게 길.진.생으로 오셨네!
= 중요하게 느껴져 길.진.생 터널 입구에 왔네유(14:6)~
=

묵상 나는 길.진.생을 추구하나? 길짐승을 추구하나?
속도가 중요한 것이 아니라, 나의 길.진.생이신 예수님에 대한 방향이 중요하다

26 너희.내.거/내.말.너.거 원하(11)는.대로.9하라.그리하면.2루리라(손동작) (요 15:7)

장절	말씀	축토링 1	축토링 2
요 15:5	나는 포도나무요 너희는 가지라		
	그가 내 안에, 내가 그 안에 거하면 사람이 열매를 많이 맺나니		
	나를 떠나서는 너희가 아무 것도 할 수 없음이라		
요 15:7	너희가 내 안에 거하고	너희 내 안에 거	너희 내 안에 거
	내 말이 너희 안에 거하면	내 말 너희 안에 거	내 말 너희 안에 거
	무엇이든지 원하는 대로 구하라	원하는 대로 구하라	원하(11)는 대로 9하라
	그리하면 이루리라	그리하면 이루리라	그리하면 2루리라

장절	축토링 3	축토링 4
요 15:5		
요 15:7		

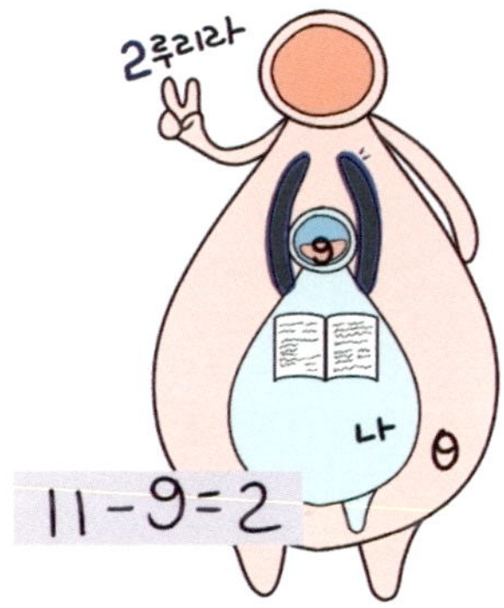

(너희.내.거/내.말.너.거 원하(11)는.대로.9하라.그리하면.2루리라)
11-9=2(손동작)

- 요 15:7 = 요것은 이뤄져(15:7)~
  = 기도 요청한 것은 이뤄져(15:7)~
  = 손동작 산수 시간 11-9 = 2, 요것은 이뤄져(15:7)~
  = '너희.내.거 내.말.너.거'이면 요것은 이뤄져(15:7)~
  =

변화 요 15:7 = 15+7 = 22 = 11+9+2 (11는 대로 9하라, 2루리라)

퀴즈 너희가 내 안에 거한 근거는(요 15:7)?

힌트 하나님은 아님

정답 하(나)님 = 글자 '나'가 '하나님' 품에 꼭~ 안기어 있으므로

유머 (요 15:5) 나 = 포도나무, 너희 = '가지'
너희끼리 모임 모습 = '가지가지' 한다네…

27 오직.성령이.임하시면.권능을.받고 예.유.사.땅끝까지 내.증인이.되리라 (지상 명령) (행 1:8)

장절	말씀	축토링 1	축토링 2
행 1:5	요한은 물로 세례를 베풀었으나 너희는 몇 날이 못되어 성령으로 세례를 받으리라 하셨느니라		
행 1:8	오직 성령이 너희에게 임하시면 너희가 권능을 받고		오직 성령이 임하시면 권능을 받고
	예루살렘과 온 유대와 사마리아와 땅끝까지 이르러	예루살렘, 유대 사마리아, 땅끝까지	예루살렘, 유대 사마리아, 땅끝까지
	내 증인이 되리라 하시니라	증인의 삶을	내 증인이 되리라

장절	축토링 3
행 1:5	
행 1:8	

(오직.성령이.임하시면.권능을.받고
예.유.사.땅끝까지 내.증인이.되리라)

- 행 1:8 = 땅끝까지 전하면 행복하게도 하나님(1)과 함께하는 몸(모습/8)이라네
  = 땅끝까지 전하면 다행히도 하나님(1)과 함께하는 몸(모습/8)이라네
  = 땅끝까지 증인의 행동 강령의 첫(1)째는 (산상 수훈)8째 복이다(박해/마 5:10)
  = 증인의 행동 강령의 첫(1)째는 예(대답)~ 유.사 이래 땅끝까지 전하는 몸(8/모습)이어야
  =

28 말씀하시기를 말세에.내.영을.부어 예.상.꿈을.꾸리라(요엘/예언 성취) (행 2:17)

장절	말씀	축토링 1	축토링 2
행 2:16	이는 곧 선지자 요엘을 통하여 말씀하신 것이니 일렀으되	요엘	요엘
행 2:17	하나님이 말씀하시기를 말세에 내가 내 영을 모든 육체에 부어 주리니	말세에 내 영을 부어 주리니	말씀하시기를 말세에 내 영을 부어 주리니
	너희의 자녀들은 예언할 것이요	자녀들 예언 입	자녀들 예언할 것
	너희의 젊은이들은 환상을 보고	젊은이 환상 눈	젊은이 환상 보고
	너희의 늙은이들은 꿈을 꾸리라	늙은이 꿈을 뇌	늙은이 꿈을 꾸리라

장절	축토링 3	축토링 4
행 2:16		
행 2:17		

(말씀하시기를 말세에.내.영을.부어 예.상.꿈을.꾸리라)

- 행 2:17 = 사도행전의 예언.환상.꿈! 이(2) 개념들은 모두 일치(17)하다네
  = 세 행동 주체의 이상(理想/2)이 일치(17)하네!
  = 세 행동 주체의 비전이(2) 일치(17)하네!
  = 사도행전에서 선지자 요엘의 예언 말씀이(2) 실제로 일치(17/성취)되었네
  =

- 욜 2:28 = (예언)요엘이 주장한 이상(理想/2)은 이빨(28)대로 성취되었네

연상 1. 자녀들은 예언을 입
2. 젊은이들은 환상을 눈
3. 늙은이들은 꿈을 뇌
(헷갈림) (신체 부위 위치가 아래부터 시작됨)

29 베드로.은과금.내게.없거니와 나사렛.예수.이름으로.일어나.걸으라 힘.건.뛰며.찬송하니(행 3:6~8)

장절	말씀	축토링 1	축토링 2
행 3:6	베드로가 이르되 은과 금은 내게 없거니와	베드로가 은과 금은 내게 없거니와	**베드로**가 **은과 금**은 **내게 없거니와**
	내게 있는 이것을 네게 주노니	내게 있는	내게 있는
	나사렛 예수 그리스도의 이름으로 일어나 걸으라 하고	나사렛 예수 그리스도의 이름으로 **일어나 걸으라**	**나사렛 예수** 그리스도의 **이름으로** **일어나 걸으라**
행 3:7	오른손을 잡아 일으키니 발과 발목이 곧 힘을 얻고	일으키니 발과 발목이 곧 **힘**을 얻고	일으키니 발과 발목이 곧 **힘**을 얻고
행 3:8	뛰어 서서 걸으며	뛰어 서서 걸으며	뛰어 서서 걸으며
	그들과 함께 성전으로 들어가면서 걷기도 하고 뛰기도 하며 하나님을 찬송하니	성전으로 들어가면서 **걷**기도 하고 **뛰**기도 하며 하나님을 **찬**송**하니**	성전으로 들어가면서 **걷**기도 하고 **뛰**기도 하**며** 하나님을 **찬송하니**

장절	축토링 3
행3:6	
행3:7	
행3:8	

(베드로.은과금.내게.없거니와 나사렛.예수.이름으로.일어나.걸으라 힘.건.뛰며.찬송하니)

- 행 3:6~8 = 못 걷게 된 이의 행복한 삶(3)은 육(6)적으로 팔팔(8)하게 걷는 것
  = 못 걷게 된 이의 행복한 삶(3)은 육(6)적으로 팔팔(8)하게 '힘.건.뛰며.찬송'하는 것
  =
- 행 3:7~8 = 못 걷게 된 이의 행복한 삶(3)은 칠전팔기(7~8)의 '힘.건.뛰며.찬송'이다

30 옥.중.바.라 기도.찬송하매.큰.지진 문.열리며.매인.것이.벗어진지라 (바울과 실라)(행 16:24~26)

장절	말씀	축토링 1	축토링 2
행 16:24	그가 이러한 명령을 받아 그들을 깊은 옥에 가두고	옥에 가두고	옥에 가두고
	그 발을 차꼬에 든든히 채웠더니	발을 차꼬에 채웠더니	발을 차꼬에 채웠더니
행 16:25	한밤중에 바울과 실라가 기도하고	바울과 실라 기도	한밤중에 바울과 실라 기도하고
	하나님을 찬송하매 죄수들이 듣더라	하나님을 찬송하매	하나님을 찬송하매
행 16:26	이에 갑자기 큰 지진이 나서 옥터가 움직이고	큰 지진이 나서	큰 지진이 나서
	문이 곧 다 열리며 모든 사람의 매인 것이 다 벗어진지라	문이 다 열리며 매인 것이 벗어짐	문이 다 열리며 매인 것이 벗어진지라

장절	축토링 3
행 16:24	
행 16:25	
행 16:26	

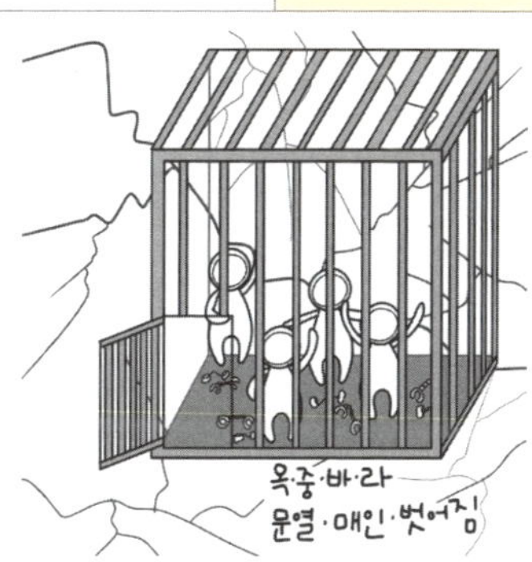

(옥.중.바.라 기도.찬송하매.큰.지진 문.열리며.매인.것이.벗어진지라)

- 행 16:25 = (준말)기찬 믿음 = 감옥 속에서도 기도하고 찬송하는 믿음(바울과 실라)
  = 감옥 속에서도 기도.찬송하는 바울과 실라는 행복한 인류(16)이오(25)!
  = 감옥 속에서의 기찬 믿음은 행복의 일류(一流/16) 급이오(25)!

- 행 16:24~26 = 행복 인류(16)를 위해 복음을 옥중까지 이사(24)시킨 이유(26)라네(간수)
  = 행복 인류(16)를 위해 기도와 찬송을 옥중까지 이사(24)시킨 이유(26)라네
  = 다행히도 인류(16)를 위해 복음을 옥중까지 이사(24)시킨 이유(26)라네
  = 다행히도 인류(16)를 위해 기도와 찬송을 옥중까지 이사(24)시킨 이유(26)라네
  =

- 행 16:31 = 행복한 일류(16) 삶(3)의 으뜸(1)은 예수를 믿는 것!

31 아브라함이.바랄.수.없는.중에.믿었으니 후손이.이같이 많은.민족의.조상이.되게.하려(롬 4:18)

장절	말씀	축토링 1	축토링 2
롬 4:18	아브라함이 바랄 수 없는 중에 바라고 믿었으니	아브라함이 믿었으니	아브라함이 바랄 수 없는 중에 바라고 믿었으니
	이는 네 후손이 이같으리라 하신 말씀대로	네 후손이 이같으리라	이는 네 후손이 이같 이같이 으리라
	많은 민족의 조상이 되게 하려 하심이라	많은 민족의 조상이	많은 민족의 조상이 되게 하려

장절	축토링 3
롬 4:18	

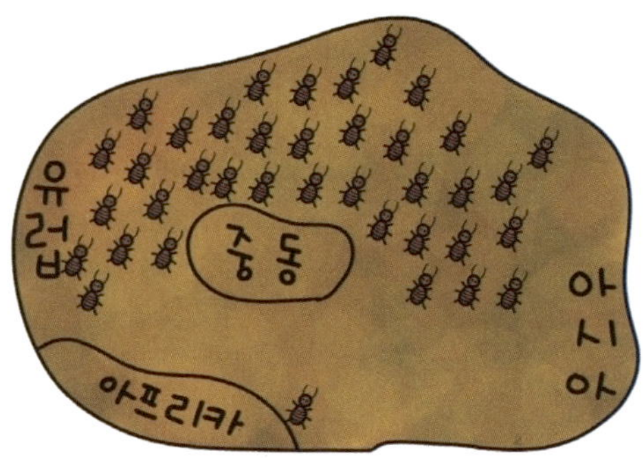

(아브라함이.바랄.수.없는.중에.믿었으니
후손이.이같이 많은.민족의.조상이.되게.하려)

- 롬 4:18 = 아브라함은 바랄 수 없는 중에 사내(4)놈(롬) 한(1) 몸(8/모습)을 원했다네
  = 샬롬의 아브라함은 바랄 수 없는 사태(4) 속에 바라고 믿은 한(1) 몸(8)이라네
  = 민족의 조상이 될 샬롬의 사람(4) 아브라함에게는 심판(18)이 없으리라
  = 샬롬이란 죽은(死/4) 후에 심판(18)을 두려워하지 않아~
  =

32 예수는 우리.죄.때문.내줌 우리.의롭다.위하여.살아나셨느니라(롬 4:25)

장절	말씀	축토링 1	축토링 2
롬 4:25	예수는 우리가 범죄한 것 때문에 내줌이 되고	범죄 때문에 내줌	예수는 우리 죄 때문에 내줌
	또한 우리를 의롭다 하시기 위하여 살아나셨느니라	의롭다 위하여 살아나셨느니라	우리를 의롭다 하시기 위하여 살아나셨느니라

장절	축토링 3
롬 4:25	

(예수는 우리.죄.때문.내줌 우리.의롭다.위하여.살아나셨느니라)

◆ 롬 4:25 = 로마 병정 앞에서의 부활은 죽음(死/4)과는 매우 다른 것이오(25)!

= 로마 병정 앞에서도 부활 기적이 쌓이오(4:25)!

= 예수는 우리 샬롬을 위하여 死(4)한 것이요, 삼일 만에 부활하신 것이오(25)!

=

33 우리가.환난.중에도.즐거워 이는.환.인.연.소 이루는.줄.앎이로다 (롬 5:3~4)

장절	말씀	축토링 1	축토링 2
롬 5:2	또한 그로 말미암아 우리가 믿음으로 서 있는 이 은혜에 들어감을 얻었으며 하나님의 영광을 바라고 즐거워하느니라		
롬 5:3	다만 이뿐 아니라 우리가 환난 중에도 즐거워하나니 이는 환난은 인내를,	환난 中 즐거워 환난은 인내를	**우리가** **환난 중에도 즐거워**하나니 **이는** 換**환** 난은
롬 5:4	인내는 연단을, 연단은 소망을 이루는 줄 앎이로다	인내는 연단을 연단은 소망을	人**인** 내는 燃**연** 단은 燒**소** 망을 **이루는 줄 앎이로다**

장절	축토링 3
롬 5:2	
롬 5:3	
롬 5:4	

(우리가.환난.중에도.즐거워 이는.환.인.연.소 이루는.줄.앎이로다)

*환인연소 = 성령으로 불태워, 확 바뀐 새사람

- 롬 5:3~4 = (준말)환.인.연.소. = 환난.인내.연단.소망
  = 샬롬의 과정이 오직(5) 3~4글자로 압축되네(환.인.연.소)
  = 요절이 Long(롱/롬)이 아니라, 오직(5) 3~4글자로 압축되네(환.인.연.소)
  = 롱런(롬)하려 했으나, 오히려(5) 삶(3)과 사(4)의 기로에 있다네
  =

묵상 바람이 불면 작은 불은 꺼지나, 큰 불은 더욱 커진다. 나는 어떤 불에 속하나?

유머 환인연소(換人燃燒) = 사람을 바꾸는데, 성령의 불로 태우신다네(새사람)

34 환.인.연.소.후 성령으로.말미암아 하나님의.사랑이.우리.'마.부'됨이니 (롬 5:3~5)

장절	말씀	축토링 1	축토링 2
롬 5:2	또한 그로 말미암아 우리가 믿음으로 서 있는 이 은혜에 들어감을 얻었으며 하나님의 영광을 바라고 즐거워하느니라	그.말　믿어 하.영광　즐거워	
롬 5:3	다만 이뿐 아니라 우리가 환난 중에도 즐거워하나니 이는 환난은 인내를,	환난 中　즐거워 환난은　인내를	換환
롬 5:4	인내는 연단을, 연단은 소망을 이루는 줄 앎이로다	인내는　연단을 연단은　소망을	人인 燃연 燒소 후
롬 5:5	소망이 우리를 부끄럽게 하지 아니함은 우리에게 주신 성령으로 말미암아 하나님의 사랑이 우리 마음에 부은 바 됨이니	소망이 부끄× 성.말 하.랑이 마음에 부은 바	우리에게 주신 성령으로 말미암아 하나님의 사랑이 우리 마음에 부은 바 됨이니

장절	축토링 3
롬 5:2	
롬 5:3	
롬 5:4	
롬 5:5	

(환.인.연.소.후 성령으로.말미암아
하나님의.사랑이.우리.'마.부'됨이니)
* 환인연소(煥人燃燒) = 과거 것을 태워 없애, 변화된 새사람

- 롬 5:3~4 = 샬롬(화평)은 오직(5) 환.인.연.소.(3~4) 글자로 요약되네
  = 환난을 뛰어넘는 샬롬은 오직(5) 환.인.연.소.(3~4) 글자로 요약되네
- 롬 5:3~5 = 환난 중에도 즐거워하는 샬롬은 오직(5) 환.인.연.소.를 사모(3~5)함이라
  = 환난 중에도 즐거워하는 샬롬은 오직(5) 하나님의 사랑 '마.부'를 사모(3~5)함이라
  =

35 죄.삯은.사망이요 은사는.주.안.영생이니라(롬 6:23)

장절	말씀	축토링 1	축토링 2
롬 6:23	죄의 삯은 사망이요	죄의 삯은 사망이요	죄의 삯은 사망이요
	하나님의 은사는 그리스도 예수 우리 주 안에 있는 영생이니라	하나님의 은사는 그리스도 예수 우리 주 안에 있는 영생이니라	하나님의 은사는 그리스도 예수 우리 주 안에 있는 영생이니라

장절	축토링 3
롬 6:23	

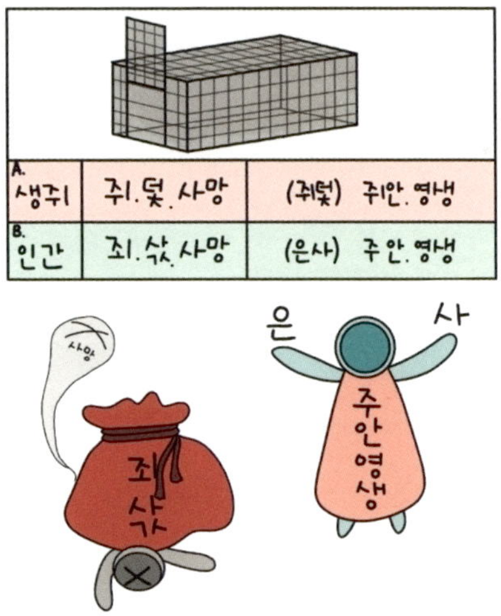

(죄.삯은.사망이요 은사는.주.안.영생이니라)

- 롬 6:23 = 놈(롬)들 모두, 뭐니 뭐니 해도 육(6)이 이상(23)적이래~
  = 놈(롬)들 모두, 뭐니 뭐니 해도 육(6)이 이상(23)적이래~ 그러므로 죄짓지?
  = 샬롬은 육(6) 이상(23)의 그 무엇이야~
  = 샬롬은 육(6) 이상(23)의 하나님의 은사야~
  =

- 약 1:15 = (준말)욕심.죄 죄.장.사
  = 욕심이 잉태한즉 죄를 낳고 죄가 장성한즉 사망을 낳느니라
  = 구약, 신약의 첫(1)째인 절제, 평강을 잃어(15)버린 욕심이라네!

36 성령도.연약함을.도우시나니 우리는.'기도.알.못' 성령이.탄식누룽지으로.간구하시느니라(롬 8:26)

장절	말씀	축토링 1	축토링 2
롬 8:26	이와 같이 성령도 우리의 연약함을 도우시나니	이와 같이 성령도 우리의 연약함 도우시	성령도 우리의 연약함을 도우시나니
	우리는 마땅히 기도할 바를 알지 못하나	우리는 기도할 바 알지 못하나	우리는 기도할 바 알지 못하나
	오직 성령이 말할 수 없는 탄식으로	오직 탄식으로	성령이 탄식으로 누룽지
	우리를 위하여 친히 간구하시느니라	우리를 위하여 친히 간구	친히 간구하시느니라

장절	축토링 3
롬 8:26	

(성령도.연약함을.도우시나니 우리는.'기도.알.못'
성령이.탄식누룽지으로.간구하시느니라)
*탄식 = 말할 수 없는 애절한 성령 불에 살짝 탄 음식
= 구수하게 달래 주시는 성령

- 롬 8:26 = 성령의 샬롬은 우리의 연약한 몸(8/모습)을 도우시는 이유(26)라네!
  = 성령의 샬롬은 우리의 연약한 몸(8/모습)을 누룽지로도 도우시는 이유(26)라네!
  = 샬롬이란 '기도.알.못' 우리를 감싸(8/모습)주시는 이유(26)라네
  = 샬롬이란 '기도.알.못' 우리를 성령으로 감싸(8/모습)주시는 이유(26)라네
  =

37 사람이 마음.밑.의.입으로.시인 구원에.이르느니라(롬 10:10)

장절	말씀	축토링 1	축토링 2
롬 10:9	네가 만일 네 입으로 예수를 주로 시인하며		
	또 하나님께서 그를 죽은 자 가운데서 살리신 것을		
	네 마음에 믿으면 구원을 받으리라		
롬 10:10	사람이 마음으로 믿어 의에 이르고	마음 믿어 의	사람이 마음으로 믿어 밑 의에 이르고
	입으로 시인하여 구원에 이르느니라	입 시 구원	입으로 시인하여 구원에 이르느니라

장절	축토링 3
롬 10:9	
롬 10:10	

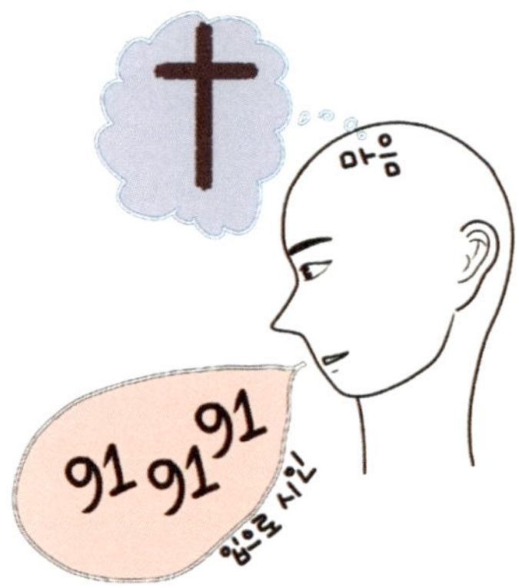

(사람이 마음.밑.의.입으로.시인 구원에.이르느니라)

(머리 구조)

◆ 롬 10:10 = 샬롬이란 입을 열(10)어 시인하면, 구원의 문은 열(10)린다
= 살 놈(롬)은 입을 열(10)어 시인하면, 구원의 문은 열(10)린다
= 살 놈(롬)은 입으로 시인하기를 구원(9+1 = 10)! 구원(9+1 = 10)! 외치라
= 살 놈(롬)은 입으로 열(10)심히 입시구원(9+1 = 10)! 외치라
=

38 만물이 주에게서.나오고 주.말 주에게로.돌아감이라(롬 11:36)

장절	말씀	축토링 1	축토링 2
롬 11:36	이는 만물이 주에게서 나오고	만물이 주에게서 나오고	만물이 주에게서 나오고
	주로 말미암고 주에게로 돌아감이라	주로 말미암고 주에게로 돌아감	주로 말미암고 주에게로 돌아감이라
	그에게 영광이 세세에 있을지어다 아멘		

장절	축토링 3
롬 11:36	

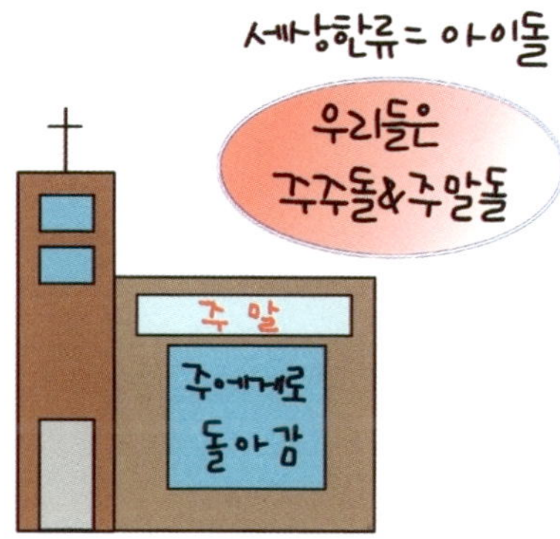

(만물이 주에게서.나오고 주.말 주에게로.돌아감이라)

(주께 예배드리려고…)

* 말미암고 = 어떤 현상이나 사물 따위가 원인이나 이유가 되다

◆ 롬 11:36 = 범죄 후 살 놈(롬)은 두 손으로 싹싹(11) 빌거나, 36계(줄행랑)라네…
= 살 놈(롬)은 두 손 들고(11) 주에게서 나오고, 죽을 놈은 36계 주(酒)에게로 돌아감이라
= 살 놈(롬)은 두 손 들고(11) 주에게로 가려고 세상에서 36계 줄행랑친다네
= 살 놈(롬)은 예배드리려고 길(11) 따라, 세상에서 36계 줄행랑친다네
=

묵상 우리 인생이 어디서 와서, 어디로 가는지에 대한 확실한 말씀입니다

퀴즈 만물이 주에게서 나오고, 주.말 돌아가는 이유는?

힌트 롬 11:36

이유 주께 예배드리려고…

39 몸.뻐.제물.영적예배 새롭게.변화.받아 son.뻐.전.분별하도록.하라 (롬 12:1~2)

장절	말씀	축토링 1	축토링 2
롬 12:1	그러므로 형제들아 내가 하나님의 모든 자비하심으로 너희를 권하노니		
	너희 몸을 하나님이 기뻐하시는 거룩한 산 제물로 드리라	산 제물로	몸을 기뻐하시는 산 제물로 드리라
	이는 너희가 드릴 영적 예배니라	영적 예배	영적 예배니라
롬 12:2	너희는 이 세대를 본받지 말고 오직 마음을 새롭게 함으로 변화를 받아	마음 새롭게	이 세대를 본받지× 마음 새롭게 변화 받아
	하나님의 선하시고 기뻐하시고 온전하신 뜻이 무엇인지 분별하도록 하라	선하시고 기뻐하시고 온전하신 뜻 무엇인지 분별	son하시고 기뻐하시고 온전하신 뜻 분별하도록 하라

장절	축토링 3	축토링 4
롬 12:1		
롬 12:2		

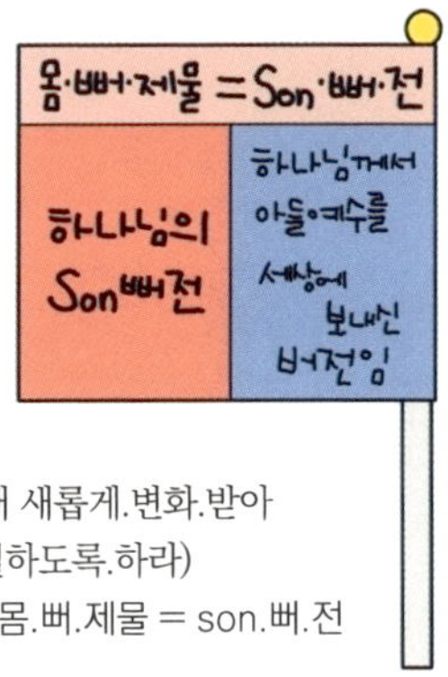

(몸.뻐.제물.영적예배 새롭게.변화.받아
son.뻐.전.분별하도록.하라)
*몸.뻐.제물 = son.뻐.전

* 하나님의 son.뻐.전 = 하나님께서 아들 예수를 세상에 보내신 십자가 버전(version)

- 롬 12:1 = 촌놈(롬) 12명이 모든 것을 버리고, 첫(1)째로 자기 몸을 산 제물로 드렸더라(12제자)
- 롬 12:2 = 촌놈(롬) 12명이 모든 것을 버리고, 이(2)제는 자기 마음을 새롭게 하였다네(12제자)
- 롬 12:1~2 = 샬롬의 시비(12) 대상인 이 세대를 본받지 말라는 것은 일리(1~2)있네
  = 샬롬은 시비(12)없는 '몸.뻐.제물 = 영적 예배', 일리(1~2)있네
  =

의미 마음의 할례 = (렘 4:4)할례를 행하여 너희 마음 가죽을 베고
= (롬 2:29/신 10:16)할례는 마음에 할지니

묵상 나의 몸을 기뻐하시는 거룩한 산 제물로 예배를 드리고 있는가?
나는 하나님의 son.뻐.전 뜻을 분별하고 있는가?

40 악을.악으로.갚지.말고 선한.일을.도모하라(롬 12:17)

장절	말씀	축토링 1	축토링 2
롬 12:17	아무에게도 악을 악으로 갚지 말고	악 악 말고	아무에게도 **악을** **악으로 갚지 말고**
	모든 사람 앞에서 선한 일을 도모하라	선 도모	모든 사람 앞에서 **선한 일을 도모하라**

장절	축토링 3	축토링 4
롬 12:17		

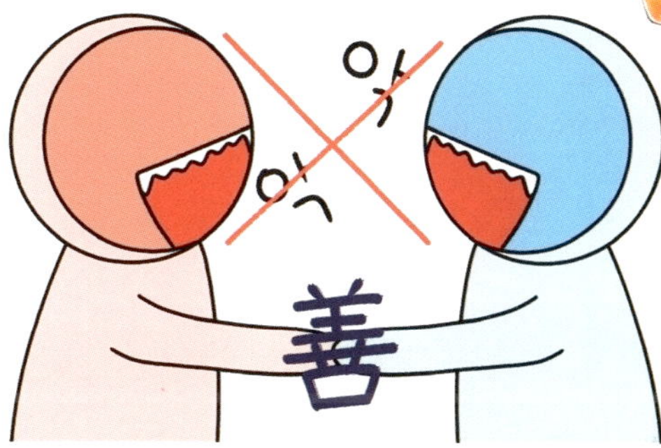

(악을.악으로.갚지.말고 선한.일을.도모하라)

◆ 롬 12:17 = 롱런(롬)하려면, 아무에게도 시비(12) 말고 선한 일로 일치(17)시켜라!
= 샬롬이 되려면, 아무에게도 시비(12) 말고 선한 일로 일치(17)시켜라!
= 샬롬을 누리려면, 아무에게도 시비(12) 말고 선한 일로 일치(17)시켜라!
=

41 십자가의.도가 멸망.자들에게는.미련 구원.받는.우리에게는.능력이라 (고전 1:18)

장절	말씀	축토링 1	축토링 2
고전 1:18	십자가의 도가	**십자가의 도가**	십자가 또라이
	멸망하는 자들에게는 미련한 것이요	**멸망**하는 **자들에게는** **미련**한 것	멸망자들에게는 미련
	구원을 받는 우리에게는 하나님의 능력이라	**구원**을 **받는** **우리에게는** 하나님의 **능력이라**	우리에게는 능력

장절	축토링 3	축토링 4
고전 1:18		

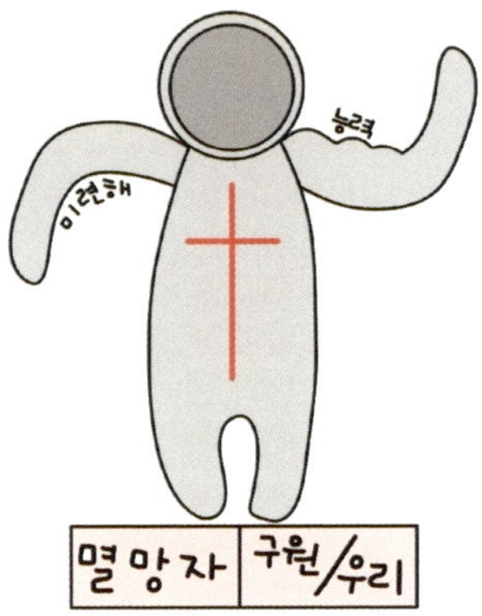

(십자가의.도가 멸망.자들에게는.미련 구원.받는.우리에게는.능력이라)

* 또라이 = 생각이 모자라고, 행동이 어리석은 사람을 속되게 이르는 말

- 고전 1:18 = 내가 고전하는 첫(1)째 이유는 십자가를 심판(18)으로 느껴서…
  = 내가 고전하는 첫(1)째 이유는 십자가에서 유리된 한(1) 몸(8/모습)이기에…
  = 십자가의 도가 고전자에게는 미련하나(1), 구원받는 자에게는 하나님(1)의 알통(모습/8)이다
  =

묵상 나는 십자가를 무겁게 끌고 가는가? 가볍게 등에 지고 가는가?

42 대.표.라.지.찾으나 우리는.못.박힌.그를.전하니 하나님의.능력/지혜니라 (고전 1:22~24)

장절	말씀	축토링 1	축토링 2
고전 1:22	유대인은 표적을 구하고	유대인은 표적을	유대인은 표적을
	헬라인은 지혜를 찾으나	헬라인은 지혜를 찾으나	헬라인은 지혜를 찾으나
고전 1:23	우리는 십자가에 못 박힌 그리스도를 전하니		우리는 못 박힌 그리스도를 전하니
	유대인에게는 거리끼는 것이요 이방인에게는 미련한 것이로되		
고전 1:24	오직 부르심을 받은 자들에게는 유대인이나 헬라인이나		
	그리스도는 하나님의 능력이요 하나님의 지혜니라	그는 능력 지혜니라	하나님의 능력이요 하나님의 지혜니라

장절	축토링 3
고전 1:22	
고전 1:23	
고전 1:24	

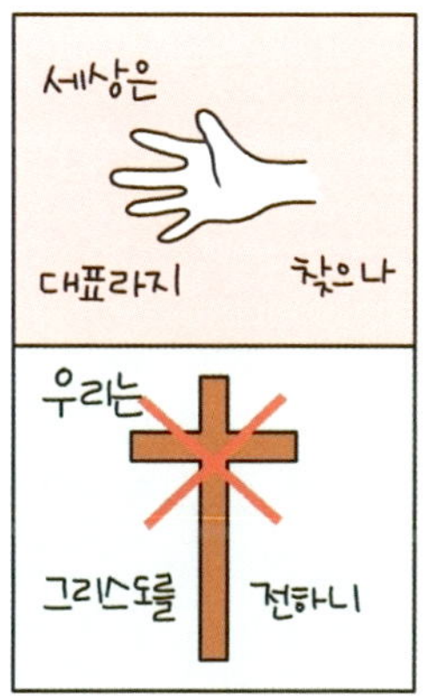

(대.표.라.지.찾으나 우리는.못.박힌.그를.전하니 하나님의.능력/지혜니라)

- 고전 1:22 = (준말)대.표 라.지 = (암기)대.표 라.지(Large)
  = 내가 고전하는 첫(1)째 이유는 너무 똘똘(22)해서, 모두 싫어해!
  = 내가 고전하는 첫(1)째 이유는 너무 당돌(22)해서, 모두 위축되었네~
- 고전 1:22~24 = 내가 고전하는 첫(1)째 이유는 목 사이즈가 22와 24의 중간이라서…
  = 내가 고전하는 첫(1)째 이유는 너무 똘똘(22)해서, 친구들이 싫어해 이사(24) 가네
  = 내가 고전하는 첫(1)째 이유는 너무 당돌(22)해서, 동료들이 위축되어 이사(24) 가네
  =

43 하.어이.사.보다.지혜롭고 하.약이.사.보다.강하니라(고전 1:25)

장절	말씀	축토링 1	축토링 2
고전 1:25	하나님의 어리석음이 사람보다 지혜롭고	하 어 사 지	**하**나님의 **어**리석음**이** **사**람**보다** **지혜롭고**
	하나님의 약하심이 사람보다 강하니라	하 약 사 강	**하**나님의 **약**하심**이** **사**람**보다** **강하니라**

장절	축토링 3
고전 1:25	

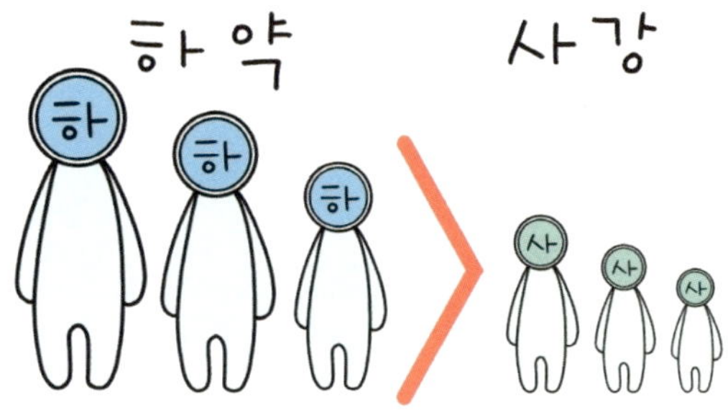

(하.어이.사.보다.지혜롭고 하.약이.사.보다.강하니라)

◆ 고전 1:25 = 사람이 고전하는 첫(1)째 이유는 '하.어이.사.보다.지혜롭고'이오(25)!
= 고전하는 이유는 사람의 지혜가 하나님(1)의 어리석음보다 훨씬 못하기 때문이오(25)!
= 사람이 고전하는 첫(1)째 이유는 원천적으로 하나님과는 비교 대상이 아닌 것이오(25)!
=

44 세상의.미련한.것들.택/지혜자들.부끄 약한.것들.택/강한.것들.부끄럽게.하려.하시며(고전 1:27)

장절	말씀	축토링 1	축토링 2
고전 1:27	그러나 하나님께서 세상의 미련한 것들을 택하사	하나님께서 **세상의 미련한 것들 택**하사	
	지혜 있는 자들을 부끄럽게 하려 하시고	**지혜자들**을 **부끄**럽게 하시고	
	세상의 약한 것들을 택하사	세상의 **약한 것들**을 **택**하사	
	강한 것들을 부끄럽게 하려 하시며	**강한 것들**을 **부끄럽게 하려 하시며**	

장절	축토링 3
고전 1:27	

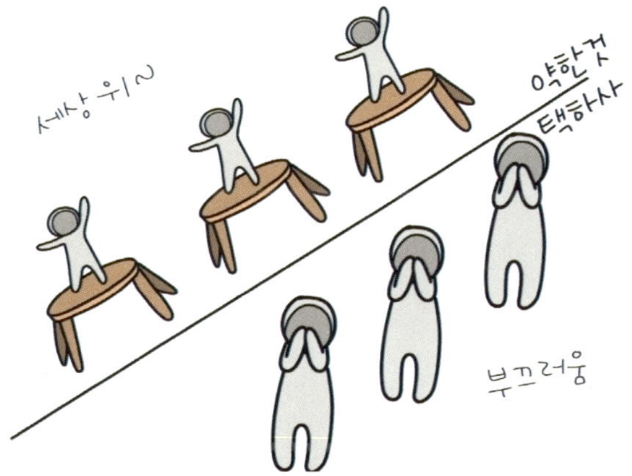

(세상의.미련한.것들.택/지혜자들.부끄
약한.것들.택/강한.것들.부끄럽게.하려.하시며)

◆ 고전 1:27 = (믿기 전)내 약점들이 고전했던 첫(1)째 이유이지(27)
= (믿은 후)고전했던 내 약점들이 예수님으로 인해 첫(1)째가 된 것이지(27)
= 고전하는 나지만, 주님으로 인해 첫(1)째가 된 것이지(27)!
= 미련한 것들 택하사 지혜자들을 부끄럽게 하는 것이 고전했던 첫(1)째 이치(27)!
=

45 나.심고 아침마다.물.주었으되 오직.하나님께서.자라나게.하셨나니 (고전 3:6)

장절	말씀	축토링 1	축토링 2
고전 3:6	나는 심었고 아볼로는 물을 주었으되	나는 심었고 아볼로는 물을 주었으되	나는 심었고 아볼로는 침마다 물을 주었으되
	오직 하나님께서 자라나게 하셨나니	오직 하나님께서 자라나게 하셨나니	오직 하나님께서 자라나게 하셨나니
고전 3:7	그런즉 심는 이나 물주는 이는 아무 것도 아니로되		
	오직 자라게 하시는 이는 하나님뿐이니라	오직 자라게 하시는 이는 하나님뿐이니라	

장절	축토링 3
고전 3:6	
고전 3:7	

(나.심고 아침마다.물.주었으되 오직.하나님께서.자라나게.하셨나니)

- 고전 3:6 = 씨앗은 잠깐 고전하나, 생육(3:6)은 하나님이 책임지신다네
  = 고전했던 3人(나, 아볼로, 하나님)의 합작품이나, 양육(養育/6)자는 하나님이라네…
  =

46 (성찬식)예수.잡.밤에 떡.축사.내몸/잔.내피.새언약.기념하라 떡먹.잔마.때마다 주.죽으심.오실.때까지.전하라(고전 11:23~26)

장절	말씀	주요 단어	축토링 1
고전 11:23	내가 너희에게 전한 것은 주께 받은 것이니 곧 주 예수께서 잡히시던 밤에 떡을 가지사	떡	**예수**께서 **잡**히시던 **밤에** **떡**을 가지사
고전 11:24	축사하시고 떼어 이르시되 이것은 너희를 위하는 내 몸이니 이것을 행하여 나를 기념하라 하시고	축사.너.위에. 내 몸.행하여. 나를.기념	**축사**하시고 **내 몸**이니 기념하라
고전 11:25	식후에 또한 그와 같이 잔을 가지시고 이르시되 이 잔은 내 피로 세운 새 언약이니 이것을 행하여 마실 때마다 나를 기념하라 하셨으니	식후에 잔.피.새언약 행하여.마실 때. 나를.기념	이 **잔**은 **내 피**로 세운 **새 언약**이니 **기념하라**
고전 11:26	너희가 이 떡을 먹으며 이 잔을 마실 때마다 주의 죽으심을 그가 오실 때까지 전하는 것이니라	떡먹.잔마. 때마다.주죽. 오실.전하라	**떡먹.잔마.때마다 주.죽으심.오실. 때까지.전하라**

장절	축토링 2	축토링 3
고전 11:23		
고전 11:24		
고전 11:25		
고전 11:26		

(예수.잡.밤에 떡.축사.내몸/잔.내피.새언약.기념하라 떡먹.잔마.때마다 주.죽으심.오실.때까지.전하라)

* (구조)주의 죽으심을+그가 오실 때까지+전하는 것이니라 = 과거+미래+현재(히 13:8)

- 고전 11:23~26 = 예수님은 '고전' 끝에 떡 1개, 피 1잔이세(23), 결국 이룩(26)하셨네
  = 예수님은 '고전' 끝에 떡 1개, 피 1잔이세(23), 결국 이룩(26)하셔 구원하셨네
  = 예수님은 '고전' 끝에 떡 1개, 피 1잔이세(23), 결국 이룩(26)하셔 구원을 이루셨네
  =
- 고전 11:24~26 = 고전했던 떡 1개, 피 1잔이 세상으로 이사(24) 오신 이유(26)라네
  = '고전' 의미는 떡 1개, 피 1잔을 위해 세상으로 이사(24) 오셔서, 결국 이룩(26)하셨네
  = '고전' 의미는 떡 1개, 피 1잔을 위해 세상으로 이사(24) 오셔서, 결국 이룩(26), 구원을 완성하셨네

47 사랑은.오래.참고.온유君과.시.자嬢은.교만× 무행유구×.성내지.악.생각하지× 불의.기뻐×.진리.기뻐하고 모든.것.참으며.밑.빠져도.견디느니라(고전 13:4~7)

장절	말씀	압축어	축토링 1
고전 13:4	사랑은 오래 참고 사랑은 온유하며 시기하지 아니하며 사랑은 자랑하지 아니하며 교만하지 아니하며	사랑은 참.온유 시.자.교만×	사랑은 오래 참고 온유君과 시.자嬢은.교만×
고전 13:5	무례히 행하지 아니하며 자기의 유익을 구하지 아니하며 성내지 아니하며 악한 것을 생각하지 아니하며	무행유구× 성내.악생×	무행(無行)유구(有求)× 성내지 악.생각하지×
고전 13:6	불의를 기뻐하지 아니하며 진리와 함께 기뻐하고	불.기뻐× 진.기뻐○	불의 기뻐× 진리 기뻐하고
고전 13:7	모든 것을 참으며 모든 것을 믿으며 모든 것을 바라며 모든 것을 견디느니라	모든 것을 참으며. 믿.바.견디느니라	모든 것 참으며 밑 빠져도 견디느니라
고전 13:13	그런즉 믿음, 소망, 사랑, 이 세 가지는 항상 있을 것인데 그 중의 제일은 사랑이라	믿소사 항상 제일은 사랑	

장절	축토링 2	축토링 3
고전 13:4	연습 없이 참고 온유 시, 낭 만이	
고전 13:5	無든 有든 성 악 은	
고전 13:6	불 리해	
고전 13:7	또 참으며 밑.빠(져도). 견디라	
고전 13:13		
주제	성악 연습	

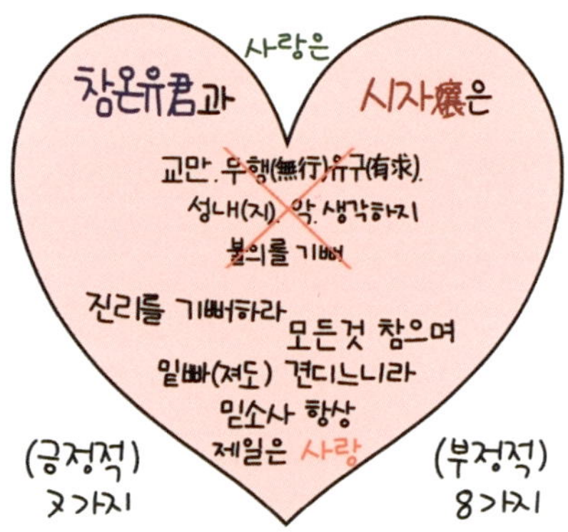

(사랑은.오래.참고.온유君과.시.자嬢은.교만×
무행유구×.성내지.악.생각하지×
불의.기뻐×.진리.기뻐하고
모든.것.참으며.밑.빠져도.견디느니라)

구성 고전 13:4~7 = 1+3+4+7 = 15 = 긍정적 표현 7가지 + 부정적 표현 8가지

- 고전 13:4~7 = 사랑이 없으면 고전일세(13)! 사철(4~7)을 못 견딘다네(가정에서)
  = 사랑이 없으면 고전일세(13)! 사죽(4~7)을 못 쓴다네(교회에서)
  =
- 고전 13:1~7 = 사랑이 없으면 고전일세(13)! 언행일치(1~7)가 되어야 해(가정에서)
  = 사랑이 없으면 고전일세(13)! 일찍(1~7) 외톨이가 돼!(강아지보다 순위가 밀려)
- 고전 13:13 = 고전해도 이 세 가지는 항상 있을 것일세(13)! 그 중의 제일은 사랑일세(13)!
  = 아무리 고전해도, 1째부터 3째 중에서 제일(1)은 3번째인 사랑이라!

48 그가.큰.사망(死網)에서 우리를.건지셨/건지실/건지시기를 바라노라 (고후 1:10)

장절	말씀	주요 단어	축토링 1
고후 1:9	우리는 우리 자신이 사형 선고를 받은 줄 알았으니	우리는 사형 선고를 받은 줄 알았으니	
	이는 우리로 자기를 의지하지 말고		
	오직 죽은 자를 다시 살리시는 하나님만 의지하게 하심이라	죽은 자를 다시 살리시는 하나님만 의지하게 하심이라	
고후 1:10	그가 이같이 큰 사망에서 우리를 건지셨고 또 건지실 것이며 이 후에도 건지시기를 그에게 바라노라	그가 이같이 큰 사망에서 우리를 건지셨고 또 건지실 것이며 이 후에도 건지시기를 그에게 바라노라	그가 이같이 큰 사망에서 死網 우리를 건지셨고 또 건지실 것이며 이 후에도 건지시기를 그에게 바라노라

장절	축토링 2
고후 1:9	
고후 1:10	

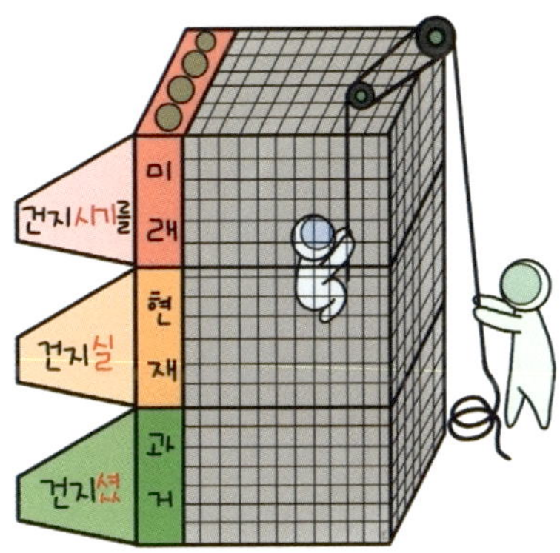

(그가.큰.사망死網에서 우리를.건지셨/건지실/건지시기를 바라노라)

구조 과거+현재+미래 = 영원, 예수는 영원토록 동일(히 13:8)

- 고후 1:10 = 고생후 우리를 건지실 유일(1)한 길은 십자가(10) 예수라네!
  = 고생후 하나님(1)은 십자가(10)를 지실 예수를 보내셨도다!
  = 고생후 제일(1) 큰 사망에 처한 우리를 십자가(10)로 건지셨네!
  =

묵상 A. 에벤에셀 = 과거의 임마누엘
B. 임마누엘 = 현재의 임마누엘
C. 여호와 이레 = 미래의 임마누엘
예수 그리스도는 어제나 오늘이나 영원토록 동일하시므로(히 13:8),
예수님 입장에서는 A = B = C이다

49 우리가.주목하는.것은 보이.잠깐이요 보않.영원함이라(고후 4:18)

장절	말씀	축토링 1	축토링 2
고후 4:18	우리가 주목하는 것은	우리가 주목하는 것은	
	보이는 것이 아니요 보이지 않는 것이니		
	보이는 것은 잠깐이요 보이지 않는 것은 영원함이라	보이 잠깐이요 보않 영원함이라	

장절	축토링 3
고후 4:18	

(우리가.주목하는.것은 보이.잠깐이요 보않.영원함이라)

(00 점검 시)

- 고후 4:18 = 안개로 고생후 보이는 4m는 잠깐이요, 보이지 않는 18m 영원하네
  = 고생후 보이는 사과(4)는 잠깐이요, 보이지 않는 심판(18)은 영원하네
  = 고스톱 친후, 보이는 4점 계산은 잠깐이요, 보이지 않는 18점 계산은 요원하다네
  =

50 근심.가난.없는.자.같으나 복음기뻐.부요.가진.자로다(세로형)(고후 6:10)

장절	말씀	주요 단어	축토링 1	축토링 2 (세로형)
고후 6:9	무명한 자 같으나 유명한 자요			
	죽은 자 같으나 보라 우리가 살아 있고			
	징계를 받는 자 같으나 죽임을 당하지 아니하고			
고후 6:10	근심하는 자 같으나 항상 기뻐하고	근심 자 같으나 기뻐하고	근심 자 같으나 기뻐하고	근심 자 같으나 복음 기뻐하고
	가난한 자 같으나 많은 사람을 부요하게 하고	가난자 같으나 부요하게	가난 자 같으나 부요하게	가난 자 같으나 부요하게
	아무 것도 없는 자 같으나 모든 것을 가진 자로다	없는 자 같으나 가진 자	없는 자 같으나 가진 자로다	없는 자 같으나 가진 자로다

장절	축토링 3
고후 6:9	
고후 6:10	

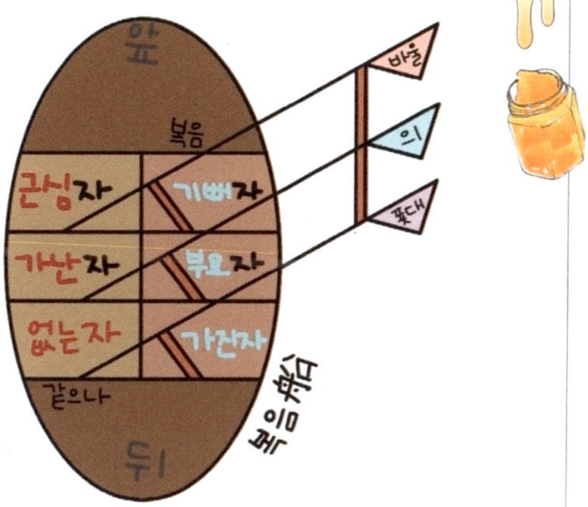

(근심.가난.없는.자.같으나 복음기뻐.부요.가진.자로다)

*복음 기부가 = 기뻐/부요/가진 자로다

- 고후 6:10 = 고생후 육(6)으로는 근심자 같으나, 열(10)정의 '복음 기부가'로다
  = 고생후 육(6)으로는 근심/가난/없는 자 같으나, 십자가(10)로 기뻐/부요/가진 자로다
  = 고생후 육(6)으로는 근심자 같으나, 십자가(10) 고난을 전한 '복음 기부가'로다
  =

51 적심.적거.많심.많거 인색.억지.말지니 즐겨.내는.자.사랑하시느니라(연보) (고후 9: 6~7)

장절	말씀 (연보)	축토링 1	축토링 2
고후 9:6	이것이 곧 적게 심는 자는 적게 거두고	적게 심는 자는 적게 거두고	적게 심는 자는 적게 거두고
	많이 심는 자는 많이 거둔다 하는 말이로다	많이 심는 자는 많이 거둔다	많이 심는 자는 많이 거둔다
고후 9:7	각각 그 마음에 정한 대로 할 것이요	마음에 정한 대로 할 것이요	마음에 정한 대로 할 것이요
	인색함으로나 억지로 하지 말지니		인색함으로나 억지로 하지 말지니
	하나님은 즐겨 내는 자를 사랑하시느니라		하나님은 즐겨 내는 자를 사랑하시느니라

장절	축토링 3
고후 9:6	
고후 9:7	

(적심.적거.많심.많거 인색.억지.말지니 즐겨.내는.자.사랑하시느니라)

- 고후 9:6 = 고생후 많이(9/상태) 심는 자는 많이 거두고, 적게(6/상태) 심는 자는 적게 거둔다
  = 연보는 고생후 많이(9) 심는 자는 많이 거두고, 적게(6) 심는 자는 적게 거둔다
- 고후 9:6~7 = 고생후 소득이 9든, 6이든 입에 풀칠(7)은 비슷해~
  = 고생후 많이(9) 심는 자는 많이 거두고, 적게(6) 심는 자는 적게 풀칠(7)하게 된다네
  = 고생후 9를 심는 자는 대개 6~7십%는 즐겨내느니라
  =

52 내.은혜.네게.조카 이는.내.능력.약한.데서.온전하여짐 여러.약.들.자랑 그.능력.내게.머물게(고후 12:9)

장절	말씀	축토링 1	축토링 2
고후 12:9	나에게 이르시기를 내 은혜가 네게 족하도다	내 은혜가 네게 족하도다	내 은혜가 네게 족하도다 조카
	이는 내 능력이 약한 데서 온전하여짐이라 하신지라	이는 내 능력이 약한 데서 온전하여짐	이는 내 능력이 약한 데서 온전하여짐
	그러므로 도리어 크게 기뻐함으로	기뻐함으로	크게 기뻐함으로
	나의 여러 약한 것들에 대하여 자랑하리니	여러 약한 것들에 자랑하리니	여러 약한 것들에 자랑하리니
	이는 그리스도의 능력이 내게 머물게 하려 함이라	이는 그리스도의 능력이 내게 머물게 함이라	이는 그리스도의 능력이 내게 머물게 하려 함이라

장절	축토링 3
고후 12:9	

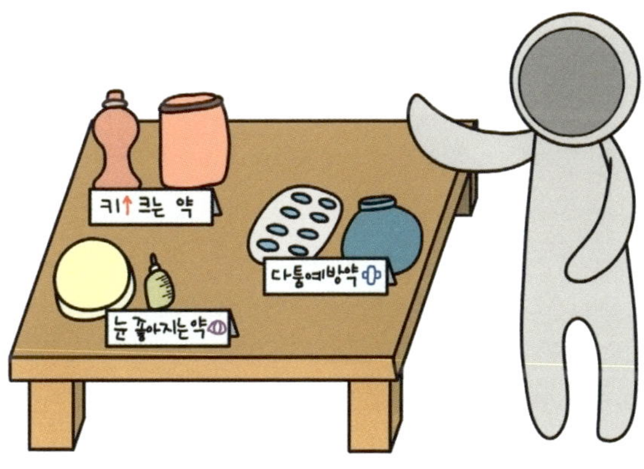

(내.은혜.네게.조카 이는.내.능력.약한.데서.온전하여짐 여러.약.들.자랑 그.능력.내게.머물게) (바울이 자랑하는 약 종류)

- 고후 12:9 = 고생후 약한 것에 시비(12) 말라! 구원(9)으로 충분해~
  = 고생후 각종 시비(12)로 약한 것이 구원(9) 은혜로 온전해졌네
  = 고생후 복음을 전하니, 각종 시비구나(12:9)!
  = 고생후, '내 은혜가 네게 족하다' 일리(12)있네! 구차(9)한 변명 마라!
  = 고생후, 바울은 '은혜'를 항상 조커처럼 여겼네! 일리(12)있네! 구차(9)한 변명 없이…
  =

퀴즈 바울에게는 조카가 있었다, 그 이름은?
힌트 (고후 12:9) 내 은혜가 네게 족하도다
정답 은혜

53 내가.그와.함께 십자가에.못.박혔나니 내가.사는.것×
내.안에.그.께서.사시는.것이라(갈 2:20)

장절	말씀	주요 단어	축토링 1
갈 2:20	내가 그리스도와 함께 십자가에 못 박혔나니	내가 그리스도와 함께 십자가에 못 박혔나니	내가 그리스도와 함께 십자가에 못 박혔나니
	그런즉 이제는 내가 사는 것이 아니요	내가 사는 것이 아니요	내가 사는 것×
	오직 내 안에 그리스도 께서 사시는 것이라	오직 내 안에 그리스도 께서 사시는 것이라	오직 내 안에 그리스도 께서 사시는 것이라
	이제 내가 육체 가운데 사는 것은		내가 육체 가운데 사는 것은
	나를 사랑하사 나를 위하여 자기 자신을 버리신		나를 사랑하사 나를 위하여 자기 자신을 버리신
	하나님의 아들을 믿는 믿음 안에서 사는 것이라		하나님의 아들을 믿는 믿음 안에서 사는 것이라

장절	축토링 2
갈 2:20	

(내가.그와.함께 십자가에.못.박혔나니 내가.사는.것×
내.안에.그.께서.사시는.것이라)

- (요 15:5) 나는 포도나무요 너희는 가지라 그가 내 안에, 내가 그 안에 거하면 사람이 열매를 많이 맺나니 나를 떠나서는 너희가 아무 것도 할 수 없음이라
- 갈 2:20 = 갈급한 심정으로 내가 그리스도와 함께(2) 가지 십자가(10+10 = 20)에 못 박혔나니
= 갈망해 왔듯이 내가 그리스도와 함께(2) 가지 십자가(10+10 = 20)에 못 박혔나니…
= 갈망해 왔듯이 내가 그리스도와 함께(2) 못 박힌 가지 십자가이여(10+10 = 20)
= 우리 갈 길은 내가 그리스도와 함께(2) 가지 십자가(10+10 = 20)에 못 박혔나니…
=

유머 요 15:5 나 = 포도나무, 너희 = 가지
너희끼리 모인 모습 = '가지가지' 놀고 있네

54 (육체의.일 15가지)부러진.달고나 몰래.붙이기(갈 5:19~21)

	장절	육체의 일	분류	주요 단어	축토링 1
	갈 5:19	육체의 일은 분명하니		육체의 일	육체의 일
1		곧 음행과	삶 속에서의 내면 모습 (음행)	음행	음행
2		더러운 것과		더러운 것	더러
3		호색과		호색	호색
4	갈 5:20	우상 숭배와	삶 속에서의 내면 모습 (추구 대상)	우상 숭배	상(上)
5		주술과		주술	술
6		원수 맺는 것과		원수 맺음	수는
7		분쟁과	타인과의 관계 (미워함)	분쟁	분쟁
8		시기와		시기	시
9		분냄과		분냄	분내어
10		당 짓는 것과	타인과의 관계 (분열)	당 짓는 것	당 짓고
11		분열함과		분열함	분열함
12		이단과		이단	이
13	갈 5:21	투기와	삶 속에서의 겉모습 (입장 따라 다름)	투기	(격)투기로
14		술 취함과		술 취함	술 취해
15		방탕함과		방탕함	방탕 길로(본문 충실형)

장절	축토링 2	축토링 3
	육체의 일	
1	몰래 음행	
2	더러 부러진 것	
3	호호 붙임	
4	1등 우상 되려는	
5	술수로	
6	원수 됨	
7	시시비비 분쟁	
8	시	
9	달고나 냄비에	
10	당	
11	분	
12	이	
13	투two	
14	설	
15	탕 투입!	

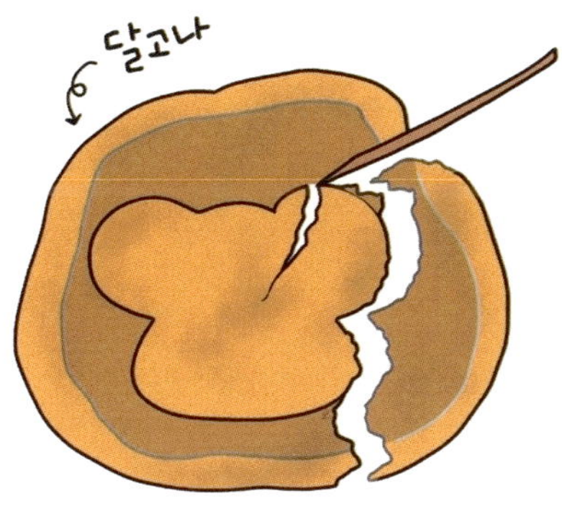

(부러진.달고나 몰래.붙이기)

◆ 갈 5:19~21 = 갈망했던 육체의 일은 오직(5) 식구(19)를 위해, 이일(21)을 했노라(핑계)
= 갈망했던 육체의 일은 오직(5) 19세부터 이일(21)을 했노라
= 육체의 일은 갈팡질팡 오만(5)으로 일구(19)어 이일(21)을 했노라
=

◆ 육체의 일과 성령의 열매(갈 5:19~23)

A. 성령 열매의 9가지 모습(갈 5:22~23) – 성령 열매는 단수입니다

B. 육체의 일 15가지(갈 5:19~21)

55 성령의.열매는 사희화.참자양.충온절(9가지 모습)(갈 5:22~23)

장절	성령의 열매	분류	축토링 1	축토링 2
갈 5:22	오직 성령의 열매는		성령의 열매는	
	사랑과	자신의 심적 측면	사　사	
	희락과		희　위	
	화평과		화　와	
	오래 참음과	대인 관계의 측면	참　참	
	자비와		자　자	
	양선과		양　양	
	충성과	하나님 관계 의 측면	충　성	
갈 5:23	온유와		온　혼	
	절제니		절　절	
	이같은 것을 금지할 법이 없느니라	(입장에 따라)	(성혼의 열매)	

장절	축토링 3	축토링 4
갈 5:22		
갈 5:23		

(성령의.열매는 사희화.참자양.충온절)

* 9가지 모습 = 5+2+2 = 갈 5:22

- 갈 5:22 = 갈망 5+2+2 = 9가지
- 갈 5:22~23 = 갈망했던 열매는 오직(5) 둘이(22) 이세(23)를 만들어 가는 것이야
  = 갈망했던 열매는 오직(5) 둘이(22) 만들어 가는 것이세(23)
  = 갈망했던 성령 열매의 여러 모습에 오덜덜(5:22)한 느낌이세(23)
  =
- 육체의 일과 성령의 열매(갈 5:19~23)

A. 성령 열매의 9가지 모습(갈 5:22~23) – 성령 열매는 단수입니다

B. 육체의 일 15가지(갈 5:19~21)

56 무엇.심든지 육.심.썩.거두고 령.심.영.거두리라(갈 6:7~8)

장절	말씀	축토링 1	축토링 2
갈 6:7	스스로 속이지 말라 하나님은 업신여김을 받지 아니하시나니		
	사람이 무엇으로 심든지 그대로 거두리라	무엇 심든지 그대로 거두리라	무엇 심든지 그대로 거두리라
갈 6:8	자기의 육체를 위하여 심는 자는 육체로부터 썩어질 것을 거두고	육체 위하여 심는 자는 썩어질 것을 거두고	육체 위하여 심는 자는 썩어질 것을 거두고
	성령을 위하여 심는 자는 성령으로부터 영생을 거두리라	성령 위하여 심는 자는 영생을 거두리라	성령 위하여 심는 자는 영생을 거두리라

장절	축토링 3	축토링 4
갈 6:7		
갈 6:8		

(무엇.심든지 육.심.썩.거두고 령.심.영.거두리라)

- 갈 6:7 = 갈망하는 대로 육(6)에 풀칠(7)은 하리라
- 갈 6:8 = 갈대 같은 육체(6)를 위하여 심으면 썩을 것을, 8복을 위하여 심으면 영생을 거두리
- 갈 6:7~8 = 갈망하던 육(6) 위하여 심으면, 7~8십%는 썩어질 것이요
  = 밭을 갈은 후, 육을 심으면 6을, 주를 심으면 7을, 팥을 심으면 8을 거둔다네
  =

57 겸손군과.온유양의 참.사랑이.남.편(용.안).줄로 성령이.하나.되게.지키라 (세로형)(엡 4 :2~3)

장절	말씀	축토링 1	축토링 2 (세로형)
엡 4:1	그러므로 주 안에서 갇힌 내가 너희를 권하노니		
	너희가 부르심을 받은 일에 합당하게 행하여		
엡 4:2	모든 겸손과 온유로 하고	모든 겸손과 온유로 하고	모든 겸손과 겸손 군과 온유로 하고 온유 양의
	오래 참음으로 사랑 가운데서 서로 용납하고	참음으로 사랑 가운데서 서로 용납하고	참음으로 참 사랑 가운데서 사랑이 서로 용납하고 남 용
엡 4:3	평안의 매는 줄로 성령이 하나 되게 하신 것을 힘써 지키라	평안의 줄로 성령이 하나 되게 지키라	평안의 줄로 편 줄로 안 성령이 성령이 하나 되게 하나 되게 지키라 지키라

장절	축토링 3
엡 4:1	
엡 4:2	
엡 4:3	

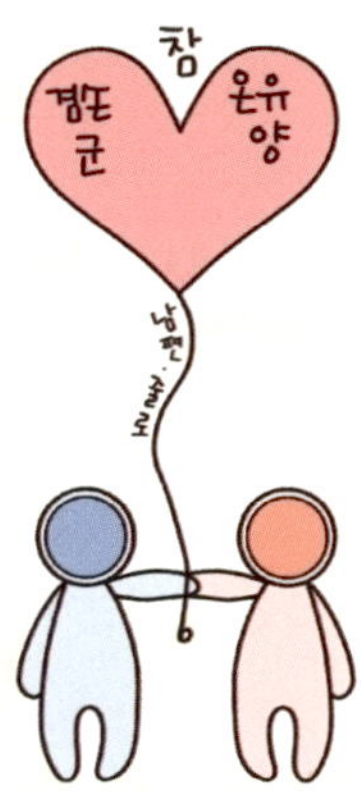

(겸손군과.온유양의 참.사랑이.남.편(용.안).줄로 성령이.하나.되게.지키라)

- 엡 4:2~3 = 온유와 남편은 애밴(엡) 사이세(4:2~3)
  = 애밴(엡) 사람(4)의 배가 2~3배로 천하장사만큼 크더라
  = 온유와 남편의 애밴(엡) 사랑(4)의 이세(2~3)는 예쁘리라
  = 온유와 남편의 애밴(엡) 사랑(4)은 성령이 하나 되게 하신 것이세(2~3)
  =

58 아들.믿는/아는.일에.하나.되어 온전한.사람.이루어 그.장성.분량이.충만.까지.이르리니(엡 4:13)

장절	말씀	축토링 1	축토링 2
엡 4:13	우리가 다 하나님의 아들을 믿는 것과 아는 일에 하나가 되어	하나님의 아들을 믿는 것과 아는 일에 하나가 되어	하나님의 아들을 믿는 것과 아는 일에 하나가 되어
	온전한 사람을 이루어	온전한 사람을 이루어	온전한 사람을 이루어
	그리스도의 장성한 분량이 충만한 데까지 이르리니	그리스도의 장성한 분량이 충만한 데까지 이르리니	그리스도의 장성한 분량이 충만한 데까지 이르리니

장절	축토링 3	축토링 4
엡 4:13		

(아들.믿는/아는.일에.하나.되어 온전한.사람.이루어
그.장성.분량이.충만.까지.이르리니)

◆ 엡 4:13 = '충만'은 예비(엡)된 뜻 따라 온전한 사람(4)을 이루는 삶일세(13)!
= '충만'은 애비(엡)의 뜻 따라 온전한 사람(4)을 이루는 삶일세(13)!
= '충만'은 예비(엡)된 아들을 믿고, 알고, 온전, 장성의 4가지 삶일세(13)!
=

59 a.자녀들아 부모에게.순종 공경은.첫.계명 네가.잘되고.장수하리라 b.아비들아 자녀를.노엽게× 훈계로.양육하라(엡 6:1~4)

장절	말씀	축토링 1	축토링 2
엡 6:1	자녀들아 주 안에서 너희 부모에게 순종하라 이것이 옳으니라	자녀들아 부모에게 순종은	a. 자녀들아 부모에게 순종하라
엡 6:2	네 아버지와 어머니를 공경하라	공	공경은
	이것은 약속이 있는 첫 계명이니		첫 계명
엡 6:3	이로써 네가 잘되고 땅에서 장수하리라	장처럼 질서 있어야	네가 잘되고 장수하리라
엡 6:4	또 아비들아 너희 자녀를 노엽게 하지 말고	아비들아 자녀들 노엽게×	b. 아비들아 자녀를 노엽게×
	오직 주의 교훈과 훈계로 양육하라	훈鷄로 양육!	훈鷄로 양육하라

장절	축토링 3	축토링 4
엡 6:1		
엡 6:2		
엡 6:3		
엡 6:4		

a.자녀들아 부모에게.순종 공경은.첫.계명 네가.잘되고.장수하리라
b.아비들아 자녀를.노엽게× 훈계로.양육하라

*훈鷄(훈계)=훈제 치킨

- 엡 6:1~4 = 과거의 순종은 애비(엡)의 육(6)적 고함으로부터 지켜왔네(1~4)
  = 전통적 순종은 애비(엡)의 육(6)적 위엄으로부터 내려왔네(1~4)
  = 순종은 애비(엡)의 육(6)적 회초리(1)냐? 사기(4) 진작의 통닭이냐?
  = 자녀의 순종은 애비(엡)의 육(6)적 회초리(1) 결과냐? 사기(4) 진작의 통닭 효과냐?
  =

60 (전신.갑주 6가지)진리.의.복음.믿.구.성령을.가지라(엡 6:14~17)

장절	전신 갑주	주요 단어	축토링 1	축토링 2
엡 6:14	그런즉 서서 진리로 너희 허리 띠를 띠고 의의 **호심경**을 붙이고	진리의 허리 띠 의의 **호심경**	진리 의	**진리** 띠 **의** 호심경
엡 6:15	평안의 복음이 준비한 것으로 신을 신고	복음의 신	복음	**복음** 신
엡 6:16	모든 것 위에 믿음의 방패를 가지고 이로써 능히 악한 자의 모든 **불화살**을 소멸하고	믿음의 방패	믿	**믿** 방패
엡 6:17	구원의 투구와 성령의 검 곧 하나님의 말씀을 가지라	구원의 투구 성령의 검/말씀	구, 말씀을 가지라 (본문형)	**구,** 투구 **성령을** 검 **가지라** **(앞 단어)**

장절	축토링 3	축토링 4
엡 6:14		
엡 6:15		
엡 6:16		
엡 6:17		
주제		

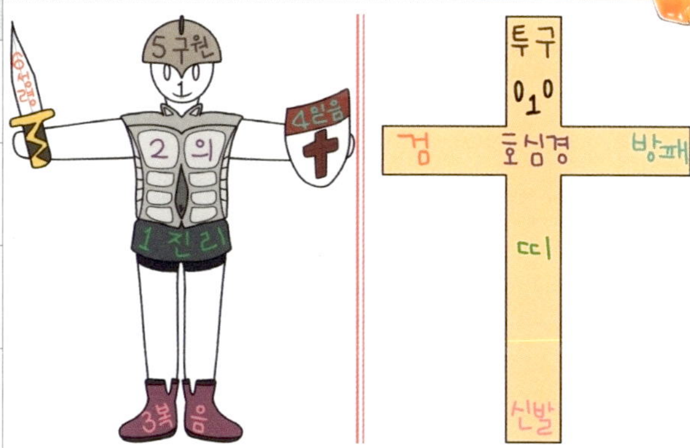

(번호 순서대로) (첫 글자) (번호 순서대로)

(진리.의.복음.믿.구.성령을.가지라)

- 엡 6:14~17 = 예비(엡)해야 할 6가지 무기가 왔네(14)! 일체(17) 준비하라!
  = 예비(엡)해야 할 6가지 전신 갑주가 왔네(14)! 일찍(17) 준비하라!
  = 예비(엡)해야 할 6가지 방어 수단이 왔네(14)! 이에 일치(17)하도록 준비하라!
  = 애비(엡)들이 준비할 6가지 방어 수단이 왔네(14)! 이에 일치(17)하도록 준비하라!
  =

61 겸손한.마음으로 남을.낮게.여기고 자기.일/다른사람.일.돌보아 기쁨.충만하게.하라(빌 2:3~4)

장절	말씀	축토링 1	축토링 2
빌 2:3	아무 일에든지 다툼이나 허영으로 하지 말고	아무 일에든지 다툼 허영 말고	아무 일에든지 다툼 허영 말고
	오직 겸손한 마음으로 각각 자기보다 남을 낫게 여기고	오직 겸손한 마음 각각 남을 낫게 여기고	오직 겸손한 마음으로 각각 남을 낫게 여기고
빌 2:4	각각 자기 일을 돌볼뿐더러	각각 자기 일 돌볼	각각 자기 일 돌볼
	또한 각각 다른 사람들의 일을 돌보아 나의 기쁨을 충만하게 하라	각각 다른 사람의 일 돌보아 기쁨을 충만하게	각각 다른 사람의 일을 돌보아 기쁨을 충만하게 하라

장절	축토링 3
빌 2:3	
빌 2:4	

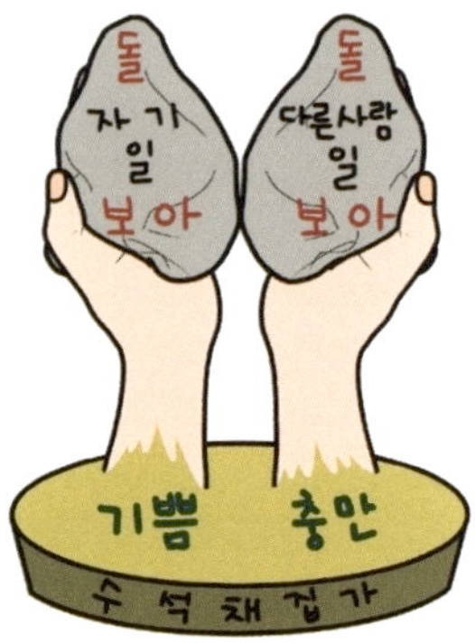

(겸손한.마음으로 남을.낫게.여기고
자기.일/다른사람.일.돌보아 기쁨.충만하게.하라)

- 빌 2:3~4 = 빌립보 교회의 봉사 원칙 234(2:3~4)를 아오! 다른 사람의 일을 돌보아 주는 것
  = 빌립보 교회의 봉사 원칙 234(2:3~4)를 아오! 남을 낫게 여기고, 다른 사람의 일을 돌보아 주는 것
  = 빌빌거려도 다른 사람들의 일을 돌보며 주는 기쁨이 2배라면, 받는 기쁨은 3~4배라네!
  =

62 내게.유익.해로/모든.것.해(害)로.여김은 예수.지식.가장.고상 모든.것.배설물로.여김은.그를.얻고(빌 3:7~8)

장절	말씀	축토링 1	축토링 2
빌 3:7	그러나 무엇이든지 내게 유익하던 것을	내게 유익하던 것을	내게 유익하던 것을
	내가 그리스도를 위하여 다 해로 여길뿐더러	그리스도를 위하여 다 해로 여길뿐더러	그리스도를 위하여 다 해로 여길뿐더러
빌 3:8	또한 모든 것을 해로 여김은 내 주 그리스도 예수를 아는 지식이 가장 고상하기 때문이라	또한 모든 것을 해로 여김은 내 주 그리스도 지식이 가장 고상	모든 것을 해로 여김은 그리스도 예수를 아는 지식이 가장 高床
	내가 그를 위하여 모든 것을 잃어버리고 배설물로 여김은 그리스도를 얻고	그를 위하여 모든 것 잃어 배설물로 여김은 그리스도를 얻고	그를 위하여 모든 것 잃어 배설물로 여김은 그리스도를 얻고
빌 3:9	그 안에서 발견되려 함이니		

장절	축토링 3
빌 3:7	
빌 3:8	
빌 3:9	

(내게.유익.해로/모든.것.해(害)로.여김은 예수.지식.가장.高床
모든.것.배설물로.여김은.그를.얻고) *高床(고상)=높은 탁자

- 빌 3:7 = 내게 유익해 빌붙어 새치(3:7)기로 얻은 것은 그리스도를 위하여 다 해로 여기자
  = 엎드려 빌 때는 유익하던 것을 그리스도를 위하여 다 상처(3:7)로 여겼네
- 빌 3:8 = 빌라에서 38(3:8) 광땡으로 여기던 것을 이제는 따라지(害/해)로 여겼노라
- 빌 3:7~8 = 빌빌거리는 삶(3)의 7~8십%는 세상 유익을 추구한 것이로다
  = 빌빌거리는 삶(3)의 7~8십%는 배설물로 여기자!
  =

묵상 주님을 만나는 고상한 체험이 있어야, 세상 것을 버릴 수 있습니다
바울의 유익해 = 본인에게 유익하던 것을 해로 여긴 것입니다. 나의 '유익해'는 무엇인가?

63 얻었다×.이루었다× 잡힌.바.된.그것을.잡으려고.달려 뒤것.잊어.앞것.잡으려고 푯대.향하여.달려.가노라(빌 3:12~14)

장절	말씀	축토링 1	축토링 2	축토링 3
빌 3:12	내가 이미 얻었다 함도 아니요 온전히 이루었다 함도 아니라	이미 얻었다 아니요 온전히이루었다 아니라	이미 얻었다× 온전히 이루었다×	
	오직 내가 그리스도 예수께 잡힌 바 된 그것을 잡으려고 달려가노라	오직 내가 예수께 잡힌 바 된 그것을 잡으려고 달려가노라	오직 내가 예수께 잡힌 바 된 그것을 잡으려고 달려가노라	
빌 3:13	형제들아 나는 아직 내가 잡은 줄로 여기지 아니하고		내가 잡은 줄로 여기지 아니하고	
	오직 한 일 즉 뒤에 있는 것은 잊어버리고 앞에 있는 것을 잡으려고		오직 한 일 뒤에 것은 잊어버리고 앞에 것을 잡으려고	
빌 3:14	푯대를 향하여 그리스도 예수 안에서	푯대를 향하여 예수 안에서	푯대를 향하여 예수 안에서	
	하나님이 위에서 부르신 부름의 상을 위하여 달려가노라	하나님이 부르신 부름의 상을 위하여 달려가노라	하나님이 부르신 부름의 상을 위하여 달려가노라	

장절	축토링 4
빌 3:12	
빌 3:13	
빌 3:14	

(얻었다×.이루었다× 잡힌.바.된.그것을.잡으려고.달려 뒤것.잊어.앞것.잡으려고 푯대.향하여.달려.가노라)

* 빌 3:12 = (구조)과거 완료도 아니요, 과거도 아니라, 미래형이라

- 빌 3:13 = 빌빌거리는 삶(3)이라도, 오직 과거는 잊고 미래를 잡으려고 하는 것일세(13)!
- 빌 3:14 = 빌빌거리는 삶(3)이라도, 푯대를 향하여 달려왔네(14)!
  = 빌려 온 콤파스로 그린 원주율(3.14/3:14) 따라 푯대를 향했네!
- 빌 3:12~14 = 빌빌거리는 삶(3)이라도, 시비(12) 않고 푯대를 향하여 달려왔네(14)!
  = 빌빌거리는 삶(3)이라도, 일리(12)있는 푯대를 향하여 달려왔네(14)!
  = 빌붙는 삶(3)이라도, 일리(12)있는 푯대를 보고 달려왔네(14)!

64 기도.간구.감사로.아뢰라 지각에.뛰어난.(지각대장)평강이 마음과.생각을.지키시리라(빌 4:6~7)

장절	말씀	축토링 1	축토링 2
빌 4:6	아무 것도 염려하지 말고 다만 모든 일에 기도와 간구로,	아무 염려하지 말고 모든 일에 기도와 간구로,	아무 염려하지 말고 모든 일에 **기도**와 **간구**로,
	너희 구할 것을 감사함으로 하나님께 아뢰라	구할 것을 감사함으로 하나님께 아뢰라	구할 것을 **감사**함**으로** 하나님께 **아뢰라**
빌 4:7	그리하면 모든 지각에 뛰어난 하나님의 평강이	그리하면 지각에 뛰어난 하나님의 평강이	**지각에 뛰어난** (지각대장) **평강이**
	그리스도 예수 안에서 너희 마음과 생각을 지키시리라	그리스도 예수 안에서 너희 마음과 생각을 지키시리라	그리스도 예수 안에서 너희 **마음과** **생각을 지키시리라**

장절	축토링 3
빌 4:6	
빌 4:7	

(기도.간구.감사로.아뢰라 지각에.뛰어난.(지각대장).평강이 마음과.생각을.지키시리라)

* 지각 대장 = 기도, 간구로 아뢸 때, 제일 늦게 찾아오는 것이 '평강'이라네

- 빌 4:6~7 = 빌기를 감사(4)와 기도와 간구로, 조용한 시간 중 6~7십%는 아뢰라!
  = 빌기를 감사(4)함으로 일주일 중 6~7번은 아뢰라!
  = 빌기를 감사(4)와 기도와 간구로, 일주일 중 6~7일은 아뢰라!
  =

묵상 바울은 형통과 곤고가 병행되어도, 긍정적 면만 보았기에 기뻐할 수 있었습니다
주님과 더욱 깊이 사귀어 얻는 기쁨이 항상 넘쳐 나야 합니다

65 비.처할/풍.처할.줄도.알아 배부름과.배고.풍.궁.에도.처할 일체.비결.배웠노라(자족)(빌 4:12)

장절	말씀	주요 단어	축토링 1
빌 4:11	내가 궁핍하므로 말하는 것이 아니니라	궁핍 말함×	궁핍하므로 말하는 것이 아니니라
	어떠한 형편에든지 나는 자족하기를 배웠노니	자족 배웠	자족 배웠노니
빌 4:12	나는 비천에 처할 줄도 알고 풍부에 처할 줄도 알아	비처알 풍처알	비천에 처할 풍부에 처할 줄도 알아
	모든 일 곧 배부름과 배고픔과 풍부와 궁핍에도	배부.고.풍.궁	배부름과.배고픔. 풍부.궁핍에도
	처할 줄 아는 일체의 비결을 배웠노라	일체 비결 배웠	처할 일체의 비결을 배웠노라
빌 4:13	내게 능력 주시는 자 안에서	능력 주시는 안에서	
	내가 모든 것을 할 수 있느니라	모든 것 할 수	

장절	축토링 2	축토링 3
빌 4:11	('손패') 궁핍 말함×	
	(겉치레) 자족 배웠네	
빌 4:12	(화투) 비처? 풍처?	
	배부르나, 또고.푸.구	
	표정관리의 비결 배웠노라	
빌 4:13	능력 주는 '젖힐 패' 안에서	
	모든 것 할 수 있느니라	

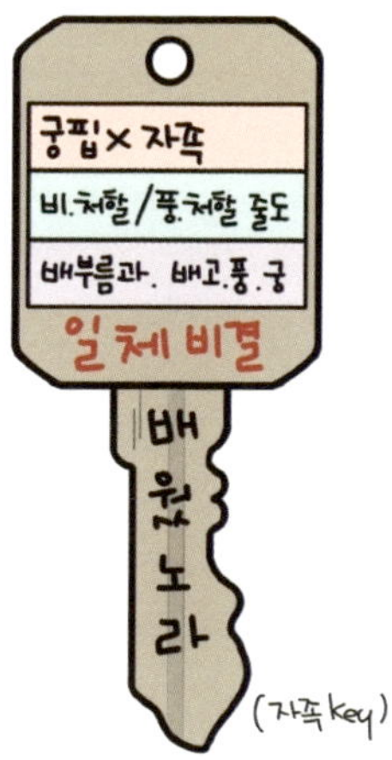

(비.처할/풍.처할.줄도.알아 배부름과.배고.풍.궁.에도.처할 일체.비결.배웠노라)

- 빌 4:12 = 빌라 4층이라도 단지 내 조망은 12층보다 좋아, 만족하네
  = 빌빌이 아닌 '자족'은 배부름/배고픔/풍부/궁핍(4가지)에도 처할 줄 아는 비결, 일리(12)있네
  =
- 빌 4:13 = 빌게이츠 같은 사람(4)이 능력자일세(13)
  = 빌어먹음이 아닌 '자족'은 사명자(4)의 귀한 품성일세(13)

66 위의.것.생각하고 땅의.것.생각하지.말라(골 3:2)

장절	말씀	축토링 1	축토링 2
골 3:1	그러므로 너희가 그리스도와 함께 다시 살리심을 받았으면		
	위의 것을 찾으라	위 것 찾으라	
	거기는 그리스도께서 하나님 우편에 앉아 계시느니라		
골 3:2	위의 것을 생각하고	위 것 생각	**위의 것**을 **생각하고**
	땅의 것을 생각하지 말라	땅 것 생각	**땅의 것**을 **생각하지 말라**

장절	축토링 3
골 3:1	
골 3:2	

(위의.것.생각하고 땅의.것.생각하지.말라)

- 골 3:1 = 골 때리는 삶(3)들은 무엇보다 첫(1)째 '위의 것을 찾으라!'
- 골 3:2 = 모두들 땅에 것을 생각하니, 안주로는 골쌈이(3:2)라네~ (골쌈 = 골뱅이 쌈장)
  = 골 때리는 삶(3)이(2)란? 땅의 것을 생각할 때이다
  =

변화 히 12:2 = 1+2:2 = 3:2 = 골 3:2
(히 12:2)믿음의 주요 또 온전하게 하시는 이인 예수를 바라보자

67 (7가지 옷)긍.자양과 겸.온군은 오래.참고.용.용 사랑을.더하라 (골 3:12~14)

장절	말씀(7가지 성품)	단어	축토링 1	축토링 2
골 3:12	그러므로 너희는 하나님이 택하사 거룩하고 사랑 받는 자처럼			
	긍휼과	긍휼	긍	**긍**
	자비와	자비	자孃과	**자**孃과
	겸손과	겸손	겸	**겸**
	온유와	온유	온君이	**온**君은
	오래 참음을 **옷 입고**	참음	참고	**오래 참고**
골 3:13	누가 누구에게 불만이 있거든 서로 용납하여 피차 용서하되	용납 용서	용 용	**용**납하여 **용**서하되
	주께서 너희를 용서하신 것 같이 너희도 그리하고			
골 3:14	이 모든 것 위에 사랑을 더하라 이는 온전하게 매는 띠니라	사랑	사랑으로 감쌌네	**사랑을 더하라**

장절	축토링 3	축토링 4
골 3:12		
골 3:13		
골 3:14		

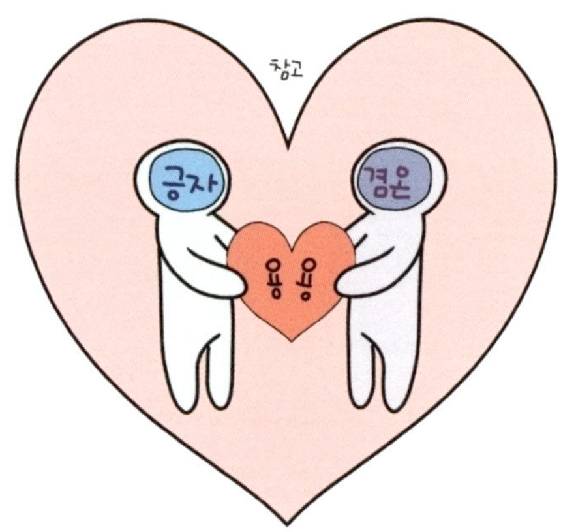

(긍.자양과 겸.온군은 오래.참고.용.용 사랑을.더하라)

- 골 3:12~14 = 사랑의 골수 예수님의 삶(3)은 일리(12)있네, 구원자로 세상에 왔네(14)!
  = 사랑의 골수 예수님의 삶(3)은 일리(12)있네, 7가지 성품으로 세상에 왔네(14)!
  = 사랑의 골수이신 예수님의 삶(3)은 시비(12)를 당해도 구원하시러 세상에 왔네(14)!
  = 골짜기를 메우는 삶(3)이신 예수님에게 시비(12)하러 왔네(14)!(눅 3:5)
  = 진골이신 예수님의 삶(3)은 일리(12)있네, 7가지 성품으로 세상에 왔네(14)!
  =

68 (믿음의 역사)미역은 (사랑의 수고)임신과 (소망의 인내)진통을 기억나게.하네 (살전 1:3)

장절	말씀	주요 단어	축토링 1
살전 1:3	너희의 믿음의 역사와 사랑의 수고와	믿음의 역사와 사랑의 수고와	(믿음의 역사)미역은 (사랑의 수고)임신과
	우리 주 예수 그리스도에 대한 소망의 인내를	주 예수 그리스도에 대한 소망의 인내를	(소망의 인내)진통을
	우리 하나님 아버지 앞에서 끊임없이 기억함이니	끊임없이 기억함이니	기억나게.하네
살전 1:4	하나님의 사랑하심을 받은 형제들아	형제들아	
	너희를 택하심을 아노라	너희를 택하심을 아노라	

장절	축토링 2	축토링 3
살전 1:3		
살전 1:4		

(미역은 임신과.진통을 기억나게.하네)

- 살전 1:3 = '미역'은 임신과 진통을 기억나게 하는 살점(살전)일세(1:3)!
  = '미역'은 산모들의 회복을 위한 절실한 살점(살전)일세(1:3)!
  = 진통 후 '미역국'은 산모의 살점(살전)일세(1:3)!
  = '믿음.사.소(믿음.사랑.소망)'는 끊임없이 기억할 성도의 살점(살전)일세(1:3)!
  =

69 호.소.나팔소리로.강림 죽은.자들.먼저.남은.자들도.함께 구름속.올려.공중에서.주.영접하게(재림)(살전 4:16~17)

장절	말씀	축토링 1	축토링 2
살전 4:16	주께서 호령과 천사장의 소리와 하나님의 나팔 소리로	주께서 호령과 천사장의 소리와 하나님의 나팔 소리로	주께서 호령과 천사장의 소리와 하나님의 나팔 소리로
	친히 하늘로부터 강림하시리니	강림하시리니	하늘로부터 강림하시리니
	그리스도 안에서 죽은 자들이 먼저 일어나고	그리스도 안에서	그리스도 안에서 죽은 자들 먼저 일어나고
살전 4:17	그 후에 우리 살아 남은 자들도 그들과 함께	그 후에 그들과 함께	그 후에 우리 살아 남은 자들도 그들과 함께
	구름 속으로 끌어 올려 공중에서 주를 영접하게 하시리니	구름 속으로 영접하게 하시리	구름 속으로 끌어 올려 공중에서 주를 영접하게 하시리니
	그리하여 우리가 항상 주와 함께 있으리라	그리하여 주와 함께 있으리라	

장절	축토링 3
살전 4:16	
살전 4:17	

(호.소.나팔소리로.강림 죽은.자들.먼저.남은.자들도.함께 구름속.올려.공중에서.주.영접하게)

◆ 살전 4:16~17 = 전에 살던(살전) 죽은(死/4) 자들이 일어나고, 그 후에 살아남은 인류(16)들도 그들과 함께(일치/17) 구름 속으로

= 殺戰(살전) 세상에서 죽은(死/4) 자들이 일어나고, 그 후에 살아남은 인류(16)들도 그들과 함께(일치/17) 구름 속으로

=

70 뻐.도.사는.하나님의.뜻 성령.소멸×.예언.멸시× 좋.취/악.버리라 (살전 5:16~22)

장절	말씀	동사	축토링 1	축토링 2
살전 5:16	항상 기뻐하라	기뻐하라	항상 기뻐	항상 기뻐
살전 5:17	쉬지 말고 기도하라	기도하라	기도	기도
살전 5:18	범사에 감사하라 이것이 그리스도 예수 안에서 너희를 향하신 하나님의 뜻이니라	감사하라	감사! 그 안에서 하나님의 뜻	감사는 그리스도 안에서 하나님의 뜻
살전 5:19	성령을 소멸하지 말며	소멸하지×		성령 소멸×
살전 5:20	예언을 멸시하지 말고	멸시하지×		예언 멸시×
살전 5:21	범사에 헤아려 좋은 것을 취하고	취하고		좋은 것을 취하고
살전 5:22	악은 어떤 모양이라도 버리라	버리라		악은 모양이라도 버리라

장절	축토링 3
살전 5:16	
살전 5:17	
살전 5:18	
살전 5:19	
살전 5:20	
살전 5:21	
살전 5:22	

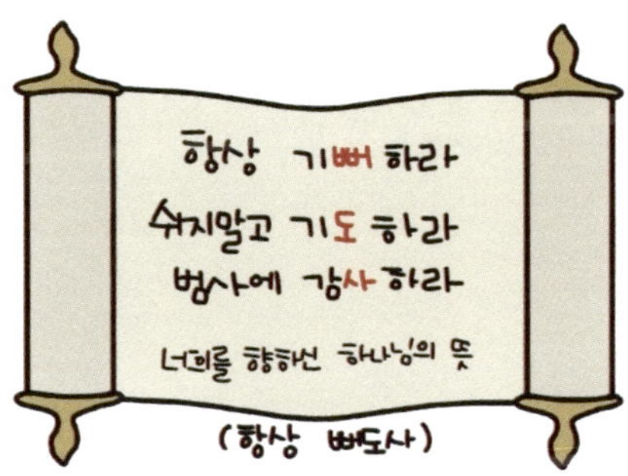

(뻐.도.사는.하나님의.뜻 성령.소멸×.예언.멸시× 좋.취/악.버리라)
*항상.쉬지 말고.범사에 = 항상.꾸준히.평생

- 살전 5:16~18 = 뻐.도.사는 殺戰(살전) 같은 세상에서 오직(5) 인류(16)를 위해 대신 심판(18) 받으셨네
- 살전 5:16~22 = 신앙의 살점(살전)인 기뻐.기도.감사는 오직(5) 일류(16)로 똘똘(22)하게 한다네
  = 신앙의 살점(살전)인 기뻐.기도.감사는 오직(5) 인류(16)를 덜덜(22) 떨게 한다네
  = 殺戰(살전) 세상에서 (악은 버리라)조치는 오직(5) 일류(16)로 똘똘(22)하게 한다네
  =

비교 A. 세상 코미디 = (장두석)부채 도사
B. 믿음 성숙자 = 항상 뻐.도.사

의미 * 내 손에 있는 것 = 주심에 감사!
* 내 손에 없는 것 = 아직 필요치 아니해서, 안 주셨음에 감사!
= 나중에 주실 것을 기대하고 감사!

묵상 기뻐.기도.감사 = 성도가 평생 지녀야 할 신앙 자세의 삼위일체

71 구원에.이르는.지혜가.성경 하나님.감동으로.된 교훈.책.바.유~ (딤후 3:15~16)

장절	말씀	축토링 1	축토링 2
딤후 3:15	또 어려서부터 성경을 알았나니 성경은 능히 너로 하여금		
	그리스도 예수 안에 있는 믿음으로 말미암아		예수 안에 있는 믿음으로 말미암아
	구원에 이르는 지혜가 있게 하느니라		구원에 이르는 지혜가 있게
딤후 3:16	모든 성경은 하나님의 감동으로 된 것으로	모든 성경은 하나님의 감동으로 된 것으로	모든 성경은 하나님의 감동으로 된 것으로
	교훈과 책망과 바르게 함과 의로 교육하기에 유익하니	교훈과 책망과 바르게 함과 의로 교육하기에 유익하니	교훈과 책망과 바르게 함과 의로 교육하기에 유익하니
딤후 3:17	이는 하나님의 사람으로 온전하게 하며 모든 선한 일을 행할 능력을 갖추게 하려 함이라		

장절	축토링 3
딤후 3:15	
딤후 3:16	
딤후 3:17	

(구원에.이르는.지혜가.성경 하나님.감동으로.된 교훈.책.바.유~)

- 딤후 3:16 = 딩구른후(딤후) 우리 삶(3)을 일류(16)로 이끄는 것은 성경뿐!
- 딤후 3:15~16 = 딩구른후(딤후) 세상 삶(3)은 잃어(15)버리고, 일류(16)로 이끄는 것은 성경뿐!
  = 딩구른후(딤후) 세상 삶(3)은 잃어(15)버리고, 인류(16)답게 이끄는 것은 성경뿐!
  =

성경의 목적 A.불신자들에게 = (:15)복음 제시로 구원을 얻도록 함(열매 = 예수를 믿음)
B.기존신자에게 = (:17)온전한 사람을 만들려(열매 = 인격적으로 온전해짐)

72 말씀은 활.살.력이.있어 혼.영.관절.골수를 찔러.쪼개기까지.하며 (히 4:12)

장절	말씀	주요 단어	축토링 1
히 4:12	하나님의 말씀은 살아 있고 활력이 있어 좌우에 날선 어떤 검보다도 예리하여	말씀은 살아 있고 활력이 검보다도 예리하여	말씀은 살아 있고 ↘ 활 활 ↗ 살 력이 있어 력
	혼과 영과 및 관절과 골수를 찔러 쪼개기까지 하며	혼과 영과 및 관절과 골수를 찔러 쪼개기까지	혼 영 관절 골수를 찔러 쪼개기까지 하며
	또 마음의 생각과 뜻을 판단하나니	마음의 생각과 뜻을 판단하나니	

장절	축토링 2	축토링 3
히 4:12		

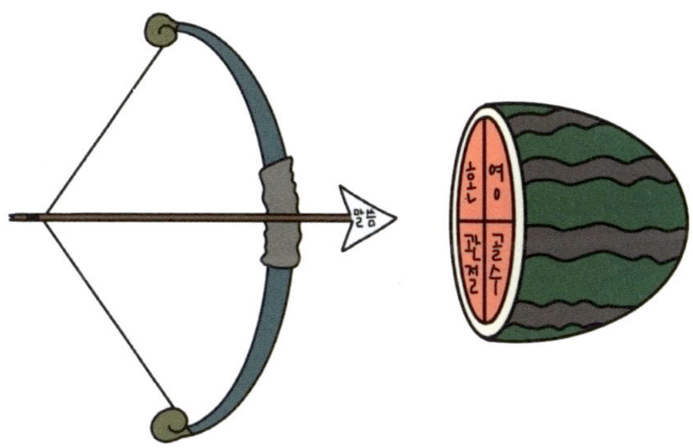

(말씀은 활.살.력이.있어 혼.영.관절.골수를 찔러.쪼개기까지.하며)

*골수 = 뼈 사이의 공간을 채우고 있는 부드러운 조직

- 히 4:12 = 희한하게도 말씀은 (혼/영/관절/골수)4개를 찔러(1/모습) 쪼개기(2)까지 하나니
  = 희한하게도 말씀은 믿는 사람(4)의 영적 기준 됨이 일리(12)있네
  = 희한하게도 말씀은 어떤 때는 사정(4)없이 시비(12) 거는 것 같아요
  =

73 너에게 복.복.주며 뻔~뻔~하게.하리라.하셨더니(히 6:14)

장절	말씀	주요 단어	축토링 1
히 6:14	이르시되 내가 반드시 너에게 복 주고 복 주며	내가 너에게 복 주고 복 주며	이르시되 내가 반드시 **너에게** **복** 주고 **복 주며**
	너를 번성하게 하고 번성하게 하리라 하셨더니	너를 번성하게 번성하게	너를 **번**성하게 하고 뻔~ **번**성**하게 하리라** 뻔~ **하셨더니**

장절	축토링 2	축토링 3
히 6:14		

(너에게 복.복.주며 뻔~뻔~하게.하리라.하셨더니)
작은 손수레를 졸졸 따라다니면서…
침을 꼴깍 삼켰던 추억이 모락모락…

- 히 6:14 = 희한하게도 아브라함은 오래 참아 약속대로, 육(6)의 풍성도 왔네(14)
  = 희한하게도 예수를 믿었더니, 번데기라는 육(6)의 풍성도 왔네(14)(복복뻔뻔)(마 6:33)
  =

추억 번데기 장수의 외침 = 볶고 볶은 번데기를 작은 손수레에 싣고 누비면서 뻔! 뻔!
= (기독교의 부흥)'복복번번'의 경음화로 볶볶뻔뻔!(지역경제 살리기)

74 밑.바라!실상이요 음(音)은.보이지.않는.것들의.증거니(세로형)(히 11:1)

장절	말씀	축토링 1	축토링 2 (세로형)
히 11:1	믿음은 바라는 것들의 실상이요	믿음은 바라는 것들의 실상이요	밑 음(音)은 바라 ! 실상이요
	보이지 않는 것들의 증거니	보이지 않는 것들의 증거니	보이지 않는 것들의 증거니
히 11:2	선진들이 이로써 증거를 얻었으니라		
히 11:3	믿음으로 모든 세계가 하나님의 말씀으로 지어진 줄을 우리가 아나니		
	보이는 것은 나타난 것으로 말미암아 된 것이 아니니라		

장절	축토링 3	축토링 4
히 11:1		
히 11:2		
히 11:3		

(밑.바라!.실상이요 음(音)은.보이지.않는.것들의.증거니)

- 히 11:1 = 희한하게도 믿음은 바라는 시선(視線 모습/11)의 첫(1)째 실상이요
  = 희한하게도 믿음은 보이지 않는 것들을 일일(11)이 보여주는 유일(1)한 증거니
  =

묵상 믿음 = 약속된 미래를 현재에서 누릴 수 있게 해 줍니다

75 징계가 당시.슬퍼.보이나 후에.연단.받은.자들은 열매를.맺느니라 (히 12:11)

장절	말씀	축토링 1	축토링 2
히 12:10	오직 하나님은 우리의 유익을 위하여 그의 거룩하심에 참여하게 하시느니라		
히 12:11	무릇 징계가 당시에는 즐거워 보이지 않고 슬퍼 보이나	무릇 **징계가 당시**에는 즐거워 보이지 않고 **슬퍼** 보이나	무릇 **징계가 당시**에는 즐거워 보이지 않고 **슬퍼 보이나**
	후에 그로 말미암아 연단 받은 자들은 의와 평강의 열매를 맺느니라	**후에** 그로 말미암아 연단 받은 자들은 의와 평강의 **열매**를 맺느니라	**후에** 그로 말미암아 **연단 받은 자들은** 의와 평강의 **열매를** **맺느니라**

장절	축토링 3
히 12:10	
히 12:11	

(징계가 당시.슬퍼.보이나 후에.연단.받은.자들은 열매를.맺느니라)

* 도리깨 = 보리, 콩, 깨, 조 등. 알곡을 떨어내는 탈곡 연장

- 히 12:10 = 특히 시비(12) 거리인 십자가(10)의 징계는 우리에게 유익을 주기 위함이라
  = 특히 일리(12)있는 십자가(10)의 징계는 우리를 구원하기 위함이라
- 히 12:11 = 징계를 특히 시비(12) 말라!, 연단 후에는 높이 세우(11)시리라
  = 희한하게도 징계가 당시에는 시비(12) 거리이나, 후에는 일일(11)이 보살핌이었더라
  = 희한하게도 당시에는 슬픔이 시비(12)로 보이나, 후에 열매 떨어지는 모습(11)이었더라
  = 고진감래(苦盡甘來) = 고생 끝에 낙이 온다
  =

76 예수는 어제.오늘.영원토록 동일하시니라(히 13:8)

장절	말씀	축토링 1	축토링 2
히 13:8	예수 그리스도는	예수 그리스도는	예수 예수 그리스도는 는
	어제나 오늘이나 영원토록 동일하시니라	어제나 오늘이나 영원토록 동일하시니라	어제나 어제 오늘이나 오늘 영원토록 영 동일 동 에 하시니라

장절	축토링 3	축토링 4	
히 13:8			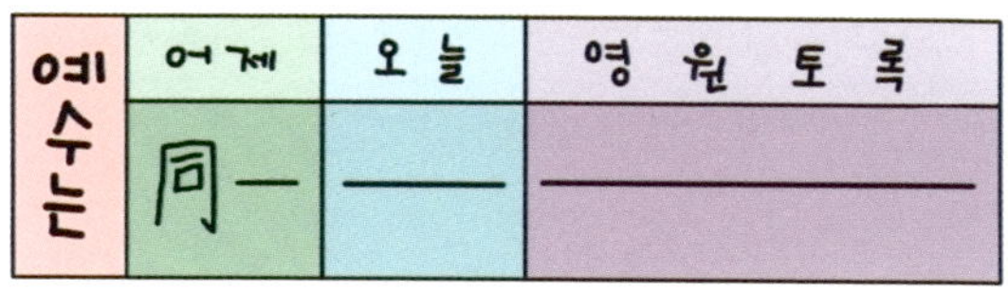 (예수는 어제.오늘.영원토록 동일하시니라)

◆ 히 13:8 =〉(예) 오늘 = 5, 어제 = 4, 영원 = 01, 동일 = 〃 = 11이라면

= 희한하게도 4+5+01+11

= 희한하게도 21

= 희한하게도 13+8

= 희한하게도 13:8

= 희한하게도 예수님은 13:8에서 언제나 동일하시니라

= 희한한 일일세(13), 예수는 영원(∞/8)토록 동일하시니라

=

묵상 A. 에벤에셀 = 과거의 임마누엘

B. 임마누엘 = 현재의 임마누엘

C. 여호와 이레 = 미래의 임마누엘, 따라서 A+B+C = 영원의 임마누엘

예수 그리스도는 어제나 오늘이나 영원토록 동일하시므로, 예수님 입장에서는 A = B = C이다

77 여러.가지.시험을.기쁘게.여기라 이는.믿음의.시련이 인내를.만들어.내는.줄.앎이라(약 1:2~3)

장절	말씀	축토링 1	축토링 2
약 1:2	내 형제들아 너희가	내 형제들아 너희가	내 형제들아 너희가
	여러 가지 시험을 당하거든 온전히 기쁘게 여기라	여러 가지 **시험**을 당하거든 온전히 **기쁘게** 여기라	**여러 가지 시험을** 당하거든 온전히 **기쁘게 여기라**
약 1:3	이는 너희 믿음의 시련이 인내를	이는 너희 **믿음**의 **시**련이 **인**내를	**이는** 너희 **믿음의** **시련이 인내를**
	만들어 내는 줄 너희가 앎이라	만들어 내는 줄 너희가 앎이라	**만들어 내는 줄** 너희가 **앎이라**

장절	축토링 3	축토링 4
약 1:2		
약 1:3		

(여러.가지.시험을.기쁘게.여기라 이는.믿음의.시련이 인내를.만들어.내는.줄.앎이라)

- 약 1:2~3 = 시험이라는 약은 첫(1)째 기쁘게 여겨야 할 것이세(2~3)
  = 신약은 첫(1)째 기쁘게 받음이세(2~3)
  = 믿음의 약발은 시험/시련/인내가 123(1:2~3)이네
  = 믿음의 약발은 시험/시련/인내의 순서가 123(1:2~3)이네
  = '시련'이라는 약은 하나(1)님이 주시는 인내 예방주사이세(2~3)
  =

78 누구든지.지혜가.부족하거든 후.꾸.아니하시는 하나님께.구하라.주시리라 (약 1:5)

장절	말씀	축토링 1	축토링 2
약 1:4	인내를 온전히 이루라	인내 온전히	
	이는 너희로 온전하고 구비하여 조금도 부족함이 없게 하려 함이라	이는 온전하고 구비하여 부족함이 없게 함이라	
약 1:5	너희 중에 누구든지 지혜가 부족하거든	누구든지 지혜가 부족하거든	누구든지 지혜가 부족하거든
	모든 사람에게 후히 주시고 꾸짖지 아니하시는	사람에게 후히 주시고 꾸짖지 아니하시는	사람에게 후히 주시고 꾸짖지 아니하시는
	하나님께 구하라 그리하면 주시리라	하나님께 구하라 그리하면 주시리라	하나님께 구하라 그리하면 주시리라

장절	축토링 3
약 1:4	
약 1:5	

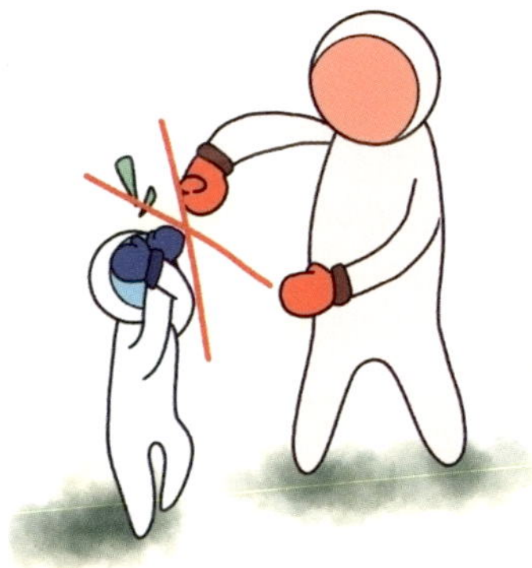

(누구든지.지혜가.부족하거든 후.꾸.아니하시는 하나님께.구하라.주시리라)

- 약 1:5 = 하나님께 구하려는 약 이름을 잃어(1:5)버리면, 후꾸 한방이다~ 신약? 구약?
  = 만약 지혜가 부족하거든 하나님(1)께 오직(5) 구하라! 주시리라!
  = 지혜가 부족하여 약 잃어(1:5)버리기 전에, 하나님께 구하라!
  =

묵상 내게 지혜가 없는 이유는 하나님께 구하지 아니했기 때문이다

79 욕심.잉태한즉.죄.낳고 죄.장성한즉.사망.낳느니라(약 1:15)

장절	말씀	축토링 1	축토링 2
약 1:14	오직 각 사람이 시험을 받는 것은		
	자기 욕심에 끌려 미혹됨이니		
약 1:15	욕심이 잉태한즉 죄를 낳고	욕심이 잉태한즉 죄를 낳고	욕심이 잉태한즉 죄를 낳고
	죄가 장성한즉 사망을 낳느니라	죄가 장성한즉 사망을 낳느니라	죄가 장성한즉 사망을 낳느니라

장절	축토링 3
약 1:14	
약 1:15	

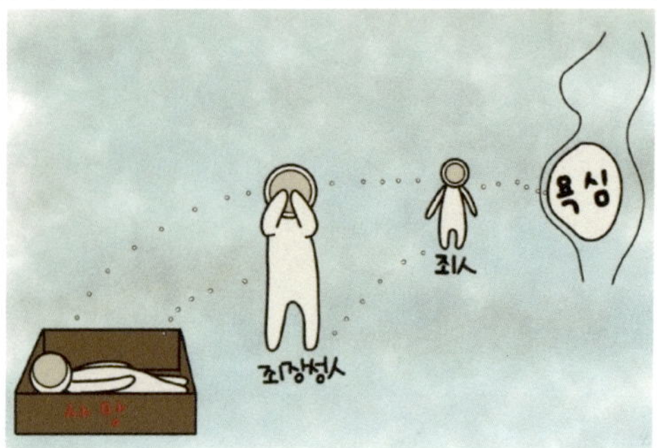

(욕심.잉태한즉.죄.낳고 죄.장성한즉.사망.낳느니라)

- 약 1:15 = 욕심은 신약의 첫(1)째인 절제, 평강을 잃어(15)버린 결과라네
  = 신약의 첫(1)째인 절제, 평강을 잃어(15)버린 욕심이라네!
  =

- (잠 16:8) 적은 소득이 공의를 겸하면 많은 소득이 불의를 겸한 것보다 나으니라

- 잠 16:8 = 잠시 불의의 소득 16보다, 공의의 소득 8이 나으니라
  = 잠시라도 불의의 많은 소득 16보다, 공의의 적은 소득 8이 나으니라
  = 잠시라도 불의의 많은 소득 16보다, 적더라도 공의의 소득 8이 나으니라

80 하나님께.복종할지어다 대적.가까이.깨끗이.낮추라 그리하면.높이시리라 (약 4:7~10)

장절	말씀	축토링 1	축토링 2
약 4:7	그런즉 너희는 하나님께 복종할지어다	그런즉 너희는 **하나님께 복종할지어다**	**하나님께 복종할지어다**
	마귀를 대적하라 그리하면 너희를 피하리라	**마귀를 대적하라**	마귀를 **대적**하라
약 4:8	하나님을 가까이하라 그리하면 너희를 가까이하시리라	**하나님을 가까이하라**	하나님을 **가까이** 하라
	죄인들아 손을 깨끗이 하라 두 마음을 품은 자들아 마음을 성결하게 하라	죄인들아 **손을 깨끗이 하라**	손을 **깨끗이** 하라
약 4:10	주 앞에서 낮추라 그리하면 주께서 너희를 높이시리라	**주 앞에서 낮추라**	주 앞에서 **낮추라 그리하면 높이시리라**

장절	축토링 3	축토링 4
약 4:7		
약 4:8		
약 4:10		

(하나님께.복종할지어다 대적.가까이.깨끗이.낮추라 그리하면.높이시리라)

- 약 4:7~10 = 약점을 노리는 마귀 死척(4:7)제는 십자가(10)뿐~
  = 약점을 노리는 마귀를 사출(4:7)하려면, 십자가(10)로 다스리리라!
  = 약점을 노리는 마귀를 사출(4:7)하려면, 십자가(10)에 가까이 가라!
  = 약점을 노리는 마귀를 사죽(4:7) 못쓰게 하려면, 십자가(10)에 가까이 가라!
  (사출/査出 = 조사하여 찾아 냄)
  =

귀신 퇴치법 하나님 영역 아래에 있어야 합니다(귀신의 인식보다), 주 안에 거해야 합니다
우리는 날마다 말씀을 읽고, 묵상해야 합니다

81 너희는.택하신.제사장.나라.백성 어두운데서.불러.빛에.들어가게.하신 아름다운.덕을.선포하게(벧전 2:9)

장절	말씀	축토링 1	축토링 2
벧전 2:9	그러나 너희는 택하신 족속이요 왕 같은 제사장들이요	그러나 **너희는** **택하신** 족속이요 왕 같은 **제사장**들이요	그러나 **너희는** **택하신** 족속이요 왕 같은 **제사장**들이요
	거룩한 나라요 그의 소유가 된 백성이니	거룩한 **나라**요 그의 소유가 된 **백성**이니	거룩한 **나라**요 그의 소유가 된 **백성**이니
	이는 너희를 어두운 데서 불러 내어	이는 너희를 어두운 데서 불러 내어	이는 너희를 **어두운** **데서 불러** 내어
	그의 기이한 빛에 들어가게 하신 이의 아름다운 덕을 선포하게 하려 하심이라	그의 기이한 빛에 들어가게 하신 이의 **아름다운 덕을** **선포하게 하려** 하심이라	그의 기이한 **빛에** **들어가게 하신** 이의 **아름다운 덕을** **선포하게** 하려 하심이라

장절	축토링 3
벧전 2:9	

(너희는.택하신.제사장.나라.백성 어두운데서.불러.빛에.들어가게.하신 아름다운.덕을.선포하게)

- 벧전 2:9 = 나는 '택하신 제사장 나라 백성'이니, 배짱(벧전)이구(2:9)!
  = 나는 '택하신 제사 나라 백성'이니, 예수 배짱(벧전)이구(2:9)!
  = 이제 나는 (흑암 탈출→광명 입성)아름다운 덕을 선포할 수 있는 배짱(벧전)이구(2:9)!
  =

- 롬 10:15 = 아름답도다 좋은 소식을 전하는 자들의 발이여 함과 같으니라
  = 살롬! 복음을 전하려 열심(10)히 뛰는 발은 아름다움을 이뤄(15)!
  = 살롬! 복음을 전하려 열심(10)히 뛰는 아름다운 발은 시간을 잃어(15)야…

82 누가 말하려면.하.말.같이/봉사하려면.하.힘.같이.하라 그로.말미암아.하.영광.받으시게(벧전 4:11)

장절	말씀	축토링 1	축토링 2
벧전 4:11	만일 누가 말하려면 하나님의 말씀을 하는 것 같이 하고	만일 누가 말하려면 하나님의 말씀을 하는 것 같이 하고	만일 누가 말하려면 하나님의 말씀을 하는 것 같이 하고
	누가 봉사하려면 하나님이 공급하시는 힘으로 하는 것 같이 하라	누가 봉사하려면 하나님이 공급하시는 힘으로 하는 것 같이 하라	누가 봉사하려면 하나님이 공급하시는 힘으로 하는 것 같이 하라
	이는 범사에 예수 그리스도로 말미암아 하나님이 영광을 받으시게 하려 함이니		이는 범사에 예수 그리스도로 말미암아 하나님이 영광을 받으시게 하려 함이니
	그에게 영광과 권능이 세세에 무궁하도록 있느니라 아멘		

장절	축토링 3
벧전 4:11	

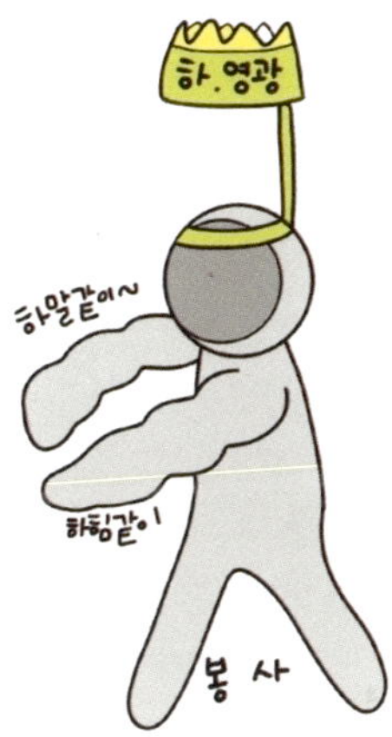

(누가 말하려면.하.말.같이/봉사하려면.하.힘.같이.하라
그로.말미암아.하.영광.받으시게)

◆ 벧전 4:11 = 배전(벧전)의 봉사(4)를 하려면, 하나님(1)이 공급하(1)시는 힘으로 하라
= 배전(벧전)의 봉사(4)를 하려면, 하.힘.같이 하라! 또한 말하려면 이하동문(〃/11)
= 배짱(벧전) 봉사(4)하려면 하나님(1)의 공급하(1)시는 힘으로 하는 것같이 하라
= 배전(벧전)의 봉사(4)를 하려면, 하나님이 공급하시는 힘으로 하라고 일일(11)이 언급했네
=

83 믿.덕.지않게 절.인.경.우 소금을.더하라(8성품)(벧후 1:5~7)

장절	말씀(8성품)	축토링 1		축토링 2	
벧후 1:5	그러므로 너희가 더욱 힘써 너희 믿음에 덕을,	믿	미	믿음에	믿 미
	덕에 지식을,	덕	덥	덕에	덕 덥
벧후 1:6	지식에 절제를,	지못한	지못한	지식에	지 않게
	절제에 인내를,	절	저	절제에	절
	인내에 경건을,	인	런	인내에	인
벧후 1:7	경건에 형제 우애를,	경	경	경건에	경
	형제 우애에	우	우	우애에	우
	사랑을 더하라	사랑을+	사랑을+	사랑을 더하라	소금을 더하라

장절	축토링 3
벧후 1:5	
벧후 1:6	
벧후 1:7	

(믿.덕.지않게 절.인.경.우 소금을.더하라)

(배추 절임)

◆ 벧후 1:5~7 = 귀한 성품은 하나님의 배후(벧후)에서 이뤄져(1:5~7)
= 배후(벧후)에 계신 하나님께 전적 의뢰하면 8성품은 이뤄져(1:5~7)!
= 배후(벧후)에 계신 하나님(1)께 오직(5~7) 복종하면 8성품은 이뤄져~
= 배추(벧후) 절임의 첫(1)째는 오직(5~7) 소금!
=

묵상 배추를 소금에 적당히 절이면 맛있는 김장 김치가 준비되듯이
우리도 소금에 절여지면 혈기.자랑 대신에 겸손.온순해져서
하나님이 사용하시기에 보다 적합해질 것입니다

84 세상/세상.것들.사랑× 세상.모든.것이 육.정/안.정/이.자(6.1.2)이니 (요일 2:15~16)

장절	말씀	축토링 1	축토링 2
요일 2:15	이 세상이나 세상에 있는 것들을 사랑하지 말라	이 세상이나 세상에 있는 것들을 사랑하지 말라	이 세상이나 세상에 있는 것들을 사랑하지 말라
	누구든지 세상을 사랑하면 아버지의 사랑이 그 안에 있지 아니하니		누구든지 세상을 사랑하면 아버지의 사랑이 그 안에 있지 아니하니
요일 2:16	이는 세상에 있는 모든 것이 육신의 정욕과 안목의 정욕과 이생의 자랑이니	이는 세상에 있는 모든 것이 육신의 정욕과 안목의 정욕과 이생의 자랑이니	이는 세상에 있는 모든 것이 육신의 정욕과 6 안목의 정욕과 1 이생의 자랑이니 2
	다 아버지께로부터 온 것이 아니요 세상으로부터 온 것이라		다 아버지께로부터 온 것이 아니요 세상으로부터 온 것이라

장절	축토링 3
요일 2:15	
요일 2:16	

(세상/세상.것들.사랑× 세상.모든.것이 육.정/안.정/이.자(6.1.2)이니)

* 육.안.이 = 육.원.이 = 6.1.2 = 거꾸로 2:16 = 요일 2:16

- 요일 2:16 = (준말)육정.안정.이자 = 육신의 정욕과 안목의 정욕과 이생의 자랑이니
  = 매 요일 내내 '육안이', 이(2)것이 일류(16)라고 자랑하네!
- 요일 2:15~16 = 요 일! 2가지(세상, 세상 것들)를 잃어(15)버리는 것이 일류(16)라네~
  = 요 일! 2가지(세상, 세상 것들)를 잃어(15)버리는 것이 믿음의 인류(16)라네~
  =
- 창 3:6 = (준말)먹.보.탐스럽기도
  = 먹음직도 하고 보암직도 하고… 탐스럽기도 한 나무인지라(선악과)
  = 창세기 하와의 삶(3)은 육(肉/6)적이었다네

변화 요일 2:16 = 2:16 = 2+1:6 = 3:6 = 창 3:6

묵상 A. 육적/안정/이자 = 세상으로부터 온 것(요일 2:16)
B. 영적/안정/이자 = 하나님 아버지로부터 온 것

85 사랑하는.자여 네.영혼.잘됨.같이 범사.잘되.강~.간구하노라(요삼 1:2)

장절	말씀	축토링 1	축토링 2
요삼 1:2	사랑하는 자여 네 영혼이 잘됨 같이	사랑하는 자여 네 **영혼**이 **잘됨** 같이	**사랑하는 자여** **네 영혼**이 **잘됨 같이**
	네가 범사에 잘되고 강건하기를 내가 간구하노라	네가 **범사**에 **잘되**고 **강건**하기를 내가 간구하노라	네가 **범사**에 **잘되**고 **강**건하기를 내가 **간구하노라**

장절	축토링 3	
요삼 1:2		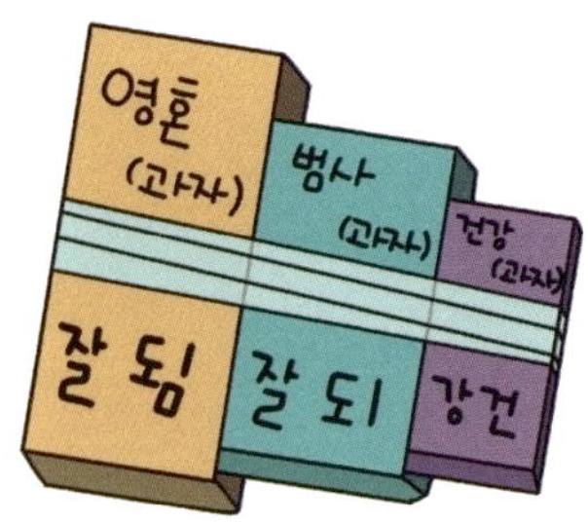(과자 묶음 /덩) (사랑하는.자여 네.영혼.잘됨.같이 범사.잘되.강~.간구하노라)

- 요삼 1:2 = 요런 삶(3)은 정말 일리(1:2)있네
  = "영혼/범사/건강 잘됨" 요런 삶(3)은 정말 일리(1:2)있네
  = 요상(요삼)하게도 1+2(1:2) 구조라네
  = 요3H는 1H(Holy영혼)+2H(Happy해피, Healthy강건)의 구조라네!
  =
- 왕상 3:13 = 솔로몬은 항상(왕상) 지혜의 삶(3)을 구했으나, 구하지 아니한 부귀 열쇠(13)도 주셨네
- 마 6:33 = 먼저 그의 나라와 의를 구하면, 마치 육(肉/6)도 삼삼(33)해진다네

묵상 나는 지금 무엇을 구하고 있는가? 나는 1H 추구형인가? 2H 추구형인가?

86 (계시록 7교회)애.써 버거워.두 사데 빌.라를(계 2:1~3:22)

	장절	7교회	특색	축토링 1
1	계 2:01~07	에베소	처음 사랑을 버림	에 애
2	계 2:08~11	서머나	환난과 궁핍을 견딤	서 써
3	계 2:12~17	버가모	니골라 교훈을 지킴	버 버거워
4	계 2:18~29	두아디라	우상, 음행을 허용함	두 두
5	계 3:01~06	사데	죽은 교회	사데 사데
6	계 3:07~13	빌라델비아	믿음 안에서 견딤	빌 빌
7	계 3:14~22	라오디게아	차지도 뜨겁지도 아니함	라 라를 (소아시아 7교회)

	축토링 2	축토링 3
1	처음 사랑으로 애 뱃소?	
2	summer night에	
3	어느 덧 버거운 産母	
4	두 아이라 (쌍둥이)	
5	4代째	
6	순산을 빌	
7	라(pray)~ 오지게… (첫 사랑/불장난)	

(애.써 버거워.두 사데 빌.라를)

◆ 계 2:1~3:22 = 계시록 교회가 형성된 이일(2:1)은 일곱 = 3+2+2(3:22) 교회까지 이어졌다네
= 계속해서 처음 사랑을 버리는 이일(2:1)은 우리 삶(3)이 세속으로 똘똘(22)해졌기에…
= 빌라 구입코자 계속해서 둘(2)이 한(1) 몸처럼 사는 삶(3)은 똘똘(22)해…
= 빌라 구입코자 계속해서 둘(2)이 한(1) 몸처럼 사는 삶(3)은 당돌(22)해…
=

87 나는.알.오.마.처 생명수.샘물.목마른.자에게.값없이.주리니 이기는.자.상속.받으리라(계 21:6~7)

장절	말씀	축토링 1	축토링 2
계 21:6	또 내게 말씀하시되 이루었도다	또 내게 말씀하시되 이루었도다	또 내게 말씀하시되 이루었도다
	나는 알파와 오메가요 처음과 마지막이라	**나는** **알**파와 **오**메가요 **처**음과 **마**지막이라	**나는** **알**파와 **오**메가요 알 오 **처**음과 **마**지막이라 마 처
	내가 생명수 샘물을 목마른 자에게 값없이 주리니	내가 **생명수** 샘물을 목마른 자에게 **값없이 주리니**	내가 **생명수 샘물**을 **목마른 자에게 값없이 주리니**
계 21:7	이기는 자는 이것들을 상속으로 받으리라	**이기는 자**는 이것들을 상속으로 **받으리**라	**이기는 자**는 이것들을 **상속**으로 **받으리라**
	나는 그의 하나님이 되고 그는 내 아들이 되리라		나는 그의 하나님이 되고 그는 내 아들이 되리라

장절	축토링 3
계 21:6	
계 21:7	

(나는.알.오.마.처 생명수.샘물.
목마른.자에게.값없이.주리니
이기는.자.상속.받으리라)

- 계 21:6 = 계속 말씀하시기를 생명수의 상속, 이일(21)은 유효(6)! 나는 알.오.마.처~
- 계 21:6~7 = 나는 계속 알.오.마.처~ 생명수의 상속, 이일(21)은 6~7십% 이상 받으리라
  = 계속된 말씀, 이기는 자가 받는 이일(21)은 6~7십% 이상 생명수를 받으리라
  = 계속된 말씀, 이기는 자에게 보장된 생명수 샘물을 받는 이일(21)은 6~7십% 이상 받으리라
  = 계속 비가 오면 물통을 채우는 이일(21)은 6~7십%는 받으리라
  =
- 사 44:6 = 나는 처음이요 나는 마지막이라 나 외에 다른 신이 없느니라
  = 사람들은 처음이요 마지막인 나만 있으면 넉넉(44)한 것이유(6)~
  = 사람들은 처음이요 마지막인 나만 있으면 넉넉(44)해유(6)~

퀴즈 우주 세계에서 퀴즈 왕은 누구?
힌트 계 21:6
정답 나는 '알.오.마.처'

88 (사도신경)가스펠, 부를 노래는?

		사도신경(신앙 고백)	주제		축토링 1
하나님 3	01	전능하사	전능		(곡명) 저는
	02	천지를 만드신	천지창조		'창조의
	03	하나님 아버지를 내가 믿사오며	아버지		아버지'
예수님 6	04	그 외아들 우리 주 예수 그리스도를 믿사오니	탄생	낮아지심	(심사평) '탄생 시
	05	이는 성령으로 잉태하사 동정녀 마리아에게 나시고			
	06	본디오 빌라도에게 고난을 받으사	고난		고
	07	십자가에 못박혀 죽으시고	죽음		음은
	08	장사한 지 사흘 만에 죽은 자 가운데서 다시 살아나시며	부활	높아지심	패자 부활전
	09	하늘에 오르사 전능하신 하나님 우편에 앉아 계시다가	승천		승승장구
	10	저리로서 산 자와 죽은 자를 심판하러 오시리라	재림		재입상'이지!
성령님 5	11	성령을 믿사오며			
	12	거룩한 공회와 성도가 서로 교통하는 것과	교통		PD와의 교통의
	13	죄를 사하여 주시는 것과	죄사함		죄. 사함은
	14	몸이 다시 사는 것과	몸 부활		부활
	15	영원히 사는 것을 믿사옵나이다 아멘	영생		영생 보장格 (가스펠, 부를 노래는?)

		축토링 2	축토링 3
하나님 3	01	전	
	02	천	
	03	하	
예수님 6	04	탄	
	05		
	06	고	
	07	죽	
	08	부	
	09	승	
	10	재	
성령님 5	11		
	12	교	
	13	죄	
	14	활	
	15	영(첫 글자)	

(가스펠, 부를 노래는?)

*사도신경 = 우리의 신앙 고백이다. 우리의 믿음의 내용이다

◆ 구성 = 하나님 3가지+예수님 6가지+성령님 5가지 = 365일(1년 내내 함께 하신다 = 임마누엘)

89 (가상칠언)아.낙.여자여~ 四方묶어다니.목.다이 영혼을.부탁하나이다

장절	말씀(가상칠언)	주요 단어	축토링 1
눅 23:34	1. 아버지 저들을 사하여 주옵소서	아버지	아
눅 23:43	2. 네가 나와 함께 낙원에 있으리라	낙원	낙
요 19:26	3. 여자여 보소서 아들이니이다	여자여	여자여~
막 15:34	4. 엘리 엘리 라마 사박다니 (어찌하여 나를 버리셨나이까)	사박다니	四方 묶어 다니
요 19:28	5. 내가 목마르다	목마르다	목
요 19:30	6. 다 이루었다	다 이루었다	다이(Die)!
눅 23:46	7. 내 영혼을 아버지 손에 부탁하나이다	내 영혼 부탁	영혼을.부탁하나이다 (四方묶어다니)

장절	축토링 2	축토링 3
눅 23:34	아	
눅 23:43	낙	
요 19:26	여자여~	
막 15:34	四方 묶어 다니	
요 19:28	木馬	
요 19:30	다 이루어	
눅 23:46	부탁해요!	
주제	목마 부탁해요!	

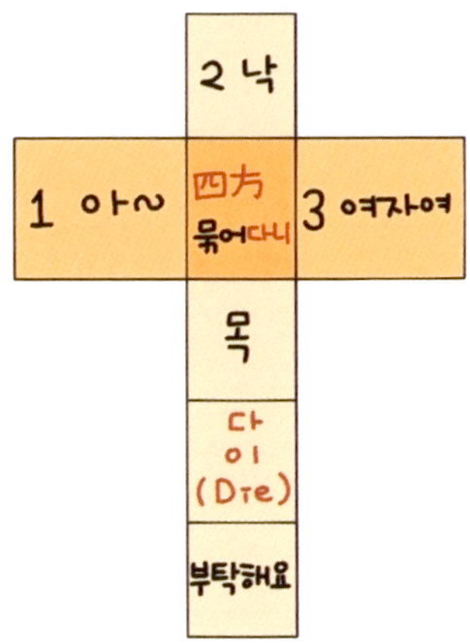

(아.낙.여자여~ 四方묶어다니.목.다이 영혼을.부탁하나이다)
*가상칠언(架上七言) = 십자가 위에서 하신 7가지 말씀

1. 눅 23:34 = 누구? 아버지의 이세(23)인 아들의 생사(34)가 달렸네…
2. 눅 23:43 = 누가? 아버지의 이세(23)인 아들이 사생(43)결단을 내리나?
3. 요 19:26 = 요긴한 식구(19) 아들이 이룩(26)합니다
4. 막 15:34 = 지금 막 '사방 묶어다니' 외치며 목숨을 잃어(15)! 생사(34)의 기로에…
5. 요 19:28 = 요긴한 식구(19)인 아들의 두팔(28)이 못 박혀, 목이 마르다네
6. 요 19:30 = 요긴한 식구(19)인 아들이 30대에 구원을 다 이루셨네
   = 요긴하게 다 이룬 천국(19) 꿈을 30대에 이루셨네
7. 눅 23:46 = 누가? 아버지의 이세(23)인 아들이 육신으로는 사육(死肉/46) 신세라네
   = 누가? 아버지의 이세(23)인 아들이 육신으로는 사요(46)나라~

90 (복음 제시)범죄.자가.무덤배회? 부활.십자가.안믿어? 믿어야.구원이야~

장절	복음	제목	축토링 1
롬 6:23	1. 죄의 삯은 사망이요	범죄 인간	범죄
벧전 2:24	2. 나무에 달려 우리 죄를 담당	십자가에 달리신 예수님	자가
고전 15:3	3. 우리 죄를 위하여 죽으시고	무덤에 묻히신 예수님	무덤 배회?
고전 15:4	4. 성경대로 사흘만에 다시 살아나사	부활하신 예수님	부활
요 14:6	5. 내가 곧 길.진리.생명이니	십자가 다리	십자가
벧후 2:4	6. 지옥에 던져 어두운 구덩이에	선택/안믿어!	안믿어?
요 1:12	7. 영접하는 자 하나님의 자녀	선택/믿어!	믿어야
롬 10:10	8. 입으로 시인하여 구원에	구원/결신	구원이야~

장절	축토링 2	축토링 3
롬 6:23	1	1
벧전 2:24	2	2
고전 15:3	3	3
고전 15:4	4	4
요 14:6	5	5
벧후 2:4	6	6
요 1:12	7	7
롬 10:10	8	8

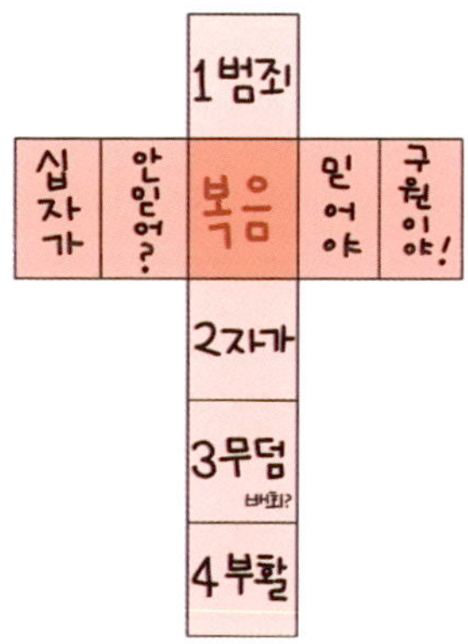

(범죄.자가.무덤배회? 부활.십자가.안믿어? 믿어야.구원이야~)

* 축토링을 통해 복음 핵심 말씀을 자연스럽게 암기토록 익힌다
* 언제든지 전도 무기인 말씀을 준비한다

1. 롬 6:23 = 샬롬 유지하기가 어려운 것은 육(6)이세(23)
   = 놈(롬)들 모두 뭐니 뭐니 해도 육(6)이 이상(23)적이래~
2. 벧전 2:24 = 나무에 달리시는 배짱(벧전)으로 이(2)토록 비참한 십자가로 이사(24)하셨네
   = 나무에 달리시는 배짱(벧전)으로 이(2)토록 비참한 십자가로 우리를 위해 이사(24)하셨네
3. 4. 고전 15:3~4 = 예수님은 고전 끝에 생명을 잃어(15), 삼(3)일 만에 다시 사(4)셨네~
   = 예수님은 고전 끝에 생명을 잃어(15), 삼(3)일 만에 살아(4)나셨네~
5. 요 14:6 = 길.진리.생명이신 예수님이 정말 요긴하게 왔네유(14:6)~
   = 정말 요긴하게 왔네(14)! 우리 육(6)을 구원키 위해서…
6. 벧후 2:4 = 배후(벧후) 사단이 불신자를 지옥에 던져 어두운 구덩이로 이사(2:4) 보내네
7. 요 1:12 = 요긴하게도 영접하는 자는 하나님(1)의 자녀! 일리(12)있네
8. 롬 10:10 = 샬롬이란 입을 열(10)어 시인하면, 구원의 문은 열(10)린다
   = 살 놈(롬)은 입을 열(10)어 시인하면, 구원의 문은 열(10)린다

91 감사 십계명(찰스 스펄전)

	감사 십계명	축토링 1	축토링 2
01	생각이 곧 감사다	생각이	
02	작은 것부터 감사하라	작은	
03	자신에게 감사하라	자신에게	
04	일상을 감사하라	일상을	
05	문제를 감사하라	문제와	
06	더불어 감사하라	더불어 **감사**	
07	그럼에도 불구하고 감사하라	그럼에도	
08	잠들기 전 시간에 감사하라	잠들기 **前**	
09	감사의 능력을 믿고 감사하라	능력을 믿고	
10	모든 것에 감사하라	모든 것에 **감사하라** (첫 단어)	

	축토링 3	축토링 4
01		
02		
03		
04		
05		
06		
07		
08		
09		
10		

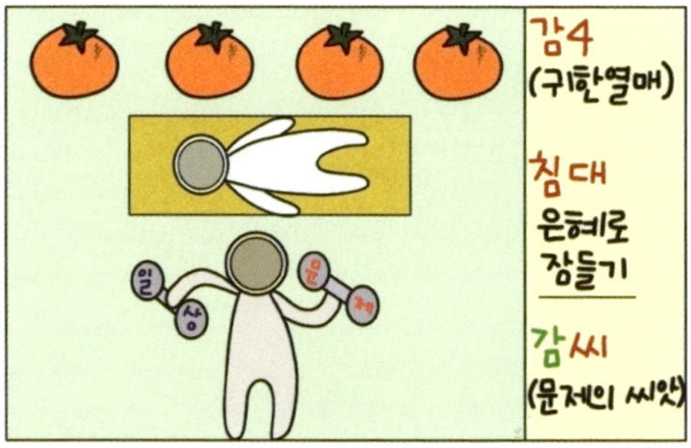

(감사 십계명)

*(시 127:2)그러므로 여호와께서 그의 사랑하시는 자에게는 잠을 주시는도다

◆ 시 127:2 = 감사의 시작은 10계명 = 1+2+7 이(2)치에서 비롯된다네
= 감사의 시작은 10계명 = 1+2+7 이(2)치에 녹아있다네

묵상 * 내 손에 있는 것 = 주심에 감사!
* 내 손에 없는 것 = 아직 필요치 아니해서, 안 주셨음에 감사!
= 나중에 주실 것을 기대하고 감사!
* '축토링 1'로 감사기도하면, 한번에 10가지 감사기도한 것이다

92 (신약 목록)결정타 없어서 계속 고전해

	성경책	약어	축토링 1	축토링 2	축토링 3
01	마태복음	마	(인력시장) 마지	마지	
02	마가복음	막	막 호출은	막 타자	
03	누가복음	눅	누가?	눠	
04	요한복음	요	요	요?	
05	사도행전	행 홈	행 바라는	(역전 기회에) 홈	
06	로마서	롬 런	놈은	런 못쳐	
07	고린도전서	고전	고전	고전	
08	고린도후서	고후	후	후	
09	갈라디아서	갈	(집으로) 갈	(투수) 갈구는	
10	에베소서	엡	애~	엡	
11	빌립보서	빌	(오늘은) 빌라	빌려 볼	
12	골로새서	골 걸	골방	걸~ (후회)	
13	데살로니가전서	살전	싸전	살찐	
14	데살로니가후서	살후	후미에,	후	
15	디모데전서	딤전	데모도 작업 전	(감각)무뎌진	
16	디모데후서	딤후	후	후,	
17	디도서	딛	뒷	뒷	
18	빌레몬서	몬	문이	몸	
19	히브리서	히 허	특히	허	
20	야고보서	약	약해,	약과	
21	베드로전서	벧전	bed 전	배트자세 전	
22	베드로후서	벧후	후로 중문 필요해	후 불량,	
23	요한일서	요일	요일로	요일로	
24	요한이서	요이 2	2배	2군	
25	요한삼서	요삼 3	3배로	3군으로	
26	유다서	유	유익하게	유급	
27	요한계시록	계	계산되었네	계속되었네	
주제			새벽 인력시장	결정타 없어서 고전해	

*싸전 = 쌀과 곡식을 파는 가게.
*데모도 = 보조.
*갈구다 = 사람을 교묘하게 괴롭히거나 못살게 굴다

구약 축토링(58개)

A. 성경별 구성분포

B. 구약 목차 (58개)

C. 장절주소의 암기 요령 - 각 축토링 밑에 있음

(히 4:12) 하나님의 말씀은 살아 있고 활력이 있어 좌우에 날 선 어떤 검보다 예리하여 혼과 영과 및 관절과 골수를 찔러 쪼개기까지 하며 또 마음의 생각과 뜻을 판단하나니

히 4:12 = 희한하게도 말씀은 살아 있어 4가지(혼,영,관절,골수)를 찔러(1/모습) 쪼개기(2)까지 하네

* 각 축토링의 '이미지' 하단에 표기되어 있다.
* 장절주소의 숫자를 연상법에 의한 암기 요령이다.
* (수십 년 동안)최대한 요절 말씀과 연관되도록 노력한 것입니다.
* 여러 개 중 재밌는 1~2개를 연상합니다.
* 재밌게 표현되어야 오래 기억이 가능하고, 또한 기억 재생이 용이합니다.
* '장절주소의 기억 분실물' 보관센터는 없습니다.
* 또한 맨 아래에 있는 '독자 참여용'에도 많은 참여 바랍니다.
  (본인이 작성한 것은 오래 기억됩니다.)

A. 성경별 구성분포(구약 58개)

성경별	번 호	개수	성경별	번호	개수
창세기	1~3번	3개	욥기	23~25번	3개
출애굽기	4~8번	5개	시편	26~30번	5개
레위기	-	-	잠언	31~35번	5개
민수기	9~10번	2개	전도서	36~38번	3개
신명기	11~14번	4개	이사야	39~44번	6개
여호수아	15번	1개	예레미야	45~47번	3개
사사기	16번	1개	다니엘	48번	1개
룻기	17번	1개	호세아	49번	1개
사무엘 상	18~19번	2개	아모스	50번	1개
사무엘 하	-	-	요나	51번	1개
열왕기 상	20번	1개	하바국	52번	1개
열왕기 하	21번	1개	스가랴	53번	1개
역대 상	22번	1개	공 통	54~57번	4개
역대 하	-		구약 목록	58번	1개
			계		58개

B. 구약 목차

—

01. 나처럼.육.성으로 만.복.다스리라(문화 명령)(창 1:28)
02. 여자가.나무를.본즉 먹.보.탐스럽기도 그.열매를.따먹고.주.먹?(선악과)(창 3:6)
03. 내가.외삼촌의.양.중에 아롱.점.검.가려내며 내.품삯이.되리이다(야곱)(창 30:32)
04. 여호와께서.백성의.고통을 보.듣.알고 내려가.건져.인도.데려가(출애굽 약속)(출 3:7~8)
05. 너희는.이렇게 띠.신.잡고.먹으라 유월절이니라(먹방 가이드)(출 12:11)
06. 여호와께서.앞에서.가시며 밤.낮.불.구.go하게.하시니(불.구름 기둥)(출 13:21)
07. (모세/팔)들면.이기고/내리면.지고 이쪽.저쪽.내려오지× 여호수아.아.무.르.파티(아론과 훌) (출 17:11~13)
08. (십계명)신.우.여 안.부묻고.살라 간.도둑.짓.탐내지.말라(출 20:3~17)
09. 여호와는 복.주시고.너.지키시며 은혜.베푸/평강.주시기를.원하노라(민 6:24~26)
10. 40일.정탐보고 아낙.자손.거인들/우리는.메뚜기 그들은.먹2라/두려워.말라(민 13:25, 33, 14:9)
11. 들으라 마음.뜻.힘을.다하여 회사.사랑하고.새기고.뿌질.가르치며 집.길.누.일.때 강.매.붙여 주.문.기록하라(쉐마)(신 6:4~9)
12. 초막절.절기를 너와.자녀와.노.레 고.객.과.함께~(신 16:13~14)
13. 곡식.한.뭇을 나.고.과.위하여.남겨두라 그리하면.복을.내리시리라(신 24:19)
14. 독수리가.'어.너.새.받.업'.같이 여호와께서.홀.인.업!(신 32:11~12)
15. 율법.책.입에.떠.넣어 주야로.묵상하여.지켜.행하라 그리하면.평.형유지.하리라(수 1:8)
16. 기드온에게 혀핥자.따로/무릎꿇자.따로/손움켜자.삼백.명으로 미디안을.넘겨.주리니(삿 7:5~7)
17. 풍족.나갔/비어.돌아오게 나를.징벌/괴롭게.하셨거늘 어찌.'나오미'라.부르느냐(룻 1:21)
18. 사무엘 여호와께서.번제를.좋아하시겠나 순종이.제사보다.낫고 듣는.것이.기름보다.나으니 (삼상 15:22)
19. 춤추며.노래하여.이르되 사울이.죽인.자.천천은 다윗을.만만히.보았기에(삼상 29:5)
20. 엘리야.갈멜산.얼굴.무릎사이 7번까지.다시.가라 손.만한.작은.구름.일어나나이다(왕상 18:42~44)
21. 히스기야.병들어.죽게.되매 벽.향.기도 진실과.선.행.을.기억하옵소서.통곡하더라(왕하 20:1~3)
22. 야베스.내게.복을 지역을.넓히시고 환난을.벗어나.근심이.없게 허락하셨더라(대상 4:10)
23. 모태.알몸.나/알몸.돌아가 주/거두.여호와.이름이.찬송을.받으실지니이다(욥 1:21)
24. 시작은.미약하였으나 나중은.창대하리라(욥 8:7)

25. 가는.길을.그가.아시나니 단련.후.순금.같이.되어 그의.걸음.바로.따랐으며(욥 23:10~11)
26. 복人은.악.죄.오 오직.즐.묵상 시냇가.나무.열매.잎.형통 악人들은.오직.바람.겨 심판.견디지×
(시 1:1~5)
27. 여호와는 석.쇠.에서.건지시는.하나님 피할.바위.방.구.산성이시로다(시 18:2)
28. 여호와는.목자.부족함× 풀밭.물.가/영혼.소생.의.길로.인도 음침한.골짜기.해.두려워하지×
주.와.함께.막.지!(시 23:1~4)
29. 환난.날에.부르라 '너를.건지리니' 나를.영화감독이라.하리로다(시 50:15)
30. 주의.한.날이 다른.천.날보다.나은즉 악인.장막.보다 성전.문지기.좋사오니(기도)(시 84:10)
31. 악인.제사는.미워하셔도 정직한.기도는.기뻐하시느니라(잠 15:8)
32. 적.소.공의.겸하면 많.소.불의.겸보다 나으리라(잠 16:8)
33. 교만은.패망의.선봉이요 거만은.넘어짐의.앞잡이니라(잠 16:18)
34. 어떤.길은 보기에.바르나 필경은.사망의.길이니라(잠 16:25)
35. 2179(두일.주구)거짓말.멀리 가.마.부.마.필요한.양식.먹이소서(아굴의 기도)(잠 30:7~9)
36. 통뼈.곤되 두.가지.병행하게 장래.알.못.하셨느니라(전 7:14)
37. 의로움.불구.멸망.의인.있고 악행.불구.장수.악인.있으니(허무)(전 7:15)
38. 우매자.말들의 시작은.우매요 결말들은.미친.것이니라(전 10:12~13)
39. 한.아기가.났고 어깨에는.정사각형.모기장 이름은.모.기.전하!존버.왕이라(사 9:6)
40. 여호와.앙망.자는 새.힘을.얻으리니 독수리.날개.달.걸~.피곤하지×(사 40:31)
41. 상한.갈대.꺾지/꺼져.등불.끄지.아니하고 정의를.시행할.것이며(사 42:3)
42. 보라.내가.새.일을.행하리니 광야에.길/사막에.강을.내리니(사 43:19)
43. 백발이.되기까지 내가.너희를.품을/업을.것이요 품고.구하여.내리라(사 46:4)
44. 그가 찔림.허물의.상함.죄는 징계.평화보다.채찍이.나음!(사 53:5)
45. 물.가.나무는 뿌리.더.위에.잎.청청 결실.그치지.아니함.같으리라(렘 17:8)
46. (천지 충만)나는.가까운.데.있는.하나님 먼.데.있는.하나님은.아니냐(렘 23:23)
47. 내게.부르짖는.기도 온.마음으로.구하면.만나리(기도응답 주소)(렘 29:12~13)
48. 천사.사자들.입.봉.무죄 왕.기뻐.다니엘.올린즉.상하지× 이는.믿음이었더라(단 6:22~23)
49. 네가.지식.버렸/나도.너.버려, 네가.율법.잊었/나도.네.자녀들.잊어버리리라(호 4:6)
50. 기근은 양식.없어.주림×/물.없어.갈함× 말씀.듣지.못한.기갈이라(암 8:11)
51. 니느웨로.가서.외치라 여호와.얼굴.피하려고.다시스로.도망 배에.올랐더라(요나)(욘 1:2~3)
52. 비록.무화과.포도.감람.소출× 우리.밭.외양간.소× 나는.여.즐.하나로.기뻐(합 3:17~18)
53. 천사가.무.알.못?/내.알.못 여호와.스룹바벨에게 이는.힘/능력으로.되지× 오직.나의.영으로
(슥 4:5~6)
54. (하나님 품성)영.불변.무.전.공.사中
55. (절기)적군.유.무에.관계없이 5.초후.나팔.소리에 진격!부.수.수~
56. (제사)번제물 소.화.속.속되네 요.거.내게.위임된거야~
57. 여호수아~그리스도(키워드 손동작)
58. (구약 목록)사랑의 트위스트 춤추기 연습생

01 나처럼.육.성으로 만.복.다스리라(문화 명령)(창 1:28)

장절	말씀	주요 단어	축토링 1	축토링 2
창 1:28	하나님이 그들에게 복을 주시며 하나님이 그들에게 이르시되	복을 주시며		
	생육하고	생육	생	나처럼 생 육
	번성하여	번성	번	번 성으로
	땅에 충만하라,	땅에 충만	충	충 만
	땅을 정복하라,	땅을 정복	정	정 복
	바다의 물고기와 하늘의 새와 땅에 움직이는 모든 생물을 다스리라 하시니라	다스리라	다스리	다스리라

장절	축토링 3
창 1:28	

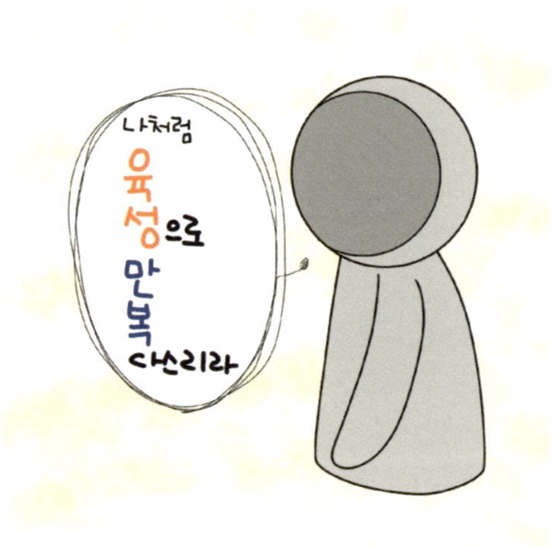

(나처럼.육.성으로 만.복.다스리라)

- 창 1:28 = 창조 후 하나님(1)께서 이빨(28)로 '육.성.만.복.다스리라'고 명령하셨네
  = 창세기의 '육.성.만.복.다스리라'를 소유한 나(I/1)는 28청춘이라네
  =

02 여자가.나무를.본즉 먹.보.탐스럽기도 그.열매를.따먹고.주.먹?(선악과) (창 3:6)

장절	말씀	신체	축토링 1	축토링 2
창 3:6	여자가 그 나무를 본즉	눈		여자가 나무를 본즉
	먹음직도 하고	입	먹	먹음직도 하고
	보암직도 하고	눈	보!	보암직도 하고
	지혜롭게 할 만큼 탐스럽기도 한 나무인지라	머리	탐스	탐스럽기도 한
	여자가 그 열매를 따먹고	손, 입		여자가 그 열매를 따먹고
	자기와 함께 있는 남편에게도 주매 그도 먹은지라	손, 입		남편에게도 주매 먹은지라 ?

장절	축토링 3
창 3:6	

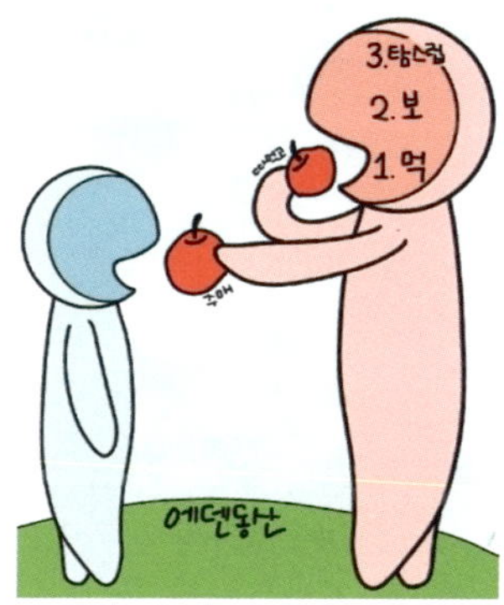

(여자가.나무를.본즉 먹.보.탐스럽기도 그.열매를.따먹고.주.먹?)

*아삼륙 = 둘도 없이 친한 사이를 가리키는 말

- 창 3:6 = 아담과 하와는 창피하게도 아삼륙(3:6) 부부였다네
  = 창세기의 하와의 삶(3)은 육(肉/6)적이었다네
  =

변화 요일 2:16 = 2:16 = 2+1:0+6 = 3:6 = 창 3:6

- 요일 2:16 = (준말)육.안.이 = 육신의 정욕과 안목의 정욕과 이생의 자랑이니
  = 매 요일 내내 '육안이' 이(2)것이 일류(16)라고 자랑하네!

묵상 육신의 정욕과 안목의 정욕과 이생의 자랑 모두는 지나간다
나는 덧없이 지나가는 '육.안.이'를 붙잡고 있는가? 말씀을 붙잡고 있는가?

03 내가.외삼촌의.양.중에 아롱.점.검.가려내며 내.품삯이.되리이다(야곱) (창 30:32)

장절	말씀	주요 단어	축토링 1	축토링 2
창 30:32	오늘 내가 외삼촌의 양 떼에 두루 다니며			내가 외삼촌의
	그 양 중에 아롱진 것과	양 아롱진	양 중에 아롱	양 중에 아롱진 것과
	점 있는 것과	점 있는	점	점 있는 것과
	검은 것을 가려내며	검은	검	검은 것을 가려내며
	또 염소 중에 점 있는 것과	염소 점 있는	점점	
	아롱진 것을 가려내리니	아롱진	눈에 아롱거려	
	이 같은 것이 내 품삯이 되리이다	내 품삯	내 품삯!	내 품삯이 되리이다

장절	축토링 3
창 30:32	

(내가.외삼촌의.양.중에 아롱.점.검.가려내며 내.품삯이.되리이다)

- 창 30:32 = 창세기 야곱은 처음에는 외삼촌(3)이 환영(0)했으나, 이제는 외삼촌(3)과 이별(2)이라네!
  = 창세기 야곱의 재산은 처음에는 빈 상여(30) 수준이었으나, 이제는 삶이(32) 풍성해졌다오
  =

04 여호와께서.백성의.고통을 보.듣.알고 내려가.건져.인도.데려가 (출애굽 약속)(출 3:7~8)

장절	말씀	동 사	축토링 1
출 3:7	여호와께서 이르시되 내가 애굽에 있는 내 백성의 고통을 분명히 보고	고통을 보고	여호와께서 백성의 고통을 보고
	그들이 그들의 감독자로 말미암아 부르짖음을 듣고	듣고	듣고
	그 근심을 알고	알고	알고
출 3:8	내가 내려가서	내려가서	내려가서
	그들을 애굽인의 손에서 건져내고	건져내고	건져내고
	그들을 그 땅에서 인도하여	인도하여	인도하여
	아름답고 광대한 땅, 젖과 꿀이 흐르는 땅 곧 가나안 족속, 헷 족속, 아모리 족속, 브리스 족속, 히위 족속, 여부스 족속의 지방에 데려가려 하노라	데려가려	데려가려

장절	축토링 2	축토링 3
출 3:7	보고	
	듣고	
	알고	
출 3:8	4	
	건	
	인	
	데~	

여호와 계획표

3고	백성의 고통을 보고
	듣고
	알고
4여	내려가서
	건져내고
	인도하여
	데려가려

(여호와께서.백성의.고통을 보.듣.알고 내려가.건져.인도.데려가)

* 보.듣.알고 = 보듯이 알고

◆ 출 3:7~8 = 출애굽 전 백성의 고된 노예 삶(3)을 칠전팔기(7~8) 끝에 인도하시리라
= 출애굽 계획을 백성들이 노예 삶(3) 속에서 7~8십%가 믿었을까?
= 출발 전부터 애굽 탈출을 백성들이 삶(3) 속에서 7~8십%가 믿었을까?
= 출발부터 '3고!' 하더니 기본 점수의 7~8배라네
=

05 너희는.이렇게 띠.신.잡고.먹으라 유월절이니라(먹방 가이드)(출 12:11)

장절	말씀	주요 단어	축토링 1	축토링 2
출 12:11	너희는 그것을 이렇게 먹을지니	이렇게		너희는 이렇게
	허리에 띠를 띠고	허리 띠고	고!	띠고
	발에 신을 신고	발 신고	고!	신고
	손에 지팡이를 잡고	손 잡고	고!	잡고
	급히 먹으라	입 먹으라	먹으라	먹으라
	이것이 여호와의 유월절이니라	유월절	여.유. 이니라	유월절이니라

장절	축토링 3
출 12:11	

(너희는.이렇게 띠.신.잡고.먹으라 유월절이니라)

*유월(pass over)=넘어가리라

*유월절 = 이스라엘 민족이 이집트에서 탈출한 일을 기념하는 유대교의 축제일

- 출 12:11 = 출발부터 '유월절 먹방 가이드' 일리(12)있네! 일일(11)이 적혀 있네
  = 출발부터 '유월절 먹방 가이드' 시비(12) 없도록 일일(11)이 적혀 있네
  = 출발부터 '쓰리고'로 '12점이냐 11점이냐' 하고 싸우더라
  =

06 여호와께서.앞에서.가시며 밤.낮.불.구.go하게.하시니(불.구름 기둥) (출 13:21)

장절	말씀	축토링 1	축토링 2 (세로형)
출 13:20	그들이 숙곳을 떠나서		
	광야 끝 에담에 장막을 치니		
출 13:21	여호와께서 그들 앞에서 가시며		여호와께서 앞에서 가시며
	낮에는 구름 기둥으로 그들의 길을 인도하시고		↗ 밤 불 기둥
	밤에는 불 기둥을 그들에게 비추사		↘ 낮 구름 기둥
	낮이나 밤이나 진행하게 하시니		go하게 하시니
출 13:22	낮에는 구름 기둥,	낮에는 구름 기둥	
	밤에는 불 기둥이	밤에는 불 기둥	
	백성 앞에서 떠나지 아니하니라	백성 앞 떠나지 아니하니라	

장절	축토링 3	축토링 4
출 13:20		
출 13:21		
출 13:22		

(여호와께서.앞에서.가시며 밤.낮.불.구.go하게.하시니)

◆ 출 13:21 = 출발법은 '밤낮 불구 go'일세(13), 이일(21)은 신기해~
= 출발부터 신묘막측일세(13) 이일(21)로 백성들은 졸졸 따라갔네
= 출발 방법은 '밤낮 불구하고'일세(13) 이일(21)로 백성들은 졸졸 따라갔네
=

하나님의 인도 어느 곳인지 모르나, 구름/불 기둥 따라 매일 따라가야 합니다
우리는 매일 말씀(QT 등) 따라가고, 주어진 일에 성실히 준행하면 하나님이 주신 꿈을 이루게 됩니다

07 (모세/팔)들면.이기고/내리면.지고 이쪽.저쪽.내려오지× 여호수아.아.무.르.파티(아론과 훌)(출 17:11~13)

장절	말씀	주요 단어	축토링 1
출 17:11	모세가 손을 들면 이스라엘이 이기고	들면 이.이기고	모세가 손을 **들면 이기고**
	손을 내리면 아말렉이 이기더니	내리면 아.이기더니	**내리면** 지고
출 17:12	모세의 팔이 피곤하매 그들이 돌을 가져다가 모세의 아래에 놓아 그가 그 위에 앉게 하고	돌 위에 앉게	모세의 팔이
	아론과 훌이 한 사람은 이쪽에서, 한 사람은 저쪽에서	아론 이쪽 훌 저쪽	아론과 훌이 **이쪽** **저쪽**
	모세의 손을 붙들어 올렸더니	손 올렸더니	올려
	그 손이 해가 지도록 내려오지 아니한지라	내려오지×	**내려오지×**
출 17:13	여호수아가 칼날로 **아**말렉과 그 백성을 쳐서 **무**찌**르**니라	여호수아가 아.무.르~	**여호수아** **아.무.르** 파티

장절	축토링 2	축토링 3
출 17:11		
출 17:12		
출 17:13		

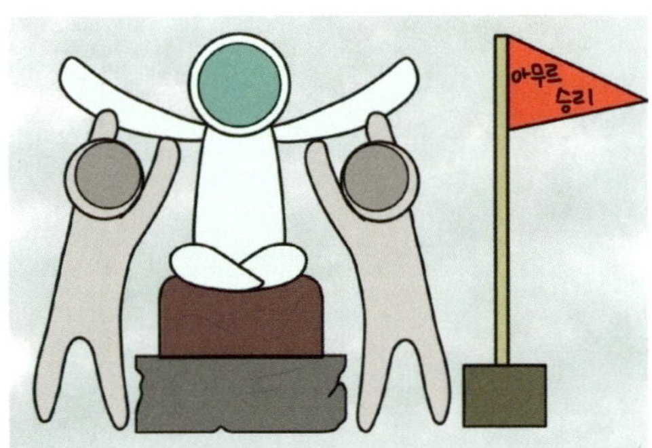

(들면.이기고/내리면.지고 이쪽.저쪽.내려오지×
여호수아.아.무.르.파티)
*아무르 = 아말렉을 무찌르니라 (아모로 파티/김연자)

- 출 17:11 = 출발 시 하나님(1)의 지팡이(7/모습)를 잡고 산에 올라, 두 손 높이(11/모습) 들어 승리했네
- 출 17:12 = 전쟁의 출발부터 한(1) 사람은 저(7)쪽에서, 한(1) 사람은 이(2)쪽에서 붙들어 올렸다네
- 출 17:11~13 = 출발부터 상호 일치(17)된 마음으로 두 손 높이(11) 든 것일세(13)
  = 출발 시 하나님(1)의 지팡이(7/모습)를 잡고, 두 손 높이(11) 들어 승리한 것일세(13)
  = 출발부터 일찍(17) 모세의 양쪽을 받친(11/모습) 작전일세(13)
  =

08 (십계명)신.우.여 안.부묻고.살라 간.도둑.짓.탐내지.말라(출 20:3~17)

	장절	십계명	축토링 1	축토링 2
하나님 사랑	출 20:03	1. 나 외에는 다른 신들을 두지 말라	多(다)	信(신)
	출 20:04	2. 우상을 만들지 말라	雨(우)	友(우)
	출 20:07	3. 여호와의 이름을 망령되게 부르지 말라	여름	여
	출 20:08	4. 안식일을 기억하여 거룩하게 지키라	안식해도	안
이웃 사랑	출 20:12	5. 네 부모를 공경하라	부모	부 묻고
	출 20:13	6. 살인하지 말라	살	살라
	출 20:14	7. 간음하지 말라	갖	간
	출 20:15	8. 도둑질하지 말라	도	도둑
	출 20:16	9. 네 이웃에 대하여 거짓 증거하지 말라	거짓	짓
	출 20:17	10. 네 이웃의 집을 탐내지 말라	탐 (부모님 살갗)	탐내지 말라 (안부 묻기)

	장절	축토링 3	축토링 4
하나님 사랑	출 20:03	일절 나 외에는	
	출 20:04	이상한 우상을	
	출 20:07	삼가 하나님의 이름을	
	출 20:08	사업을 하지 말고	
이웃 사랑	출 20:12	오늘도 부모를	
	출 20:13	육혈포로 살인하지	
	출 20:14	칠보 단장한 여인을	
	출 20:15	팔로 도둑질	
	출 20:16	구차한 변명으로 거짓	
	출 20:17	십원이라도 남의 것을 (기독교 놀이 연구소)	

(신.우.여 안.부묻고.살라 간.도둑.짓.탐내지.말라)

* 십계명 최고 준수법 = 하나님을 뜨겁게 사랑하는 것(하뜨)

- 출 20:3~17 = 출애굽기 20장의 삶(3)은 십계명과 일치(17)하네
  = 출생부터 사랑으로 다져질 인생이여(20), 계명으로 삶(3)이 일치(17)되어야…
  = 출생부터 하나님/이웃 사랑으로 다져 질 인생이여(20), 삶(3)이 일치(17)되어야…
  =

묵상 A. 애굽/노예 — (출애굽/자유) — 시내산(율법 받음)
B. 세상/찌들림 – (벗어남/평강) — 하나님(자유 만끽)

09 여호와는 복.주시고.너.지키시며 은혜.베푸/평강.주시기를.원하노라 (민 6:24~26)

장절	말씀	동사	축토링 1
민 6:24	여호와는 네게 복을 주시고	복을 주시고	여호와는 복 주시고
	너를 지키시기를 원하며	너를 지키시기	너 지키시며
민 6:25	여호와는 그의 얼굴을 네게 비추사	얼굴 비추사	
	은혜 베푸시기를 원하며	은혜 베푸시기를	은혜 베푸시기를
민 6:26	여호와는 그 얼굴을 네게로 향하여 드사	얼굴 향하여	
	평강 주시기를 원하노라 할지니라 하라	평강 주시기를	평강 주시기를 원하노라

장절	축토링 2	축토링 3
민 6:24	복 주	
	지,	
민 6:25		
	푸	
민 6:26		
	주 강처럼	

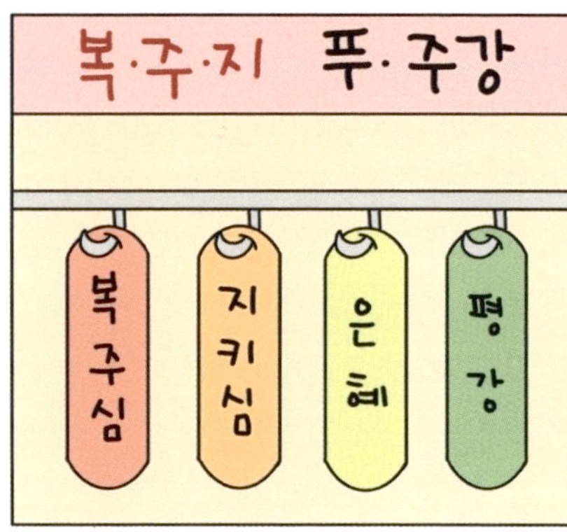

(여호와는 복.주시고.너.지키시며 은혜.베푸/평강.주시기를.원하노라)

- 민 6:24~26 = 민족적 비극 6.25 사변의 앞뒤 요절(6.24/6.26)이네
  = 민초들의 육(6)적 요소를 제법 이사(24)시키는 것이 여호와의 존재 이유(26)라~
  = 민초들의 육(6)적 요소를 이사(24)시키고, 은혜/평강주시는 이유(26)는 여호와의 복.지라
  =

묵상 평강(샬롬) = 적막한 평화가 아니라, 기쁨과 환희가 샘솟는 역동적인 평화를 의미

10 40일.정탐보고 아낙.자손.거인들/우리는.메뚜기 그들은.먹2라/두려워.말라(민 13:25, 33, 14:9)

장절	말씀	주요 단어	축토링 1	축토링 2
민 13:25	사십 일 동안 땅을 정탐하기를 마치고 돌아와	40일 정탐	40일 정탐	**40일 정탐** 보고
민 13:33	거기서 네피림 후손인 아낙 자손의 거인들을 보았나니	아낙 거인	아낙 거인	**아낙 자손**의 **거인들**
	우리는 스스로 보기에도 메뚜기 같으니	우 메~	우 메~	**우리는 메뚜기**
	그들이 보기에도 그와 같았을 것이니라 (10명 보고)			
민 14:9	다만 여호와를 거역하지는 말라	거역×	거역×	거
	또 그 땅 백성을 두려워하지 말라	두려워×	두려워×	두
	그들은 우리의 먹이라 (2명 보고)	그들 먹이	그들 먹이	**그들은 먹2라**
	그들의 보호자는 그들에게서 떠났고 여호와는 우리와 함께 하시느니라 그들을 두려워하지 말라 하나			**두려워**하지 **말라**

장절	축토링 3
민 13:25	
민 13:33	
민 14:9	

(40일.정탐보고 아낙.자손.거인들/우리는.메뚜기 그들은.먹2라/두려워.말라)

- 민 13:32 = 열 명의 민초들은 눈에 보이는 현실만을 일삼(13)는 삶이(32)라!
- 민 13:33 = 열 명의 민망한 보고일세(13)! 우리는 메뚜기(33/모습)처럼 옹졸하다네
  =

변화 민망한 보고 10명 = 민망 1+3+3+3명 = 민 13:33

- 민 14:9 = 민초여~ 밥 먹으러 가자! 긍정 보고가 왔네(14)! 여호와께서 구(9)해 주신다네!
  = 민초여~ 긍정 보고가 왔네(14)! 여호와께서 구출(9)해 주신다네!
  =

11 들으라 마음.뜻.힘을.다하여 회사.사랑하고.새기고.甲질.가르치며 집.길.누.일.때 강.매.붙여 주.문.기록하라(쉐마)(신 6:4~9)

장절	말씀(쉐마)	동사	축토링 1	축토링 2
신 6:4	이스라엘아 **들**으라 우리 하나님 여호와는 오직 유일한 여호와이시니	들으라	**들**에서	**들으라!**
신 6:5	너는 마음을 다하고 뜻을 다하고 힘을 다하여 네 하나님 여호와를 **사랑**하라	사랑하라	(힘센) **사**자/호**랑**이에게	**마음.뜻.힘을 다하여** 회사 **사랑하고**
신 6:6	오늘 내가 네게 명하는 이 말씀을 너는 마음에 **새**기고	새기고	**새**	마음에 **새기고**
신 6:7	네 자녀에게 부지런히 **가**르치며 집에 앉았을 때에든지 길을 갈 때에든지 누워 있을 때에든지 일어날 때에든지 이 말씀을 **강론**할 것이며	가르치며 4때 강론할	**가** **4때**(집.길.누.일) **강론**하네 (나 잡아 봐라)	甲질 **가르치며** **집.길.누.일 때** **강(强)**
신 6:8	너는 또 그것을 네 손목에 **매**어 기호를 삼으며 네 **미**간에 **붙여** 표로 삼고	매어, 미간에 붙여	**매.미**처럼 (나무에)**붙어**	**매(賣)** **붙여**
신 6:9	또 네 집 문설**주**와 바깥 **문**에 **기록**할지니라	기록할 지니라	부리로 **기록**할지니라 (새가 강론하는 들판)	**주.문(량)** **기록하라!** (甲질 매출 푸싱책)

장절	축토링 3	축토링 4
신 6:4	**드릴라**	
신 6:5	마음.뜻.힘을 다하여 **사랑하고**	
신 6:6	틈틈이 **사귀고**	
신 6:7	힘 원천 **가르치며,** 4때마다 **강론하여**	
신 6:8	여인 계략에 **매어,** 머리카락 **잘려**(반대)	
신 6:9	꾐에 빠진 **삼손**이라 **기록할지니라** (삼손의 잘못된 사랑)	

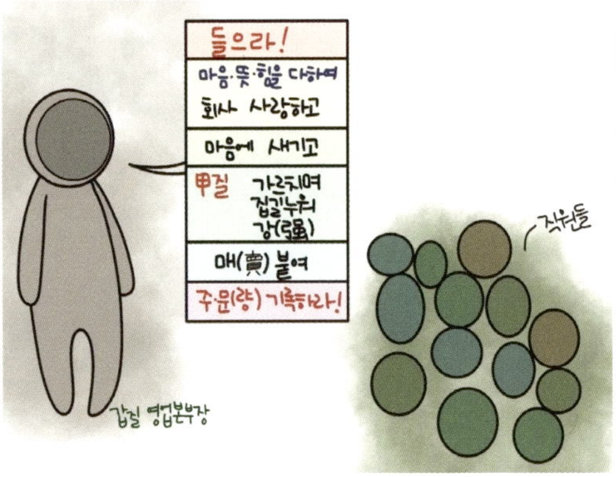

(들으라 마음.뜻.힘을.다하여 회사.사랑하고.새기고.
甲질.가르치며 집.길.누.일.때 강.매.붙여 주.문.기록하라)

- 신 6:4~9 = 신기한 쉐마 교육(6)은 4절~9절이라네
  = 신기한 쉐마 교육(6)은 어릴 때부터 사고(4~9)방식이 다르네
  = 쉐마는 신기하게도 자녀 말씀 교육(6)을 집.길.누.일(4때)와 동사 9개로 되어 있네
  = 마.뜻.힘 다하여 강.매를 요구하니 신물 나는 욕(6)과 사고(4~9)가 뒤따르네
  = 마.뜻.힘 다하면 신기하게도 근육(6)의 재편성 사고(4~9)로 울퉁불퉁해지네
  = 신기하게도 말씀을 도외시하는 육(6)은 사고(4~9)투성이
  =

12 초막절.절기를 너와.자녀와.노.레 고.객.과.함께~(신 16:13~14)

장절	말씀	주요 단어	축토링 1	축토링 2
신 16:13	너희 타작 마당과 포도주 틀의 소출을 거두어 들인 후에 이레 동안 초막절을 지킬 것이요			초막절
신 16:14	절기를 지킬 때에는	절기는	절기는	절기를
	너와 네 자녀와 노비와 네 성중에 거주하는 레위인과	너 자녀 노비 레위인	너 자녀 노비 레~	너와 자녀와 노비와 레위인과
	객과 고아와 과부가 함께 즐거워하되	객 고아 과부 함께	↗ 고 ↘ 객 과 함께	↗ 고아와 ↘ 객과 과부가 함께~

장절	축토링 3	축토링 4
신 16:13		
신 16:14		

(초막절.절기를 너와.자녀와.노.레 고.객.과.함께~)

- 신 16:14 = 신나고 즐거운 일류(16) 절기가 왔네(14)! 고객과 함께~
- 신 16:13~14 = 신나고 즐거운 일류(16) 절기일세(13), 고객과 함께 왔네(14)!
  =
- (약 1:27) 하나님 아버지 앞에서 정결하고 더러움이 없는 경건은 곧 고아와 과부를 그 환난 중에 돌보고 또 자기를 세속에 물들지 아니하는 그것이니라
- 약 1:27 = 연약한 고아와 과부를 그 환난 중에 돌보는 것이 첫(1)째이지(27)
  = 정결하고 더러움이 없는 경건은 약한 고아와 과부를 돌보는 것이 첫(1)째이지(27)

명언 '불우이웃 돕기'는 하나님 은혜를 받는 비결이다(조나단 에드워즈)

13 곡식.한.뭇을 나.고.과.위하여.남겨두라 그리하면.복을.내리시리라 (신 24:19)

장절	말씀	주요 단어	축토링 1
신 24:19	네가 밭에서 곡식을 벨 때에	곡식 벨 때에	곡식을 벨 때에
	그 한 뭇을 밭에 잊어버렸거든	한 뭇을 잊어버렸거든	한 뭇을 잊어버렸거든
	다시 가서 가져오지 말고	가져오지 말고	
	나그네와 고아와 과부를 위하여 남겨두라	나그네 고아 과부 위하여 남겨두라	나그네 고아와 과부를 위하여 남겨두라
	그리하면 네 하나님 여호와께서 네 손으로 하는 모든 일에 복을 내리시리라	하나님 복을 내리시리라	그리하면 복을 내리시리라

장절	축토링 2	축토링 3
신 24:19		

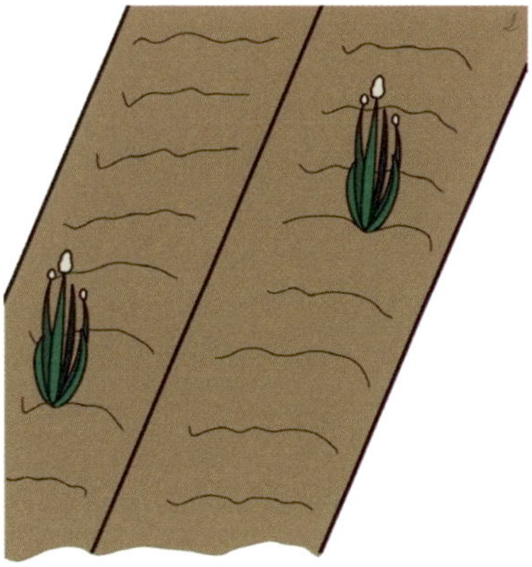

(곡식.한.뭇을 나.고.과.위하여.남겨두라 그리하면.복을.내리시리라)

- 신 24:19 = 신선한 명령! 남겨둔 이삭(24)은 이웃 어려운 식구(19)를 위한 것!
  = 신의 명령! 남겨둔 이삭(24)은 이웃 어려운 식구(19)를 위한 것!
  = 신의 명령! 남겨둔 이삭(24)은 이웃 어려운 식구를 위해 함께 일구(19)어 놓은 것
  =

- (약 1:27) 하나님 아버지 앞에서 정결하고 더러움이 없는 경건은 곧 고아와 과부를 그 환난 중에 돌보고 또 자기를 세속에 물들지 아니하는 그것이니라

- 약 1:27 = 연약한 고아와 과부를 그 환난 중에 돌보는 것이 첫(1)째이지(27)
  = 정결하고 더러움이 없는 경건은 약한 고아와 과부를 돌보는 것이 첫(1)째이지(27)

명언 '불우이웃 돕기'는 하나님 은혜를 받는 비결이다(조나단 에드워즈)

14 독수리가.'어.너.새.받.업'.같이 여호와께서.홀.인.업!(신 32:11~12)

장절	말씀	축토링 1
신 32:10	여호와께서 그를 황무지에서,	
	짐승이 부르짖는 광야에서 만나시고 호위하시며 보호하시며	
	자기의 눈동자 같이 지키셨도다	
신 32:11	마치 독수리가 자기의 보금자리를 어지럽게 하며	독수리가 '어
	자기의 새끼 위에 너풀거리며	너
	그의 날개를 펴서 새끼를 받으며	새.받
	그의 날개 위에 그것을 업는 것 같이	업' 같이
신 32:12	여호와께서 홀로 그를 인도하셨고 그와 함께 한 다른 신이 없었도다	여호와께서 홀 인 업!

장절	축토링 2	축토링 3
신 32:10	여호와께서	
	광야에서 만나 호 호	
	우리는 동.지야~	
신 32:11	독수리가 '어	
	느	
	새.받	
	어' 같이	
신 32:12	홀 인 업!	

새끼 훈련과 보호

독수리가 '어

너

새.받

업' 같이

(독수리가.'어.너.새.받.업'.같이 여호와께서.홀.인.업!)

- 신 32:11 = 신기하게도 독수리의 새끼 훈련의 삶이(32) 일일(11)이 열거되었네
- 신 32:11~12 = 신기하게도 여호와의 인간 훈련의 삶이(32) 일일(11)이 열거, 일리(12) 있네
  = 신기하게도 여호와의 인간 훈련의 삶이(32) 일일(11)이 열거, 시비(12) 없네
  =

묵상 독수리의 새끼 훈련 방법은 강한 훈련(어.너)과 동시에 강한 보호(새받.업)입니다
하나님께서도 나의 둥지를 흔드시는 것 같으나, 동시에 눈동자 같이 지켜 주십니다
나는 '단련 후 순금 같이 나오리라' 하신 말씀을 믿는가?

- (출 19:4) 내가 애굽 사람에게 어떻게 행하였음과 내가 어떻게 독수리 날개로 너희를 업어 내게로 인도하였음을 너희가 보았느니라

15 율법.책.입에.떠.넣어 주야로.묵상하여.지켜.행하라 그리하면.평.형유지.하리라(수 1:8)

장절	말씀	주요 단어	축토링 1	축토링 2
수 1:8	이 율법 책을	율법책		율법 책
	네 입에서 떠나지 말게 하며	입 떠나지×		입에서 떠 넣어
	주야로 그것을 묵상하여	주야 묵상	묵상하여	주야로 묵상하여
	그 안에 기록된 대로 다 지켜 행하라	다 지켜 행하라		지켜 행하라
	그리하면 네 길이 평탄하게 될 것이며	네 길 평탄	평	그리하면 평탄
	네가 형통하리라	형통	형 유지	형통 유지 하리라

장절	축토링 3
수 1:8	

(율법.책.입에.떠.넣어 주야로.묵상하여.지켜.행하라 그리하면.평.형유지.하리라)

- 수 1:8 = 이 율법 책의 많은 手(수) 중 으뜸(1)은 8복(마 5:3~10)!
  = 수많은 말씀 중 으뜸(1)은 8복이 있는 산상수훈
  = 수많은 책 중 한(1) 몸(8/모습)의 평형 유지는 율법 책으로…
  = 율법 책의 많은 手(수) 중 으뜸은 하루(1)에 8번(묵상/기도/읽기/쓰기/듣기/찬송)하는 것이야
  = 수직 같은 '평형 유지'는 일직선(1) 모양의 몸(8/모습)이라네
  =

16 기드온에게 혀핥자.따로/무릎꿇자.따로/손움켜자. 삼백.명으로 미디안을.넘겨.주리니(삿 7:5~7)

장절	말씀	축토링 1	축토링 2
삿 7:5	이에 백성을 인도하여 물 가에 내려가매		
	여호와께서 기드온에게 이르시되		기드온에게
	누구든지 개가 핥는 것 같이 혀로 물을 핥는 자들을 너는 따로 세우고	개 같이 혀	혀 핥자 따로
	또 누구든지 무릎을 꿇고 마시는 자들도 그와 같이 하라 하시더니	무릎	무릎 꿇자 따로
삿 7:6	손으로 움켜 입에 대고 핥는 자의 수는 삼백 명이요	손으로 움켜	손 움켜 자
	그 외의 백성은 다 무릎을 꿇고 물을 마신지라		
삿 7:7	여호와께서 기드온에게 이르시되		
	내가 이 물을 핥아 먹은 삼백 명으로	삼백 명으로	삼백 명으로
	너희를 구원하며 미디안을 네 손에 넘겨 주리니	너희를 구원	미디안을 넘겨 주리니
	남은 백성은 각각 자기의 처소로 돌아갈 것이니라 하시니		

장절	축토링 3	축토링 4
삿 7:5		
삿 7:6		
삿 7:7		

(기드온에게 혀핥자.따로/무릎꿇자.따로/손움켜자.
삼백.명으로 미디안을.넘겨.주리니)

- 삿 7:7 = 기드온 용사(삿)는 물을 손으로 움켜, 핥아 먹은 삼백 명이면 칠칠(7:7)해!
- 삿 7:5~7 = 기드온 용사(삿)는 주님(7)께 오직(5~7) 말씀 순종의 삼백 명으로 승리했네
  = 기드온 용사(삿)는 럭키(7)하게도 오직(5~7) 말씀 순종의 삼백 명으로 승리했네
  = 기드온 용사(삿)는 말씀 순종으로 인해 소심함을 치료(7:5)받아, 럭키 7이라네
  =

17 풍족.나갔/비어.돌아오게 나를.징벌/괴롭게.하셨거늘 어찌.'나오미'라.부르느냐(룻 1:21)

장절	말씀	축토링 1	축토링 2
룻 1:21	내가 풍족하게 나갔더니	풍족 나	풍족 나갔더니
	여호와께서 내게 비어 돌아오게 하셨느니라	비 돌아오게	비어 돌아오게
	여호와께서 나를 징벌하셨고	여호와 나를 징벌	나를 징벌하셨고
	전능자가 나를 괴롭게 하셨거늘	괴	괴롭게 하셨거늘
	너희가 어찌 나를 나오미라 부르느냐 하니라	어찌 나오미라 부르느냐	어찌 나오미라 부르느냐

장절	축토링 3	축토링 4
룻 1:21		

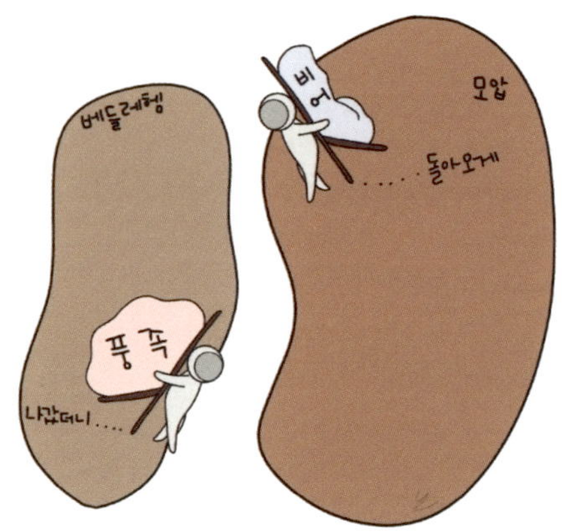

(풍족.나갔/비어.돌아오게 나를.징벌/괴롭게.하셨거늘 어찌.'나오미'라.부르느냐)

*나오미 = 히브리어로 '나의 기쁨'을 뜻한다.

- 룻 1:21 = 룻과 함께 빈손으로 홀(1)로 돌아왔네! 이일(21)도 여호와의 계획이라네
  = 룻과 함께 빈손으로 돌아왔네! 하나님(1)이 이일(21)도 계획하셨다네
  = 룻과 함께 빈손으로 돌아왔네! 하나님(1)의 이일(21)로 룻의 러브 스토리가 시작되었네
  =

의미 나오미 신세 = 나오미(풍족)로 나갔더니, 마라(빈손)로 돌아왔다

묵상 풍족을 구하러 세상에 나갔으나, 빈손으로 돌아온 나는 아닌가?

18 사무엘 여호와께서.번제를.좋아하시겠나 순종이.제사보다.낫고 듣는.것이.기름보다.나으니(삼상 15:22)

장절	말씀	축토링 1	축토링 2
삼상 15:22	사무엘이 이르되	사무엘	사무엘
	여호와께서 번제와 다른 제사를	번제를	여호와께서 번제를
	그의 목소리를 청종하는 것을 좋아하심 같이 좋아하시겠나이까	목.청 좋아 같이 좋아 하실까?	목.청 좋아 같이 좋아하시겠나이까
	순종이 제사보다 낫고	순종.제 낫고	순종이 제사보다 낫고
	듣는 것이 숫양의 기름보다 나으니	듣는.기 나으니	듣는 것이 기름보다 나으니
삼상 15:23	이는 거역하는 것은 점치는 죄와 같고		
	완고한 것은 사신 우상에게 절하는 죄와 같음이라		
	왕이 여호와의 말씀을 버렸으므로	王.여호 버렸	
	여호와께서도 왕을 버려 왕이 되지 못하게 하셨나이다 하니	여호.王 버려	

장절	축토링 3	축토링 4
삼상 15:22		
삼상 15:23		

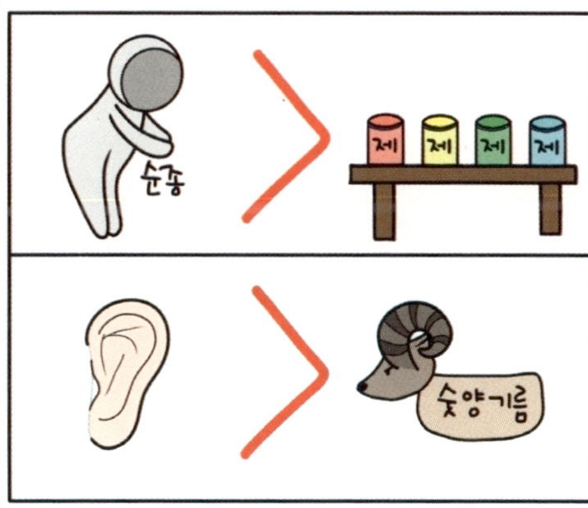

(사무엘 여호와께서.번제를.좋아하시겠나 순종이.제사보다.낫고 듣는.것이.기름보다.나으니)

- 삼상 15:22 = 삼삼(삼상)한 제물의 제사는 잃어(15)버려! 무릎 꿇고꿇은(22/모습) 순종이 낫고
  = 삼삼(삼상)한 순종의 제사를 이뤄(15)야! 이것이 똘똘(22)한 왕의 자세야…
  =
- 삼상 15:23 = 삼삼(삼상)했던 사울 왕을 잃어(15)버릴 것을 대비하여, 이새(23)에게 갔네

19 춤추며.노래하여.이르되 사울이.죽인.자.천천은 다윗을.만만히.보았기에 (삼상 29:5)

장절	말씀	축토링 1	축토링 2
삼상 29:5	그들이 춤추며 노래하여 이르되		**춤추며 노래하여 이르되**
	사울이 죽인 자는 천천이요	사.죽 천천	**사울이 죽인 자 천천**은
	다윗은 만만이로다 하던	다윗 만만	**다윗**을 **만만**히 보았기에
	그 다윗이 아니니이까 하니		

장절	축토링 3
삼상 29:5	

(춤추며.노래하여.이르되 사울이.죽인.자.천천은 다윗을.만만히.보았기에)

◆ 삼상 29:5 = '사울.천천 다윗.만만'은 삼라만상이 다 아는 사실이구요(29:5)
= '사울.천천 다윗.만만'은 상상(삼상)했던 것이구요(29:5)
= '사울.천천 다윗.만만'은 상상(삼상)했던 것처럼 다윗을 만만히 본 것이구요(29:5)
=

유머 다윗은 사울 죽이는 일을 천천히 미루고, 사울은 다윗 죽이기를 만만하게 여겼더라

묵상 이러한 비교 의식에 의해 사울은 열등감과 분노로 다윗을 죽이려 했다

20 엘리야.갈멜산.얼굴.무릎사이 7번까지.다시.가라 손.만한.작은.구름.일어나나이다(왕상 18:42~44)

장절	말씀	축토링 1	축토링 2
왕상 18:42	아합이 먹고 마시러 올라가니라 엘리야가 갈멜 산 꼭대기로 올라가서	엘리야 갈멜 산 올라	엘리야 갈멜 산
	땅에 꿇어 엎드려 그의 얼굴을 무릎 사이에 넣고	꿇어 얼굴 무릎 사이에	얼굴 무릎사이
왕상 18:43	그의 사환에게 이르되 올라가 바다쪽을 바라보라	바다쪽 보라	바다쪽 보라
	그가 올라가 바라보고 말하되 아무것도 없나이다 이르되 일곱 번까지 다시 가라	없나이다 다시 가라	없나이다 7번까지 다시 가라
왕상 18:44	일곱 번째 이르러서는 그가 말하되 바다에서		
	사람의 손 만한 작은 구름이 일어나나이다 이르되 올라가 아합에게	작은 구름이 일어나나이다	손 만한 작은 구름 일어나나이다
	말하기를 비에 막히지 아니하도록 마차를 갖추고 내려가소서 하라 하니라		

장절	축토링 3	축토링 4
왕상 18:42		
왕상 18:43		
왕상 18:44		

(엘리야.갈멜산.얼굴.무릎사이 7번까지.다시.가라 손.만한.작은.구름.일어나나이다)

- 왕상 18:44 = 엘리야에게는 1 조각의 작은 구름(∞/8)이 일어나도 왕창(왕상) 넉넉(44)하였네
- 왕상 18:42~44 = 엘리야는 18g의 작은 구름도 왕창(왕상) 42~44kg의 뭉게구름으로 여겼다네
  = 엘리야는 18ml의 작은 구름도 왕창(왕상) 42~44L의 뭉게구름으로 여겼다네
  = 왕창(왕상) 고개 숙여 얼굴을, 한(1) 몸(8/모습)인 무릎 사이(42)에 넣고, 사환에게 살살(44) 이야기했네
  =

21 히스기야.병들어.죽게.되매 벽.향.기도 진실과.선.행.을.기억하옵소서.통곡하더라(왕하 20:1~3)

장절	말씀	주요 단어	축토링 1
왕하 20:1	그 때에 히스기야가 병들어 죽게 되매	히스기야 죽게 되매	히스기야가 병들어 죽게 되매
	아모스의 아들 선지자 이사야가 그에게 나아와서 그에게 이르되	선지자 이사야	
	여호와의 말씀이 너는 집을 정리하라 네가 죽고 살지 못하리라 하셨나이다	집 정리하라 죽으리라	
왕하 20:2	히스기야가 낯을 벽으로 향하고 여호와께 기도하여 이르되	히스기야 벽을 향해 기도하여	히스기야 벽을 향해 기도
왕하 20:3	여호와여 구하오니 내가 진실과 전심으로 주 앞에 행하며	구하오니 전심으로	진실과 전심으로
	주께서 보시기에 선하게 행한 것을 기억하옵소서 하고	선행을 기억하옵소서	선하게 행한 것을 기억하옵소서
	히스기야가 심히 통곡하더라	심히 통곡	통곡하더라

장절	축토링 2	축토링 3
왕하 20:1		
왕하 20:2		
왕하 20:3		

(히스기야.병들어.죽게.되매 벽.향.기도
진실과.선.행.을.기억하옵소서.통곡하더라)

- 왕하 20:1~3 = 왕의 한염없는 벽향기도이여(20)! 통곡 상태일세(1~3)
  = 왕의 한염없는 벽향기도이여(20), '선행을 기억하옵소서!'라고 한 전심 기도일세(1~3)
  = 왕의 한염없는 벽향기도이여(20), '선행을 기억하옵소서!'라고 통곡 기도한 것일세(1~3)
  =
- 왕하 20:6 = 왕의 한염없는 벽향기도이여(20)! 육적(6)으로 십오 년 더 살았네
- 왕하 20:10 = 왕하 20:10 = 20-10 = 10도(그림자를 뒤로)
  = 왕의 하소연 기도에 대한 징표이여(20)! 10도 뒤로 물러가리라!

묵상 심한 위기 속에서, 중병에 걸린 히스기야가 취한 태도는 간절하게 기도를 하였다
나는 사람을 의지하지 않고, 전적으로 하나님을 의지하고 있는가?

22 야베스.내게.복을 지역을.넓히시고 환난을.벗어나.근심이.없게 허락하셨더라(대상 4:10)

장절	말씀	축토링 1	축토링 2
대상 4:9	야베스는 그의 형제보다 귀중한 자라		
	그의 어머니가 이름하여 이르되 야베스라 하였으니		
	이는 내가 수고로이 낳았다 함이었더라		
대상 4:10	야베스가 이스라엘 하나님께 아뢰어 이르되	야베스	야베스
	주께서 내게 복을 주시려거든 나의 지역을 넓히시고	내게 복을 지역을 넓히시고	복을 지역을 넓게
	주의 손으로 나를 도우사	나를 도우사	나를 도우사
	나로 환난을 벗어나 내게 근심이 없게 하옵소서 하였더니	환난을 벗어나 근심이 없게 하옵소서	환난 근심 없게
	하나님이 그가 구하는 것을 허락하셨더라	하나님이 허락하셨더라	허락

장절	축토링 3	축토링 4
대상 4:9		
대상 4:10		

(야베스.내게.복을 지역을.넓히시고
환난을.벗어나.근심이.없게 허락하셨더라)

- 대상 4:10 = 기도 대상인 하나님께 기도하여 딱한 사정(4)이 열납(10)되었네
  = 기도 대상인 하나님께 고한 딱한 사정(4)의 기도가 열납(10)되었네
  = 야베스 복지사는 보호대상인 서민의 딱한 사정(4)도 열심히(10) 살폈으리라
  =

23 모태.알몸.나/알몸.돌아가 주/거두.여호와.이름이.찬송을.받으실지니이다 (욥 1:21)

장절	말씀	축토링 1	축토링 2
욥 1:21	이르되 내가 모태에서	모태	모태에서
	알몸으로 나왔사온즉	알몸 나	알몸 나왔사온즉
	또한 알몸이 그리로 돌아가올지라	알몸 돌	알몸이 돌아가올지라
	주신 이도 여호와시요	주신 여호	주신 여호와
	거두신 이도 여호와시오니	거두신 여호	거두신 여호와
	여호와의 이름이 찬송을 받으실지니이다 하고	찬송	여호와의 이름이 찬송을 받으실지니이다

장절	축토링 3	축토링 4
욥 1:21		

(모태.알몸.나/알몸.돌아가 주/거두.여호와.이름이.찬송을.받으실지니이다)

- 욥 1:21 = 욥은 '알몸.나/알몸.돌아가', 하나님(1)께 이일(21)로도 찬송하였다네
  = 욥은 하나님(1)만이 '알몸.나/알몸.돌아가', 이일(21)을 하셨으리라 생각했네
  =

- 딤전 6:7 = 공수래 공수거(空手來 空手去)
  = 땡전(딤전) 없는 신세라도 육(6)에 풀칠(7)하면, 족한 줄 알라!

묵상 큰 고난이 이해는 안 되지만, 완전히 빈손이 된 후에도 여호와께 찬송해야 합니다
이 세상에 빈손으로 온 것은 '은혜' 하나이면 살 수 있다는 뜻이지요

24 시작은.미약하였으나 나중은.창대하리라(욥 8:7)

장절	말씀	주요 단어	축토링 1
욥 8:7	네 시작은	시작	시작은
	미약하였으나	미약	미약하였으나
	네 나중은	나중	나중은
	심히 창대하리라	창대	창대하리라

장절	축토링 2	축토링 3
욥 8:7		

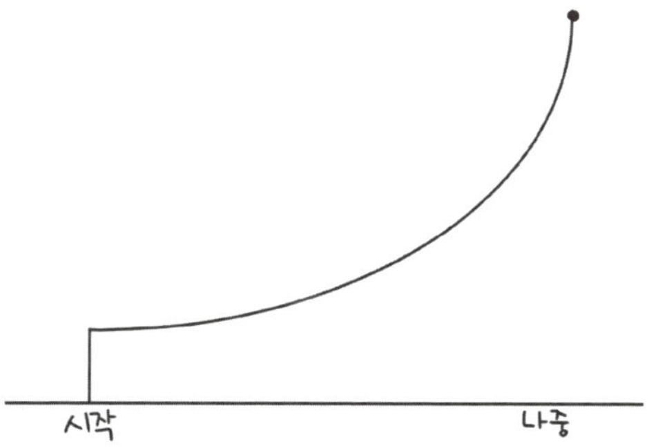

(시작은.미약하였으나 나중은.창대하리라)

* 수아 사람 빌닷이 대답한 말이다(욥 8:1)

- 욥 8:7 = 악창의 욥의 몸(8/글자 모습)이 치료(7)받아 회복케 되리라
  = 악창의 욥의 몸(8/모습)이 축복(7)받아 회복케 되리라
  = 악창으로 미약했던 욥의 몸(8/모습)이 축복(7)받아 창대케 되리라
  = 욥의 시작은 악창과 핀잔으로 꽁꽁 묶였으나(8/모습), 나중은 럭키(7)하게 창대하리라
  =

25 가는.길을.그가.아시나니 단련.후.순금.같이.되어 그의.걸음.바로.따랐으며(욥 23:10~11)

장절	말씀	축토링 1	축토링 2
욥 23:8	그런데 내가 앞으로 가도 그가 아니 계시고		앞
	뒤로 가도 보이지 아니하며		뒤
욥 23:9	그가 왼쪽에서 일하시나 내가 만날 수 없고		좌
	그가 오른쪽으로 돌이키시나 뵈올 수 없구나	사방에 없고	우 아니 계시고
욥 23:10	그러나 내가 가는 길을 그가 아시나니		가는 길을 그가 아시나니
	그가 나를 단련하신 후에는	단련 후	단련 후
	내가 순금 같이 되어 나오리라	순금 되어	순금 같이 되어
욥 23:11	내 발이 그의 걸음을 바로 따랐으며	그의 걸음 따라	그의 걸음 바로 따랐으며
	내가 그의 길을 지켜 치우치지 아니하였고		

장절	축토링 3	축토링 4
욥 23:8		
욥 23:9		
욥 23:10		
욥 23:11		

(가는.길을.그가.아시나니 단련.후.순금.같이.되어 그의.걸음.바로.따랐으며) (욥의 신관)

- 욥 23:8~9 = 욥은 사면초가이세(23)! 십중팔구(8~9)는 고난일세!
- 욥 23:10 = 욥의 이런삶(23)은 십자가(10) 예표일세
- 욥 23:10~11 = 욥의 이런삶(23)은 십자가(10)일세, 이하동문(〃/11)
  = 욥의 이런삶(23)은 십자가(10) 예표일세, 이하동문(〃/11)
  = 욥의 이런삶(23)은 십자가(10) 예표일세, 그의 걸음을 바로 따라(11/모습)갔네
  =

26 복人은.악.죄.오 오직.즐.묵상 시냇가.나무.열매.잎.형통 악人들은.오직.바람.겨 심판.견디지×(시 1:1~5)

장절	말씀	동사	축토링 1	축토링 2
시 1:1	복 있는 사람은 악인들의 꾀를 따르지 아니하며	복人은 따르지	복人은 악	복人은 악인들의
	죄인들의 길에 서지 아니하며	서지	죄	죄인들의
	오만한 자들의 자리에 앉지 아니하고	앉지 아니하고	오	오만한
시 1:2	오직 여호와의 율법을 즐거워하여	즐	오직 즐	오직 즐거워
	그의 율법을 주야로 묵상하는도다	묵상하는도다	묵상	묵상하는도다
시 1:3	그는 시냇가에 심은 나무가 철을 따라 열매를 맺으며	열매 맺으며	열매 와	시냇가 나무 열매
	그 잎사귀가 마르지 아니함 같으니	잎 마르지×	잎 도	잎사귀
	그가 하는 모든 일이 다 형통하리로다	형통하리	형통 하나	형통하리로다
시 1:4	악인들은 그렇지 아니함이여 오직 바람에 나는 겨와 같도다	악人들은 오직 바람 겨	악人들은 오직 바람 겨	악人들은 오직 바람 겨
시 1:5	그러므로 악인들은 심판을 견디지 못하며	견디지×	심판	심판을 견디지×
	죄인들이 의인들의 모임에 들지 못하리로다	들지×	모임×	모임×

장절	축토링 3	축토링 4
시 1:1		
시 1:2		
시 1:3		
시 1:4		
시 1:5		

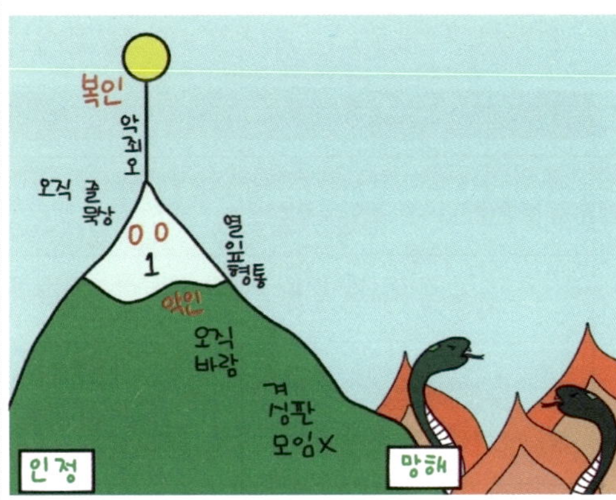

(복人은.악.죄.오 오직.즐.묵상 시냇가.나무.열매.잎.형통
악人들은.오직.바람.겨 심판.견디지×)

◆ 시 1:1~5 = 복인에게는 시방도 하나님(1) 한(1) 분만 오직(5) 주관자
= 무시로 하나님(1) 한(1) 분만 오직(5) 주관자
= 악인들은 시방도 하나님(1)을 잃어(1~5)버려…
=

27 여호와는 석.쇠.에서.건지시는.하나님 피할.바위.방.구.산성이시로다 (시 18:2)

장절	말씀	주요 단어	축토링 1
시 18:2	여호와는 1나의 반석이시오	여호와는 반석	여호와는 1반석 석
	2나의 요새시요	요새	2요새 쇠에서
	3나를 건지시는 이시요 4나의 하나님이시요	건지시는 하나님	3건지시는 4하나님
	내가 그 안에 5피할 나의 바위시요	피할 바위	5피할 나의 바위
	6나의 방패시요	방패	6방패
	7나의 구원의 뿔이시요	구원의 뿔	7구원의 뿔
	8나의 산성이시로다	산성	8산성이시로다

장절	축토링 2	축토링 3
시 18:2		

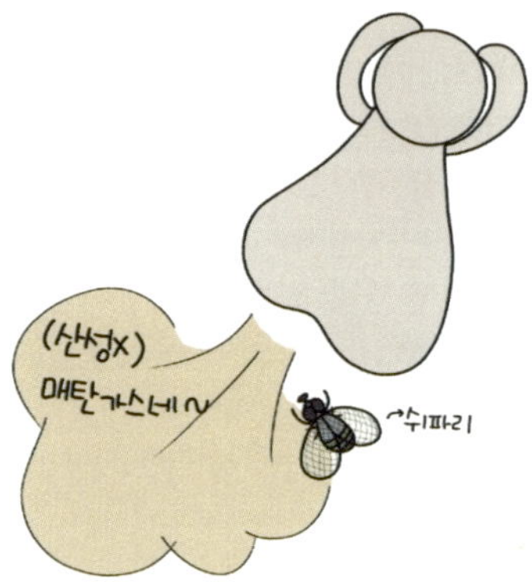

(여호와는 석.쇠.에서.건지시는.하나님 피할.바위.방.구.산성이시로다)

*시 18:2=쉬파리(18:2)

* 시 18:2 = 시편의 8복 * 석쇠 = 죄 많은 불구덩이 세상

- 시 18:2 = 피할 나의 바위.방.구는 시큼한 쉬파리(18:2) 방구 같더라
  = 피할 나의 바위.방.구는 시큼한 쉬파리(18:2) 방구로, 산성은 아니도다
  = 피할 나의 바위.방.구로 시방 쉬파리(18:2)를 쫓았다네
  =

유머 방구는 산성인가? 알칼리성인가?

힌트1 방구의 주성분은 암모니아성 매탄 가스이다

힌트2 시 18:2

정답 시 18:2의 끝부분

28 여호와는.목자.부족함× 풀밭.물.가/영혼.소생.의.길로.인도 음침한.골짜기.해.두려워하지× 주.와.함께.막.지!(시 23:1~4)

장절	말씀	주요 단어	축토링 1	축토링 2
시 23:1	여호와는 나의 목자시니 내게 부족함이 없으리로다	여호와는	여호와	여호와는 목자 부족함×
시 23:2	그가 나를 푸른 풀밭에 누이시며 쉴 만한 물 가로 인도하시는도다	풀.물 가로 인도	그가	풀밭에 물 가로
시 23:3	내 영혼을 소생시키시고 자기 이름을 위하여 의의 길로 인도하시는도다	내 영혼 의의 길로 인도	내 영혼을	영혼을 소생 의의 길로 인도
시 23:4	내가 사망의 음침한 골짜기로 다닐지라도 해를 두려워하지 않을 것은 주께서 나와 함께 하심이라	사망도 함께	내가	음침한 골짜기로 해를 두려워하지× 주께서 나와 함께
	주의 지팡이와 막대기가 나를 안위하시나이다	막.지	주의 (첫 단어)	↗ 막대기 ↘ 지팡이

장절	축토링 3	축토링 4
시 23:1		
시 23:2		
시 23:3		
시 23:4		

(여호와는.목자.부족함× 풀밭.물.가/영혼.소생.의.길로.인도
음침한.골짜기.해.두려워하지× 주.와.함께.막.지!)

- 시 23:1~4 = 시편의 이상(23)적 최고의 말씀이 왔네(1~4)!
  = 시온의 이상(23)적 최고의 말씀이 왔네(1~4)!
  =

구성 A. 시 23:1~5 = 현세　　B. 시 23:6 = 내세

- 시 23:1~6 = 시온의 이런삶(23)이 영적으로 일류(1~6)요!
  = 시편의 이상(23)적 말씀과 인도하심이 영적으로 일류(1~6)라네

묵상 다윗은 여호와가 나의 목자이시기에 부족함이 없다고 하였다
나는 나의 위치/소유보다 하나님과의 관계에 초점을 맞추고 있는가?

29 환난.날에.부르라 '너를.건지리니' 나를.영화감독이라.하리로다(시 50:15)

장절	말씀	축토링 1	축토링 2
시 50:15	환난 날에 나를 부르라	환난 날 부르라	**환난 날에** 나를 **부르라** (제작 의뢰해)
	내가 너를 건지리니	너 건지리니	**'너를 건지리니'**
	네가 나를 영화롭게 하리로다	나 영화롭게	**나를 영화**감독이라 **하리로다**

장절	축토링 3
시 50:15	

(환난.날에.부르라 '너를.건지리니' 나를.영화감독이라.하리로다)

- 시 50:15 = 시퍼런 환난의 오공(50) 시절을 잃어(15)버리려면 나를 부르라!
  = 시퍼런 오공(50) 시절 같은 환난을 잃어(15)버리려면 나를 부르라!
  =

30 주의.한.날이 다른.천.날보다.나은즉 악인.장막.보다 성전.문지기.좋사오니 (기도)(시 84:10)

장절	말씀	주요 단어	축토링 1
시 84:10	주의 궁정에서의 한 날이	주 궁정 한 날	주의 한 날이
	다른 곳에서의 천 날보다 나은즉	다른 곳 천 날 나은즉	다른 천 날보다 나은즉
	악인의 장막에 사는 것보다	악인 장막 보다	악인 장막 보다
	내 하나님의 성전 문지기로 있는 것이 좋사오니	성전 문지기 좋아	성전 문지기 좋사오니

장절	축토링 2
시 84:10	

(주의.한.날이 다른.천.날보다.나은즉 악인.장막.보다 성전.문지기.좋사오니)

- 시 84:10 = 시끌벅적한 세상 84일보다, 주일 10일이 더 좋다네!
  = 시끌벅적하게 팔자(8)가 사나워도(4), 십자가(10)만 하랴?
  = 시방 내 몸(8/모습)이 죽어도(4), 십자가(10)가 최고라네
  =

31 악인.제사는.미워하셔도 정직한.기도는.기뻐하시느니라(잠 15:8)

장절	말씀	주요 단어	축토링 1
잠 15:8	악인의 제사는	악인 제사	악인 제사는
	여호와께서 미워하셔도	여호 미워	미워하셔도
	정직한 자의 기도는	정직 기도	정직한 기도는
	그가 기뻐하시느니라	그가 기뻐	기뻐하시느니라

장절	축토링 2
잠 15:8	

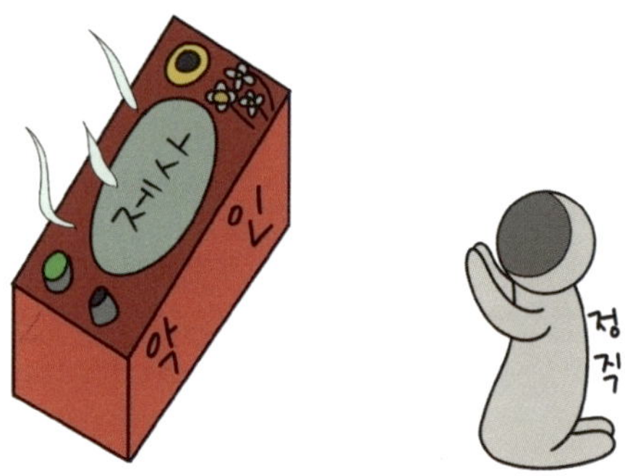

(악인.제사는.미워하셔도 정직한.기도는.기뻐하시느니라)

◆ 잠 15:8 = 잠시라도 악인의 제사는 잃어(15)버리고, 정직한 몸(8/모습)의 기도를 드려라
= 잠잠코 악인의 제사는 잃어(15)버리고, 정직한 몸(8/모습)의 기도를 드려라
=

32 적.소.공의.겸하면 많.소.불의.겸보다 나으리라(잠 16:8)

장절	말씀	축토링 1	축토링 2
잠 16:8	적은 소득이	적은 소득	**적**은 **소**득
	공의를 겸하면	공의 겸	**공의 겸하면**
	많은 소득이	많은 소득	**많**은 **소**득
	불의를 겸한 것보다 나으니라	불의 겸 낫다	**불의 겸**한 것**보다 나으리라**

장절	축토링 3
잠 16:8	

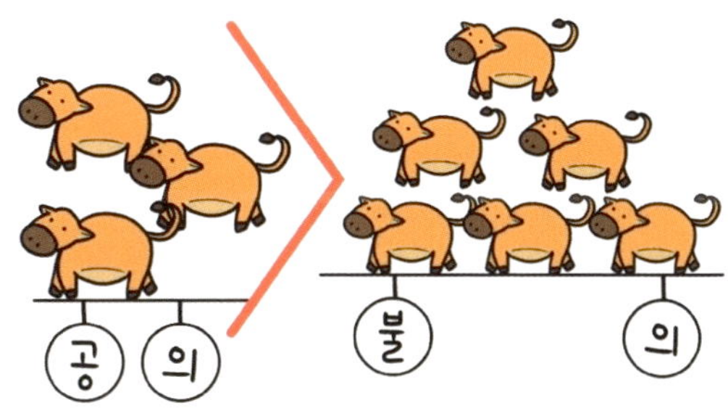

(적.소.공의.겸하면 많.소.불의.겸보다 나으리라)

- 잠 16:8 = 잠시 불의의 소득 16보다, 공의의 소득 8이 나으니라
  = 잠시라도 불의의 많은 소득 16보다, 공의의 적은 소득 8이 나으니라
  = 잠시라도 불의의 많은 소득 16보다, 적더라도 공의의 소득 8이 나으니라
  =

- (잠 30:8) 곧 헛된 것과 거짓말을 내게서 멀리 하옵시며 나를 가난하게도 마옵시고
  부하게도 마옵시고 오직 필요한 양식으로 나를 먹이시옵소서

- 잠 30:7~9 = 잠 (2+1)0:7~9 = 잠자코 내가 두(2) 가지 일(1)을 주(7)께 구(9)하였사오니
  = 잠시라도 월수입 30만원 이하의 가난도, 7~9백만원 이상의 부(富)도 마옵시고

33 교만은.패망의.선봉이요 거만은.넘어짐의.앞잡이니라(잠 16:18)

장절	말씀	축토링 1	축토링 2
잠 16:18	교만은	교만	교만은
	패망의 선봉이요	패망	패망의 선봉이요
	거만한 마음은	거만	거만한 마음은
	넘어짐의 앞잡이니라	넘어짐	넘어짐의 앞잡이니라

장절	축토링 3	축토링 4
잠 16:18		

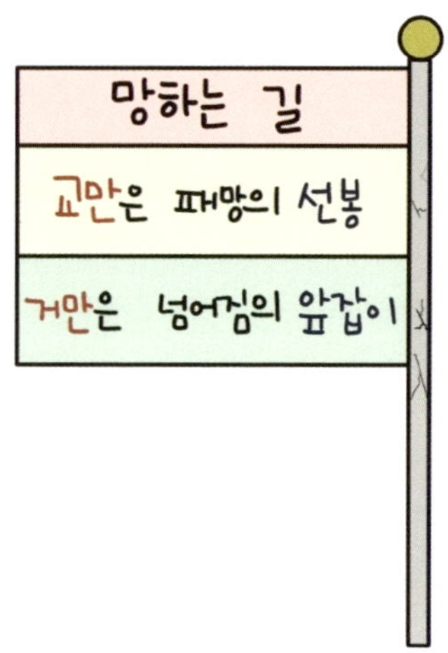

(교만은.패망의.선봉이요 거만은.넘어짐의.앞잡이니라)

- 잠 16:18 = 잠복해 있는 일류(一流/16)병 교만은 비난받을 심판(18)의 선봉!
  = 잠꼬대 같은 일류(一流/16)병 교만은 비난받을 심판(18)의 선봉!
  = 잠깐이라도 교만한 인류(人類/16)는 비난받을 심판(18)의 선봉!
  =

묵상 성경에는 '교만'이 138번이나 기록되어 있다(구약 124회, 신약 14회)

34 어떤.길은 보기에.바르나 필경은.사망의.길이니라(잠 16:25)

장절	말씀	축토링 1	축토링 2
잠 16:25	어떤 길은	어떤 길은	
	사람이 보기에	보기에	
	바르나	바르나	
	필경은	필경은	
	사망의 길이니라	사망의 길이니라	

장절	축토링 3	축토링 4
잠 16:25		

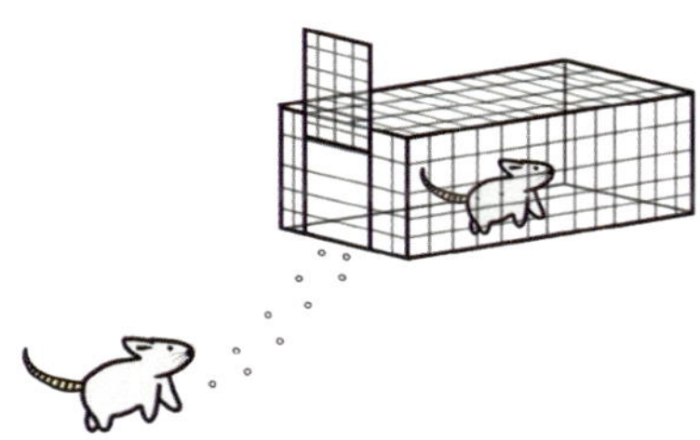

(어떤.길은 보기에.바르나 필경은.사망의.길이니라)

- 잠 16:25 = 잠시 동안은 일류(16)로 보이나, 필경은 사망의 길이오(25)!
  = 어떤 길은 잠시 인류(16)에게 바르게 보이는 것이오(25)!
  = 잠시 동안은 일류(16)이오(25)! 필경은 사망의 길이라네
  =

- (출 13:17) 바로가 백성을 보낸 후에 블레셋 사람의 땅의 길은 가까울지라도 하나님이 그들을 그 길로 인도하지 아니하셨으니 이는 하나님이 말씀하시기를 이 백성이 전쟁을 하게 되면 마음을 돌이켜 애굽으로 돌아갈까 하셨음이라

- 출 13:17 = 출애굽 후 유일한(1) 삶(3)은 하나님의 인도 방향에 일치(17)시키는 것
  = 이해는 안 되나 출애굽 후 하나(1)님의 쓰리(3)쿠션에 일치(17)시켜라

의미 광야 길로 돌려 인도하신 이유 = 하나님의 섬세한 인도

35 2179(두일.주구)거짓말.멀리 가.마.부.마.필요한.양식.먹이소서 (아굴의 기도)(잠 30:7~9)

장절	말씀	주요 단어	축토링 1	축토링 2
잠 30:7	내가 두 가지 일을 주께 구하였사오니	두 가지 일을 주께 구하였	21 79 두일 주구	21 79
	내가 죽기 전에 내게 거절하지 마시옵소서	거절 마시옵		거절×
잠 30:8	곧 헛된 것과 거짓말을 내게서 멀리 하옵시며	1거짓말 멀리	1거짓말 멀리	1거.머리
	나를 가난하게도 마옵시고 부하게도 마옵시고	2가난/부 마옵	2가.마 부.마	2可否×
	오직 필요한 양식으로 나를 먹이시옵소서	필요한 양식	필요한.양식 먹이소서	필요한.양식 이나
잠 30:9	혹 내가 배불러서 하나님을 모른다 여호와가 누구냐 할까 하오며	a배불러 하나님 모른다	배불러 누구냐	a배부른 산모가
	혹 내가 가난하여	b가난하여	가난하여	b가
	도둑질하고 내 하나님의 이름을 욕되게 할까 두려워함이니이다	도둑질하고 두려워함	도둑질	도 두려워~

장절	축토링 3	축토링 4
잠 30:7		
잠 30:8		
잠 30:9		

(2179 거짓말.멀리 가.마.부.마.필요한.양식.먹이소서)

*가마 부마=가난하게도 마옵시고 부하게도 마옵시고

* 2179 = 두(2) 가지 일(1)을 주(7)께 구(9)하였사오니

◆ 잠 30:7~9 = 잠 (2+1)0:7~9 = 잠시 내가 두(2) 가지 일(1)을 주(7)께 구(9)하였사오니
= 잠 (2+1)0:7~9 = 잠자코 내가 두(2) 가지 일(1)을 주(7)께 구(9)하였사오니
= 잠시라도 월수입 30만원 이하의 가난도, 7~9백만원 이상의 부(富)도 마옵시고
=

묵상 아굴은 성급한 기도 응답을 요구하지 않았다(잠 30:7)
또한 필요 이상의 것을 구하는 탐욕을 피하였고, 철저히 하나님 중심으로 살았다
1. 헛된 꿈을 꾸지 않게 하소서! 정직함을 회복시켜 주소서!
2. 필요한 양식으로 자족하게 하소서!

유머 아굴의 기도 = 아쉬어도 비굴하지 아니한 기도

36 통뼈.곤되 두.가지.병행하게 장래.알.못.하셨느니라(전 7:14)

장절	말씀	축토링 1	축토링 2
전 7:14	형통한 날에는 기뻐하고	형통 기뻐	형통 기뻐 뼈
	곤고한 날에는 되돌아 보아라	곤고 되돌아	곤고 되돌아
	이 두 가지를 하나님이 병행하게 하사	두 가지 병행	두 가지 병행하게
	사람이 그의 장래 일을 능히 헤아려 알지 못하게 하셨느니라	장래 알지 못하게	장래 알지 못하게 하셨느니라

장절	축토링 3	축토링 4
전 7:14		

(통뼈.곤되 두.가지.병행하게 장래.알.못.하셨느니라)

* 통뼈 곤되 = 통뼈 꼰대

- 전 7:14 = 전에 원했던 형통이 럭키 7인데, 원치 않았던 곤고도 왔네(14)!
  = 전부터 궁금했던 형통 크기:곤고 크기 = 7:14인가? 그럴듯하네… - 좁은 길(마 7:13)
  =
- (롬 8:17) 자녀이면 또한 상속자 곧 하나님의 상속자요 그리스도와 함께한 상속자니 우리가 그와 함께 영광을 받기 위하여 고난도 함께 받아야 할 것이니라
- 롬 8:17 = 살롬이란, 8복을 누리면서 고난도 일치(17)해서 받아야…

의미 은혜 주심 = 그를 믿음+그를 위하여 고난도 받음

묵상 믿음과 고난은 같은 동전의 앞면과 뒷면이다
내 믿음의 고난은 부수적인 것이 아니라, 필수적이다
얕은 생각에 원망이 나와도, 깊은 생각에는 감사가 나옵니다

37 의로움.불구.멸망.의인.있고 악행.불구.장수.악인.있으니(허무)(전 7:15)

장절	말씀	주요 단어	축토링 1
전 7:15	내 허무한 날을 사는 동안 내가 그 모든 일을 살펴 보았더니	허무한 날 살펴	허무
	자기의 의로움에도 불구하고 멸망하는 의인이 있고	의로움 불구 멸망 의인이	의로움 불구 멸망 의인이 있고
	자기의 악행에도 불구하고 장수하는 악인이 있으니	악행 불구 장수 악인이	악행 불구 장수 악인이 있으니
전 7:16	지나치게 의인이 되지도 말며 지나치게 지혜자도 되지 말라		
	어찌하여 스스로 패망하게 하겠느냐		

장절	축토링 2	축토링 3
전 7:15		
전 7:16		

(의로움.불구.멸망.의인.있고 악행.불구.장수.악인.있으니)

- 전 7:15 = 전적으로 주님(7)을 의뢰해도 목숨을 잃어(15)버린 의인이 있고…
  = 전적으로 주님을 의뢰해도 축복(7)으로 목숨을 잃어(15)버린 의인이 있고…
  =

묵상 A. 우리들 관심 = '지금 잘 먹고 잘 사는 것이 축복이다'라고 생각합니다(육신)
B. 하나님 관심 = 육신보다 우리 영혼이 잘 되는 것입니다. 지금 나의 관심은 어디에 있나?

38 우매자.말들의 시작은.우매요 결말들은.미친.것이니라(전 10:12~13)

장절	말씀	주요 단어	축토링 1
전 10:12	지혜자의 입의 말들은 은혜로우나	지혜자 말들 은혜	
	우매자의 입술들은 자기를 삼키나니	우매자 입술들 삼키나니	우매자
전 10:13	그의 입의 말들의 시작은 우매요	말들 시작은 우매	말들의 시작은 우매요
	그의 입의 결말들은 심히 미친 것이니라	입의 결말들은 미친 것	결말들은 미친 것이니라

장절	축토링 2	축토링 3
전 10:12		
전 10:13		

(우매자.말들의 시작은.우매요 결말들은.미친.것이니라)

- 전 10:12 = 지혜 있는 전도자의 말은 십자가(10)이나, 우매자의 말은 시비(12)라네!
- 전 10:13 = 전도자에게 십자가(10)는 내 삶일세(13)!
- 전 10:12~13 = 지혜 있는 전도자의 말은 십자가(10)이나, 우매자의 말은 시비(12)일세(13)
  = 전도자에게 십자가(10)는 내 삶, 일리(12)있는 표현일세(13)!
  =

39 한.아기가.났고 어깨에는.정사각형.모기장 이름은.모.기.전하!존버.왕이라 (사 9:6)

장절	말씀	축토링 1	축토링 2
사 9:6	이는 한 아기가 우리에게 났고	아기	한 아기가 났고
	한 아들을 우리에게 주신 바 되었는데	아들을	한 아들을 우리에게
	그의 어깨에는 정사를 메었고	어깨에 메고	어깨에는 정사각형 모기장
	그의 이름은 기묘자라,	기마전	이름은 ↗ 모
	모사라,	모두들,	↘ 기,
	전능하신 하나님이라,	전승으로	전 하!
	영존하시는 아버지라,	존 버하는	존 버
	평강의 왕이라 할 것임이라	평정의 왕이라	왕이라

장절	축토링 3	축토링 4
사 9:6		

(한.아기가.났고 어깨에는.정사각형.모기장 이름은.모.기.전하!존버.왕이라)

* 존버 = 끈질기게 버티다

- 사 9:6 = 아기 예수는 사랑의 구유(9:6)에서 탄생하셨네
  = 사랑의 구유(9:6)에서 탄생하신 예수 이름은 '모.기.전하,존버.왕'이시라
  = '인류 구원'이라는 사명의 구유(9:6)에서 탄생하셨네
  = 사람이 구유(9:6)에서 탄생하셨네
  =

40 여호와.앙망.자는 새.힘을.얻으리니 독수리.날개.달.걸~.피곤하지× (사 40:31)

장절	말씀	축토링 1	축토링 2
사 40:30	소년이라도 피곤하며 곤비하며	소 피	소년 피곤하며
	장정이라도 넘어지며 쓰러지되	장 넘	장정 넘어지며
사 40:31	오직 여호와를 앙망하는 자는 새 힘을 얻으리니	여호와 앙망자는 새 힘	**여호와 앙망 자는 새 힘을 얻으리니**
	독수리가 날개치며 올라감 같을 것이요	독수리 날개	**독수리 날개**치며
	달음박질하여도 곤비하지 아니하겠고	달	**달**음박질 하여도 곤비하지×
	걸어가도 피곤하지 아니하리로다	걸~	**걸~**어가도 **피곤하지×**

장절	축토링 3	축토링 4
사 40:30		
사 40:31		

(여호와.앙망.자는 새.힘을.얻으리니 독수리.날개.달.걸~.피곤하지×)

의미 앙망 = 仰望/믿고 바라봄(Looking up), 곤비 = 困憊/괴롭고 지치다

- 사 40:31 = 사막의 사공(40)인 성도 삶(3)의 첫(1)째는 여호와를 앙망하는 것
  = 사막의 사공(40) 출신 제자들의 삶(3)의 으뜸(1)은 여호와를 앙망하는 것
  = 사막의 사공(40)들이 물이 없어 삼일(31) 만에 불평! 여호와께 악만!
  = 여호와를 앙망하는 사막의 사공(40)들은 물이 없는 삼일(31) 만에 독수리 날개 달았네~
  =

묵상 나의 믿음은 여호와를 앙망하는가? 여호와께 악만 내는가?
이제부터는 가족과 이웃에게 주의 날개를 달아 줍시다

41 상한.갈대.꺾지/꺼져.등불.끄지.아니하고 정의를.시행할.것이며(사 42:3)

장절	말씀	주요 단어	축토링 1
사 42:2	그는 외치지 아니하며 목소리를 높이지 아니하며	외치지 높이지	
	그 소리를 거리에 들리게 하지 아니하며	소리를 들리지 아니하며	
사 42:3	상한 갈대를 꺾지 아니하며	상한 갈대를 꺾지 아니하며	**상한 갈대** **꺾지** 아니하며
	꺼져가는 등불을 끄지 아니하고	꺼져가는 등불을 끄지 아니하고	**꺼져 등불** **끄지 아니하고**
	진실로 정의를 시행할 것이며	정의를 시행할	**정의를** **시행할 것이며**

장절	축토링 2	축토링 3
사 42:2		
사 42:3		

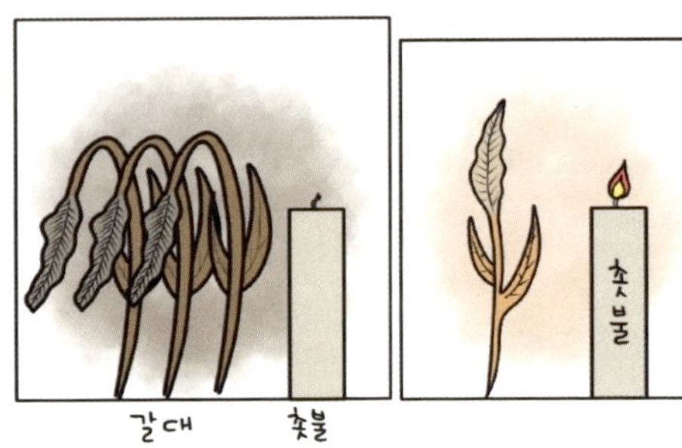

(상한.갈대.꺾지/꺼져.등불.끄지.아니하고
정의를.시행할.것이며)

- 사 42:3 = 갈.등을 꺾.끄지 아니하는 사랑이 쌓이세(42:3)
  - = 상한.갈대.꺾지/꺼져.등불.끄지.아니하는 사랑이 쌓이세(42:3)
  - = 갈.등을 꺾.끄지 아니하는 사랑과 사랑 사이(42)의 삶(3)이 예수라
  - = 꺾지/끄지 아니하는 사랑 사이(42)의 삶(3)이 우리의 소망이라네
  - = 주님 사랑과 우리 사랑의 차이는 갈.등을 '꺾.끄지 아니함'과 '꺾.끄는' 사이세(42:3)
  - =

42 보라.내가.새.일을.행하리니 광야에.길/사막에.강을.내리니(사 43:19)

장절	말씀	축토링 1	축토링 2
사 43:18	너희는 이전 일을 기억하지 말며 옛날 일을 생각하지 말라		
사 43:19	보라 내가 새 일을 행하리니	새 일	보라 내가 새 일을 행하리니
	이제 나타낼 것이라		
	너희가 그것을 알지 못하겠느냐		
	반드시 내가 광야에 길을 사막에 강을 내리니	광야 길 사막 강	광야에 길을 사막에 강을 내리니

장절	축토링 3	축토링 4
사 43:18		
사 43:19		

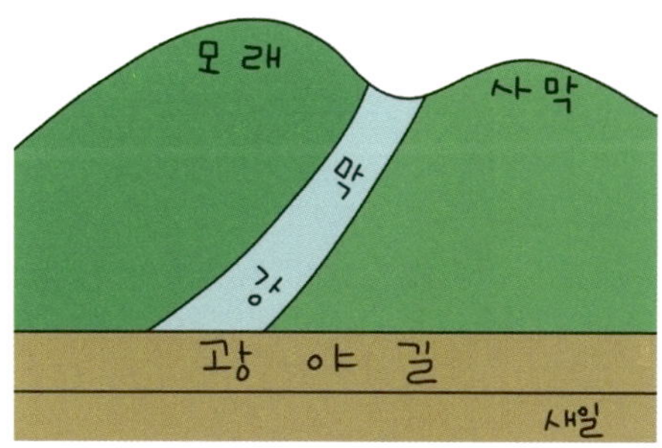

(보라.내가.새.일을.행하리니
광야에.길/사막에.강을.내리니)

(광.길 사.강)

- 사 43:19 = 여호와는 사랑의 사생(43)결단으로 광야 길을 일구(19)셨네~
  - = 사람의 영적 사생(43)결단의 지름길은 천국 식구(19)를 위함이라
  - = 사람의 영적 사생(43)결단의 지름길은 19절(새 일)을 믿는 것!
  - = 사막에 강을 내어 사람(4)이 살(3) 수 있도록 일구어(19) 놓았다네
  - =

의미 A. 협의: 믿기 어려운 바벨론 포로에서 해방됐다
B. 광의: 새로운 신약 시대가 도래할 것이다

43 백발이.되기까지 내가.너희를.품을/업을.것이요 품고.구하여.내리라 (사 46:4)

장절	말씀	축토링 1	축토링 2
사 46:4	너희가 노년에 이르기까지 내가 그리하겠고	너 그	노년에
	백발이 되기까지 내가 너희를 품을 것이라	발 품으로	**백발이 되기까지 내가 너희를 품을** 것이요
	내가 지었은즉 내가 업을 것이요	지금도 업고	내가 **업을 것이요**
	내가 품고 구하여 내리라	품 구	**품고 구하여 내리라**

장절	축토링 3	축토링 4
사 46:4		

(백발이.되기까지 내가.너희를.품을/업을.것이요 품고.구하여.내리라)

- 사 46:4 = 내가 사람들을 품는 사유(46)는 사랑(4)이라!
  = 내가 낳고 키운 사람들을 품고, 업는 사유(46)는 끝없는 사랑(4)이라!
  = 내게 사람들은 사육(46)의 대상이 아니라, 사랑(4)의 대상이노라
  =

44 그가 찔림.허물의.상함.죄는 징계.평화보다.채찍이.나음!(사 53:5)

장절	말씀	축토링 1	축토링 2
사 53:5	그가 찔림은 우리의 허물 때문이요	그가 찔림은 허물 때문	그가 찔림 허물의
	그가 상함은 우리의 죄악 때문이라	상함은 죄악 때문	상함 죄는
	그가 징계를 받으므로 우리는 평화를 누리고	징계를 받으므로 평화를 누리고	징계 평화보다
	그가 채찍에 맞으므로 우리는 나음을 받았도다	채찍에 맞으므로 나음을 받았도다	채찍이 나음!
사 53:6	우리는 다 양 같아서 그릇 행하여 각기 제 길로 갔거늘 여호와께서는 우리 모두의 죄악을 그에게 담당시키셨도다		

장절	축토링 3 세로형	축토링 4
사 53:5	그가 우리는 찔림은 허물	
	상함은 죄악	
	징계를은 평결	
	채찍 맞았으나 나음	
사 53:6	우리는 양.제 길	
	우리 죄악 그.담당	

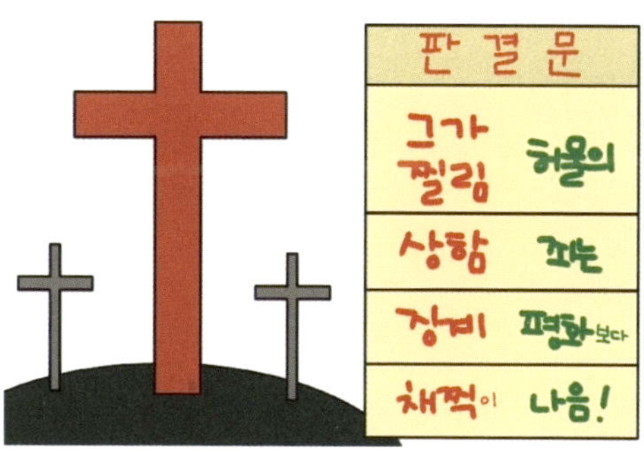

(그가 찔림.허물의.상함.죄는 징계.평화보다.채찍이.나음!)

- 사 53:5 = 우리 죄를 사하시러 오세요(53:5)
- 사 53:5~6 = 우리 죄를 사하시러 오세요(53:5)! You(6)의 사명이십니다
  = 우리 죄를 사하시러 오세요(53:5)! 유종(6)의 미를…
  = 우리 죄를 사하시러 오세요(53:5)! 유감(6) 없이…
  = 우리 죄를 사하시러 오세(53)! 오륙도(5~6) 같이 많은 사람의 죄까지도…
  =

45 물.가.나무는 뿌리.더.위에.잎.청청 결실.그치지.아니함.같으리라(렘 17:8)

장절	말씀	주요 단어	축토링 1
렘 17:8	그는 물 가에 심어진 나무가	물 가 나무	물 가 나무는
	그 뿌리를 강변에 뻗치고	뿌리 강변에	뿌리
	더위가 올지라도 두려워하지 아니하며	더위 두려워×	더 위에
	그 잎이 청청하며 가무는 해에도 걱정이 없고	잎 청청 가뭄 걱정×	잎 청청
	결실이 그치지 아니함 같으리라	결실 그치지×	결실이 그치지 아니함 같으리라

장절	축토링 2	축토링 3
렘 17:8		

(물.가.나무는 뿌리.더.위에.잎.청청 결실.그치지.아니함.같으리라)

(식물 도감)

- 렘 17:8 = '물 가에 심어진 나무'는 여호와를 향한 설렘에 일치(17)되는 몸(8/모습)이여!
  = '물 가에 심어진 나무'에 대한 설렘은 그 글자에 일치(17)하도록 팔팔(8)한 모습이라네
  = '물 가에 심어진 나무'에 대한 설렘은 '물 가'에 일치(17)하도록 팔팔(8)한 모습이라네
  =

46 (천지 충만)나는.가까운.데.있는.하나님 먼.데.있는.하나님은.아니냐 (렘 23:23)

	말씀	축토링 1	축토링 2
렘 23:23	여호와의 말씀이니라		말씀이니라
	나는 가까운 데에 있는 하나님이요	나는 가까운 하나님	**나는 가까운 데**에 **있는 하나님**
	먼 데에 있는 하나님은 아니냐	먼 하나님은 아니지	**먼 데**에 **있는 하나님은 아니냐**
렘 23:24	여호와의 말씀이니라		
	사람이 내게 보이지 아니하려고 누가 자신을 은밀한 곳에 숨길 수 있겠느냐		
	여호와가 말하노라 나는 천지에 충만하지 아니하냐	천지에 충만	천지에 충만

장절	축토링 3	축토링 4
렘 23:23		
렘 23:24		

(나는.가까운.데.있는.하나님 먼.데.있는.하나님은.아니냐)

* 렘 23:24 = 무소부재(하나님의 품성)

- 렘 23:23 = 설렘의 대상은 2~3m이고, 23km 먼 데 하나님은 아니냐?
  = 설렘은 2~3m 가까운 데 계시는 하나님이고, 23km 먼 데 하나님이 아니냐?
  = 설렘의 하나님이 가까운 데 계시므로 이상(23)적 삶이냐? 먼 데 계시므로 이상(23)한 삶이냐?
  =

47 내게.부르짖는.기도 온.마음으로.구하면.만나리(기도응답 주소) (렘 29:12~13)

장절	말씀	축토링 1	축토링 2
렘 29:12	너희가 내게 부르짖으며	내게 부르짖	내게 부르짖는
	내게 와서 기도하면 내가 너희들의 기도를 들을 것이요	기도하면	기도
렘 29:13	너희가 온 마음으로 나를 구하면	온 마음 구하면	온 마음으로 구하면
	나를 찾을 것이요 나를 만나리라	나를 만나리	나를 만나리

장절	축토링 3	축토링 4
렘 29:12		
렘 29:13		

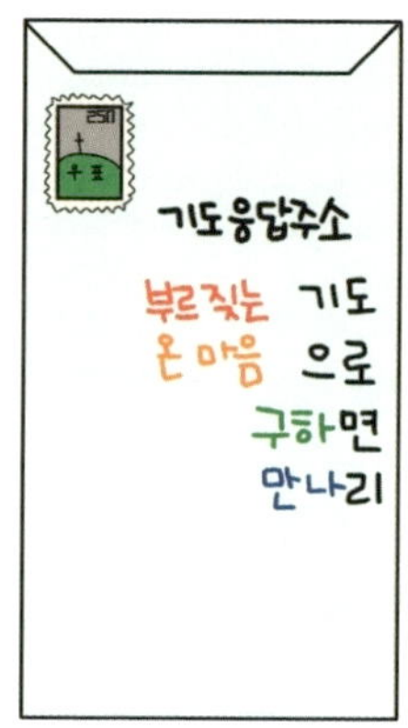

(내게.부르짖는.기도 온.마음으로.구하면.만나리)

- 렘 29:13 = 이구동성 = 이구일성 = 29.13
  = 설렘의 이구일성(29:13)으로 나를 구하면 나를 찾을 것이요

의미 異口同聲(이구동성) = 여러 사람이 다 같은 말을 한다

- 렘 29:12~13 = 설렘의 異口(29)동성은 시비(12)조차 없는 것일세(13)
  = 설렘이란 異口(29)라도 감사하면 일리(12)있는 것일세(13)
  = 설렘이란 부르짖어 응답을 기다리는 것이구(29), 일리(12)있는 것일세(13)
  =

- 마 7:7 = (준말)구.두.찾으라! = 구하라! 두드리라! 찾으라!(문제 해결의 마스터키)
  = 마치 구두를 척척(7:7) 찾아내리라!

묵상 이 땅에 단 1가지 빈곤이 존재한다면, 그것은 기도의 빈곤이다(죠지 뮬러)

48 천사.사자들.입.봉.무죄 왕.기뻐.다니엘.올린즉.상하지× 이는.믿음이었더라 (단 6:22~23)

장절	말씀	주요 단어	축토링 1
단 6:22	나의 하나님이 이미 그의 천사를 보내어 사자들의 입을 봉하셨으므로	하나님이 이미 사자 입을 봉하셨	사자 입봉
	사자들이 나를 상해하지 못하였사오니 이는 나의 무죄함이 그 앞에 명백함이오며	나를 상해× 무죄함이 명백함	무죄 입증
	또 왕이여 나는 왕에게도 해를 끼치지 아니하였나이다 하니라		
단 6:23	왕이 심히 기뻐서 명하여 다니엘을 굴에서 올리라 하매	왕이 기뻐서 다니엘을 올리라	왕 기뻐
	그들이 다니엘을 굴에서 올린즉 그의 몸이 조금도 상하지 아니하였으니	굴에서 올린즉 몸이 상하지×	굴에서 올림 상하지×
	이는 그가 자기의 하나님을 믿음이었더라	이는 하나님을 믿음이었더라	하나님 믿음

장절	축토링 2	축토링 3
단 6:22	**천사**를 보내어 **사자들** **입**을 **봉**하셨으므로	
	나의 **무죄**함이 명백함	
단 6:23	**왕**이 **기뻐**서 굴에서 올리라 하매	
	다니엘을 굴에서 **올린즉 상하지×**	
	이는 믿음이었더라	

(천사.사자들.입.봉.무죄 왕.기뻐.다니엘.올린즉.상하지× 이는.믿음이었더라)

- 단 6:23 = 다니엘은 사자 굴속에서도 육(6) 이상(23)의 담대한 인물이라네!
- 단 6:22~23 = 다니엘이 사자 굴속에서도 육(6)이 당돌(22)함은 그의 믿음이세(23)
  = 다니엘이 사자 굴속에서도 육(6)이 당돌(22)함은 하나님을 향한 믿음이세(23)
  = 다니엘이 사자 굴속에서도 육(6)이 똘똘(22)함은 하나님을 향한 믿음이세(23)
  =

49 네가.지식.버렸/나도.너.버려, 네가.율법.잊었/나도.네.자녀들.잊어버리리라(호 4:6)

장절	말씀	축토링 1	축토링 2
호 4:6	내 백성이 지식이 없으므로 망하는도다		
	네가 지식을 버렸으니 나도 너를 버려	네가 지식 버렸 나도 너를 버려	네가 지식을 버렸으니 나도 너를 버려
	내 제사장이 되지 못하게 할 것이요	제사장 되지 못하게	
	네가 네 하나님의 율법을 잊었으니	네가 율법을 잊었	네가 율법을 잊었으니
	나도 네 자녀들을 잊어버리리라	나도 자녀들 잊어버리리	나도 네 자녀들을 잊어버리리라

장절	축토링 3	축토링 4
호 4:6		

(네가.지식.버렸/나도.너.버려, 네가.율법.잊었/나도.네.자녀들.잊어버리리라)

- 호 4:6 = 말씀 지식을 버린 사람들은 매우 혼내유(호 4:6)~
  - = 오호 통제라! 말씀 지식이 없는 사람(4)의 육(6)은 버려지도다
  - = 오호 통제라! 말씀 지식이 없는 사람(4)의 육(6)의 관계는 멀어지도다
  - = 오호 통제라! 말씀 지식을 버리면, 하나님이 백성을 버리시는 사유(4:6)라네
  - =
- (삼상 15:23) 왕이 여호와의 말씀을 버렸으므로 여호와께서도 왕을 버려 왕이 되지 못하게 하셨나이다 하니
- 삼상 15:23 = 삼삼(삼상)했던 사울 왕을 잃어(15)버릴 것을 대비하여, 이새(23)에게 갔네

질문 하나님이 우리 자녀들을 잊어버리신 이유는?

힌트 호 4:6

정답 내가 하나님의 율법을 잊었기에

적용 '축토링'을 해야 하는 근거이기도 합니다

50 기근은 양식.없어.주림×/물.없어.갈함× 말씀.듣지.못한.기갈이라 (암 8:11)

장절	말씀	축토링 1	축토링 2
암 8:11	주 여호와의 말씀이니라 보라 날이 이를지라		
	내가 기근을 땅에 보내리니	기근을 땅에	기근은
	양식이 없어 주림이 아니며	양식없어 주림×	양식이 없어 주림×
	물이 없어 갈함이 아니요	물없어 갈함×	물이 없어 갈함×
	여호와의 말씀을 듣지 못한 기갈이라	말씀 듣지 못한 기갈	말씀을 듣지 못한 기갈이라

장절	축토링 3	축토링 4
암 8:11		

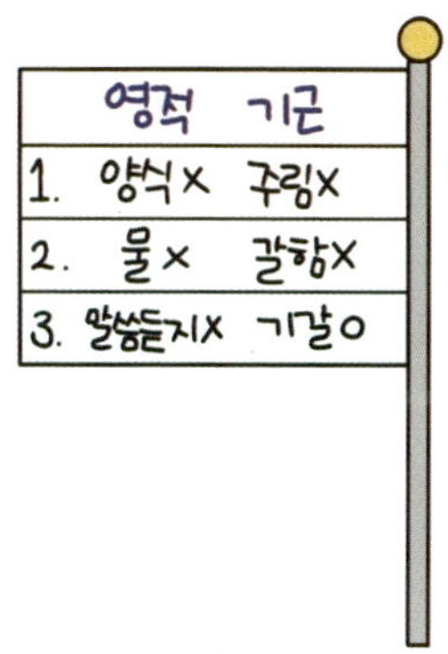

(기근은 양식.없어.주림×/물.없어.갈함×
말씀.듣지.못한.기갈이라)

◆ 암 8:11 = 암만 생각해도 내 영적 몸(8/모습)은 삐쩍(11/모습) 말랐다네
= 암만 생각해도 내 영적 몸(8/모습)은 '말씀 기갈'로 삐쩍(11/모습) 말랐다네
= 암으로 식도가 꼬여(8/모습), 먹은 것이 내려(11)가지 못한 기갈이라
= 암기반에서 말씀을 들어도 몸을 비비 꼬면(8/모습), 그냥 지나(11)가는 영적 기갈이라
=

유머 말기 = 여호와의 말씀을 듣지 못한 기갈이라
말기 환자 = 여호와의 말씀을 듣지 못해 기갈된 성도

51 니느웨로.가서.외치라 여호와.얼굴.피하려고.다시스로.도망 배에.올랐더라 (요나)(욘 1:2~3)

장절	말씀	축토링 1	축토링 2
욘 1:2	너는 일어나 저 큰 성읍 니느웨로 가서 그것을 향하여 외치라	**니**느웨로 가서 **외치라**	**니느웨로 가서 외치라**
	그 악독이 내 앞에 상달되었음이니라 하시니라	**악**독이 **상달**되었음	
욘 1:3	그러나 요나가 여호와의 얼굴을 피하려고	여호와 얼굴 피하려고	**여호와 얼굴 피하려고**
	일어나 다시스로 도망하려 하여 욥바로 내려갔더니 마침	**다시**스로 **도망**하려 욥바로	**다시스로 도망**하려 욥바로
	다시스로 가는 배를 만난지라	다시스로 가는 배를	다시스로 가는 배를
	여호와의 얼굴을 피하여	여호와의 피하여	
	그들과 함께 다시스로 가려고 배삯을 주고 배에 올랐더라	다시스로 가려고 배에 올랐더라	다시스로 가려고 **배에 올랐더라**

장절	축토링 3	축토링 4
욘 1:2		
욘 1:3		

(니느웨로.가서.외치라 여호와.얼굴.피하려고.다시스로.도망 배에.올랐더라)

◆ 욘 1:2 = 요나에게 하나님(1)은 '니느웨로 가라!' 했으나, 요나는 이상(2)하게 다시스로 갔다네

◆ 욘 1:2~3 = 요나는 하나님(1) 얼굴을 피하여 도망간 것이세(2~3)
= 요나는 하나님(1) 얼굴을 피하여 다시스로 도망간 것이세(2~3)
= 요나는 제 뜻과 달라, 하나님(1) 얼굴을 피하여 다시스로 도망간 것이세(2~3)
=

52 비록.무화과.포도.감람.소출× 우리.밭.외양간.소× 나는.여.즐.하나로.기뻐(합 3:17~18)

장절	말씀		축토링 1	축토링 2
합 3:17	비록 무화과나무가	무성하지 못하며	비록 무 열무	비록 무화과
	포도나무에	열매가 없으며	도 매가게	포도
	감람나무에	소출이 없으며	감 소하고	감람나무 소출×
	밭에	먹을 것이 없으며	밭 맬	↗ 우리
	우리에	양이 없으며	우리 양이	↘ 밭
	외양간에	소가 없을지라도	외 소해도	외양간 소×
합 3:18	나는 여호와로 말미암아	즐거워하며	나는 여호와로 즐거워하며	나는 여호와로 엿 즐거워하며 을
	나의 구원의 하나님으로 말미암아	기뻐하리로다	하나님으로 기뻐했네 (본문 충실형)	하나님으로 기뻐하리로다 (엿 바꾸어 먹는 즐거움)

장절	축토링 3	축토링 4
합 3:17		
합 3:18		

(비록.무화과.포도.감람.소출× 우리.밭.외양간.소×
나는.여.즐.하나로.기뻐)

(배고픈 시절)엿 바꾸어 먹는 즐거움이 최고였다

- 합 3:17 = (나무 열매/먹거리)각각 合(합)이 3가지로 일치(17)하네
- 합 3:17~18 = 하박국의 삶(3)은 여러 결핍에 일치(17)해도, 불평의 18은 없었네
  = 하박국의 삶(3)은 여러 결핍에 일치(17)해도, 여호와 한(1) 몸(8/모습)으로 즐거워했네
  = 하박국의 삶(3)은 여러 결핍을 일찍(17) 경험해도, 심판(18)을 면케 할 여호와로 즐거워했네
  =

묵상 영적 내공 = (예)조개→모래알→진액→진주가 되듯이, 나의 믿음의 진보는?

핵심 A. 비록(합 3:17) = 여러 '결핍'이 나열됨
B. 나는(합 3:18) = '여호와'로 말미암아 즐거워함/기뻐함

53 천사가.무.알.못?/내.알.못 여호와.스룹바벨에게 이는.힘/능력으로.되지× 오직.나의.영으로(슥 4:5~6)

장절	말씀	축토링 1	축토링 2
슥 4:5	내게 말하는 천사가 대답하여 이르되 네가 이것들이 무엇인지 알지 못하느냐 하므로	알지 못하느냐	천사가 이르되 네가 이것들이 무엇인지 알지 못하느냐
	내가 대답하되 내 주여 내가 알지 못하나이다 하니		내가 알지 못하나이다
슥 4:6	그가 내게 대답하여 이르되 여호와께서 스룹바벨에게 하신 말씀이 이러하니라	스룹바벨에게 말씀	여호와께서 스룹바벨에게 하신 말씀
	만군의 여호와께서 말씀하시되		
	이는 힘으로 되지 아니하며 능력으로 되지 아니하고	힘으로 되지× 능력으로 되지×	이는 힘으로 되지× 능력으로 되지×
	오직 나의 영으로 되느니라	오직 영으로 되느니라	오직 나의 영으로 되느니라

장절	축토링 3	축토링 4
슥 4:5		
슥 4:6		

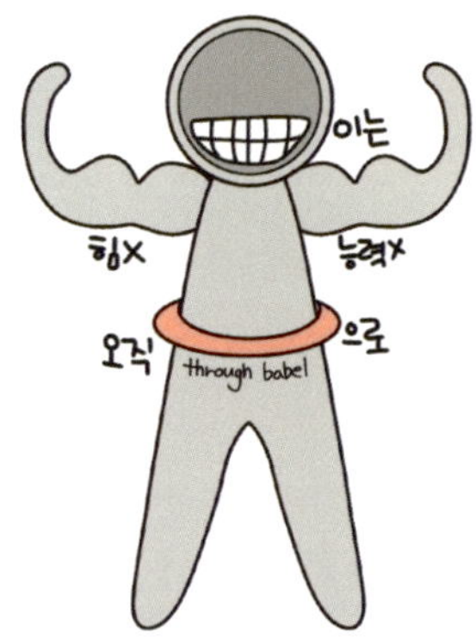

(천사가.무.알.못?/내.알.못 여호와.스룹바벨에게 이는.힘/능력으로.되지× 오직.나의.영으로)

◆ 슥 4:5~6 = 서로 으쓱(슥)대며, '힘 최고'와 '영 최고'가 싸워요(4:5~6)
= 습(슥)관적으로 '힘으로 된다'와 '영으로 된다' 하며 싸워요(4:5~6)
= '힘으로 된다'와 '영으로 된다' 하며 습(슥)관적으로 싸워요(4:5~6)
=

54 (하나님 품성)영.불변.무.전.공.사中

품성	품성	장절	축토링 1	축토링 2
1	영원하심	시 90:2	영	영
2	불변성	약 1:7, 히 13:8	불변	변에도
3	무소부재	렘 23:24	무	무
4	전지전능	요일 3:20 렘 32:27	전 (응답)	전 (응답)
5	공의	시 37:27~28	공	공
6	사랑	렘 31:3	사 中 (무.전.공.사中)	사 中 (중국 전도)

장절	축토링 3	축토링 4
1		
2		
3		
4		
5		
6		
주제		

(영.불변.무.전.공.사中)

* 졸지도 주무시지도 않으시는 하나님(시 121:4)

- (시 121:4) 이스라엘을 지키시는 이는 졸지도 아니하시고 주무시지도 아니하시리로다
- 시 121:4 = 시방도 무전(응답) 하시는 하나님(1)의 이일(21)은 끝까지 사랑(4)이시다
  = 졸지도 주무시지도 않으시는 하나님(1)의 이일(21)은 거룩한 사명(4)이시다
  = 졸지도 주무시지도 않으시는 하나님(1)의 이일(21)은 끝까지 사랑(4)이시다
  = 무시로 무전(응답) 하시는 하나님(1)의 이일(21)은 방전없는 밧데리 사랑(4)이시다
  =

55 (절기)적군.유.무에.관계없이 5.초후.나팔.소리에 진격!부.수.수~

명칭	일자	유래	예식	요절	축토링 1
1 유월절	01.14.	출애굽	양피를 문설주에 바르고 육식	출12:23~24	적군 有
2 무교절	01.05.~20.	보리 추수	누룩 없는 떡을 먹음	레23:6, 민28:17	無에 관계없이
3 오순절	03.06.	성령 강림	엄숙히	레23:16, 출34:22	5
4 초막절	07.15.	광야 표리	들에서	레23:34, 민29:01	초 후
5 나팔절	07.01.	신년 축하	나팔을 불며	레23:24, 민29:01	나팔 소리에
6 부림절	12.14.~15.	유대인 구원	금 식	에9:22	진격! 부
7 수장절	01.15.~22.	과실 추수	-	출23:16, 34:22	수
8 수전절	10.25.	성전 청결	집집마다 등불을 켜고	요10:22	수~

명칭	축토링 2	축토링 3
1 유월절		
2 무교절		
3 오순절		
4 초막절		
5 나팔절		
6 부림절		
7 수장절		
8 수전절		

(적군.유.무에.관계없이 5.초후.나팔.소리에 진격!부.수.수~)

56 (제사)번제물 소.화.속.속되네 요.거.내게.위임된거야~

명칭	제사하는 이유	제물	요절	축토링 1
1 번 제	하나님께 바친다는 뜻	송아지, 숫양, 비둘기	레 1:2~17	먹음직한 번제물
2 소 제	행위 거룩을 구별	곡물, 밀가루, 무교병	레 2:1~16	소
3 화목제	인간과 하나님 간의 화친	소, 양, 염소	레 3:1~17	화
4 속죄제	대속의 의의	죄목에 따라 다름	레 4:1~5:13	속
5 속건제	실수한 때 5분의 1 벌금 바치고	죄목에 따라 다름	레 5:14~6:7	속 되네
6 요 제	하나님께서 제사장에게 주는 뜻	다양하다	레 7:30	요
7 거 제	하나님께서 제사장에게 주는 뜻	다양하다	레 7:14	거
8 위임제	제사장을 세울 때	곡식 가루	레 8:22	내게 위임된거야~ 손대지 마~

명칭	축토링 2
1 번 제	
2 소 제	
3 화목제	
4 속죄제	
5 속건제	
6 요 제	
7 거 제	
8 위임제	

(번제물 소.화.속.속되네 요.거.내게.위임된거야~)

* (제사장 엘리 아들들) 제물用 좋은 고기는 먼저 먹어 치움

3. 화목제 (레 7:11~18)

화목 제물 정신 A.(수직적) 먼저 하나님께 드림 = 하나님과의 화평 관계의 회복

B.(수평적) 제물을 많은 이웃과 함께 나눔 = 함께의 정신

(큰 계명) (막 12:30) 네 마음을 다하고 목숨을 다하고 뜻을 다하고 힘을 다하여 주 너의 하나님을 사랑하라 하신 것이요

(막 12:31) 둘째는 이것이니 네 이웃을 네 자신과 같이 사랑하라 하신 것이라 이보다 더 큰 계명이 없느니라

57 여호수아~그리스도(키워드 손동작)

	키워드 (출처: 디모데)	장절	축토링 1	축토링 2
01	여호수아	수 1장	여호수아로 인해	
02	요단강	수 3장	요단강이	
03	여리고	수 6장	열리고	
04	분할 -정복	수 6~11장	분할(2)하고	
05	남-북	수 10, 11장		
06	분할-정착	수 13~24장	또 분할(2)하면	
07	12지파	수 13~21장		
08	사사 400년	삿 1~21장	4쪽이다!	
09	드보라	삿 4~5장		
10	기드온	삿 6~8장		
11	삼손	삿 13~16장		
12	각각 소견에 옳은대로 행함	삿 21장	소견에 옳은 대로 3쪽이다!	
13	오직 룻과	룻 1~4장		
14	사무엘 외에는	삼상 1~25장		
15	통일 왕국 120년	삼상~왕상11장	통 분하여 싸(4)	
16	사울/무심	삼상9~삼하1장		
17	다윗/전심	삼하2~왕상2장		
18	솔로몬/반심	왕상 1~11장		
19	분열 왕국 400년	왕상12~왕하25장	워(5)!	
20	남-북	왕상 12장		
21	유다-이스라엘	왕상 12장		
22	스뭄-열아홉	왕상12~왕하15장		
23	여덟-영	왕상12,15~22, 왕하11,12, 15,18~20, 22~23장		
24	선지자 왈 회개하라! 아니하면 쫓겨나리라	사, 렘, 호~ 습	회개하라! 아니하면 쫓겨나리라 등골이 오(5)	
25	앗수르-이스라엘-흩음	왕하 17~18장		
26	바벨론-유다-포로	왕하 25장		
27	70년	대하 36장		
28	바사-유다-귀환	대하36, 스 1장		
29	스룹바벨-성전	스 1~6장	싸(4)!	
30	에스더-왕후	에 1~9장		
31	에스라-백성	스 7~10장		
32	느헤미야-성벽	느 1~6장		
33	400년-침묵		사(4)색이 되어 침묵(00)	
34	그리스도		그리스도가 오시네!	

* 신 6:4~9(쉐마)는 부모님이 아이들에게 말씀을 가르치는 것인데….
  이것은 교회에서 다같이 암송한 아이들이 부모님을 가르치는 것이므로, '역쉐마'이네요…

58 (구약 목록)사랑의 트위스트 춤추기 연습생

	성경책	약어	축토링 1	축토링 2
01	창세기	창	춤	
02	출애굽기	출	출	
03	레위기	레	래	
04	민수기	민	민 氏	
05	신명기	신	신명	
06	여호수아	수 여	여	
07	사사기	삿 사	사	
08	룻기	룻	저기 Look!	
09	사무엘상	삼상	사 상	
10	사무엘하	삼하	하이~	
11	열왕기상	왕상	열 상	
12	열왕기하	왕하	하이~	
13	역대상	대상	대, 상	
14	역대하	대하	하이~트위스트♪	
15	에스라	스	S라인 춤녀가	
16	느헤미야	느	누	
17	에스더	에	애	
18	욥기	욥	욥?	
19	시편	시	춤추기 시	
20	잠언	잠	작	
21	전도서	전	전,	
22	아가	아	앗	
23	이사야	사	싸~	
24	예레미야	렘	후렴 rap(상하이~)을	
25	예레미야애가	애	먼저 애	
26	에스겔	겔	걸~	
27	다니엘	단	다	
28	호세아	호	好	
29	요엘	욜	요!	
30	아모스	암	암~ 분위기	
31	오바댜	옵	너무 over다	
32	요나	욘	"요	
33	미가	미	가	
34	나훔	나	나home"에서	
35	하박국	합	춤추기 합	
36	스바냐	습	습	
37	학개	학	학개	
38	스가랴	슥	슥~	
39	말라기	말	도망 말라!	
주제			사랑의 트위스트 춤추기 연습생	

*사열대 = 사열하는 사람을 위하여 높이 만든 단(무대)
*사랑의 트위스트(설운도)

More Honey 살아있는 갤러리 신약, 구약

* 축토링 이미지를 한곳에 모은 특색 있는 '뭐하니 갤러리'입니다.

* 축토링 제목의 복습 코너입니다.

* 반복해서 보시면, 제목 중 '핵심 단어'는 읊조리게 됩니다.

* 이때 '장절주소도 함께' 암기하면 더욱 효과가 있습니다.

* 재밌게 표현되어야 오래 기억이 가능하고, 또한 기억 재생이 용이합니다.

(히 4:12) 하나님의 말씀은 살아 있고 활력이 있어 좌우에 날 선 어떤 검보다 예리하여 혼과 영과 및 관절과 골수를 찔러 쪼개기까지 하며 또 마음의 생각과 뜻을 판단하나니

히 4:12 = 희한하게도 말씀은 살아 있어 4가지(혼,영,관절,골수)를 찔러(1/모습) 쪼개기(2)까지 하네

More Honey 살아있는 갤러리(신약 92개)

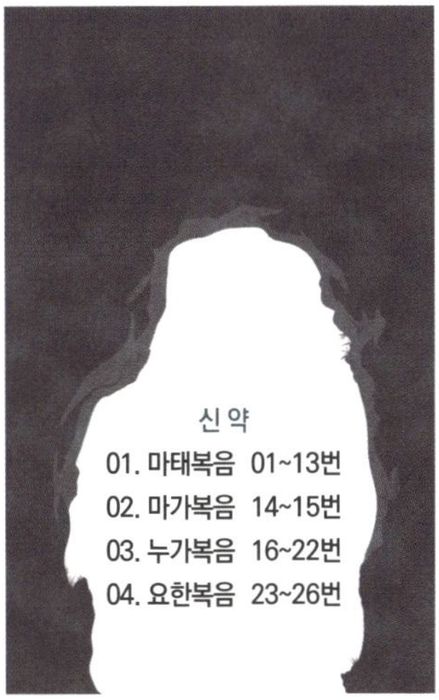

01. 마 1:23

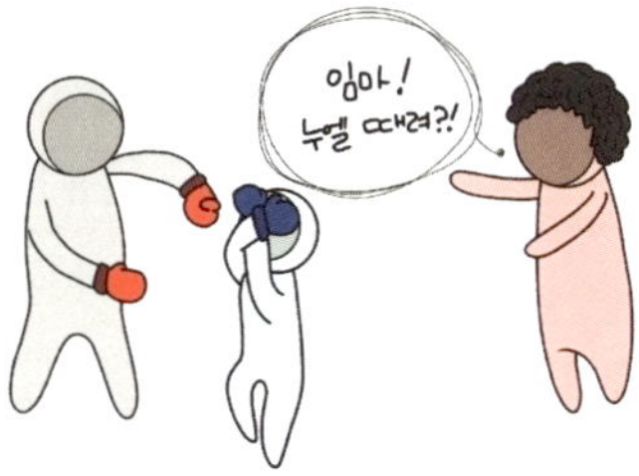

처녀가.잉태.아들을
이름은.임마.누.엘.때려?
하나님이.함께.계신데~)

02. 마 4:23

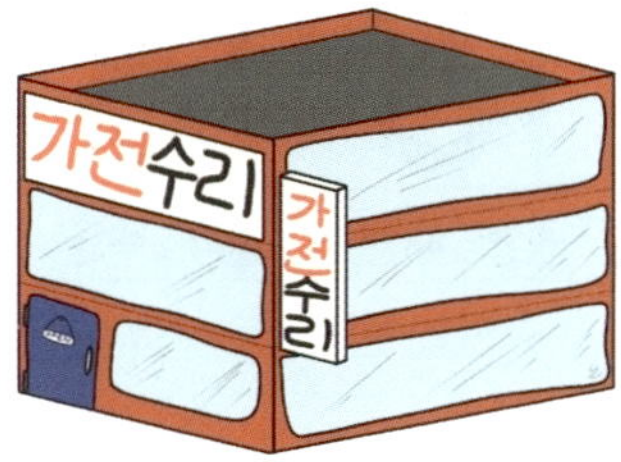

예수께서.두루.다니사 가.전.고치시니

03. 마 5:3~10

심.천가는 통.로 온.땅에 의.주.배.주렁주렁
끙.끙.수확 청결.하나.로 화.들.짝
이윤.박해도.천국.기분

04. 마 6:9~13

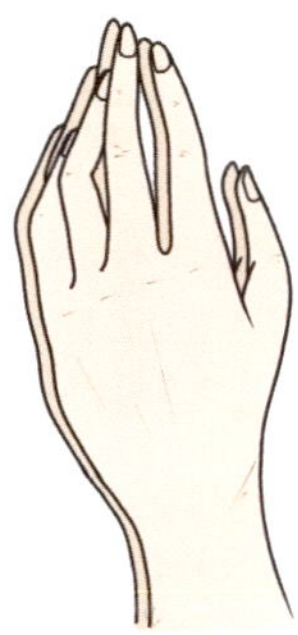

a. 하늘.아버지여/이름이/나라가/
뜻이.하늘.땅.이루어
b. 우리에게/양식을/죄를/
우리를.험.악에서.구하소서

05. 마 7:7

구.두.찾으라! 찾아낼.것이요

06. 마 10:2~4

Bed요.안드러워?얍보고.요한의.빌라.연립.
청소맡어.할.사람.추천?
時급.모니는?의심.도마는.제외.나다.나~.
다.되오?자금.얍보고.가로채는.유다는?

07. 마 10:16

내.너희.보냄이
양을.이리.가운데로.보냄과.같도다
뱀.지혜.비.결.갖추라)

08. 마 13:4~8

길.가로 돌아 가시지.말고 좋은.땅으로

09. 마 18:18

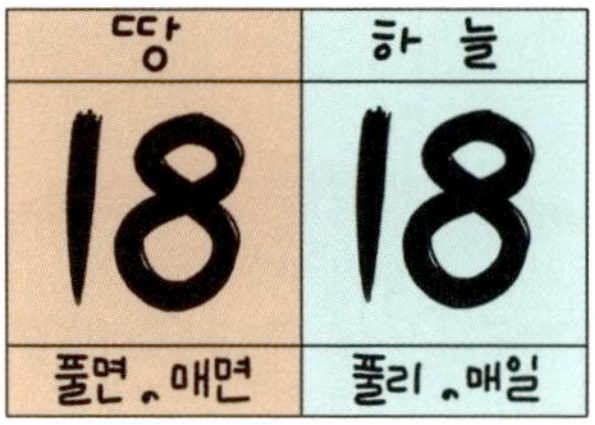

무엇이든지.너희가 땅.풀.하늘.풀
땅.매.하늘.매일.것이요

10. 마 19:20~22

청년이.무엇이.부족.까?
소유.팔아.가난자.주라
나를.따르라.근심하며.가니라

11. 마 23:23

박.근.회.십일조.드리되.
더.중한.정.긍.믿음.버렸도다
이.행.저.버리지.말아야

12. 마 24:38~39

방주.날까지.먹.마.시.장
홍수.멸하기까지.깨닫.못
인자의.임함도.같으리라

13. 마 28:19~20

너희.가 제.세.가(制世家).지?
내가.끝날까지.너희와.함께.
있으리라)

14. 막 4:26~29

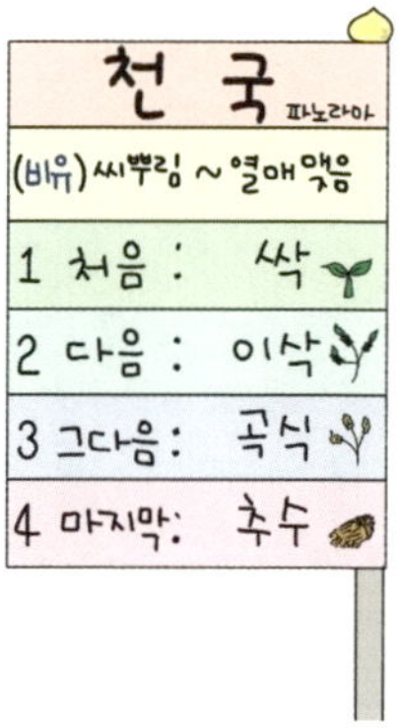

천국은.씨.뿌림 씨.자라.알.못
처음.싹.삭.식.수때라

15. 막 16:17~18

믿는.자들에게는.표적.따르릉
내.방.귀.집어.마실지라도
해.받지×.손.얹은즉.나으리라

16. 눅 2:11, 14

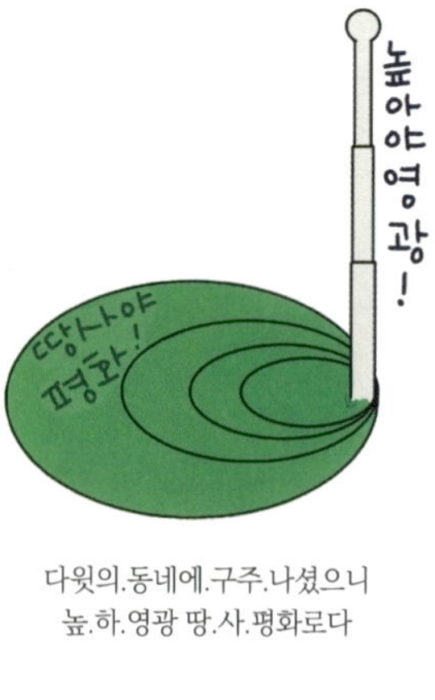

다윗의.동네에.구주.나셨으니
높.하.영광 땅.사.평화로다

17. 눅 3:5

골.메워.산.낮지
굽.곧아.길.평탄하여질.것이요

18. 눅 6:38

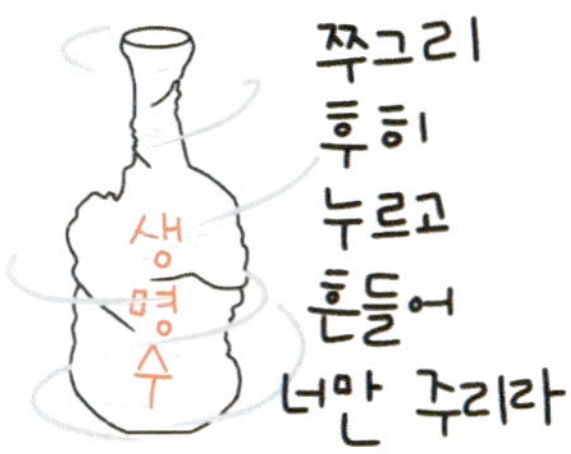

쭈.그리 후히.누르고.흔들어 넘.안.주리라

19. 눅 10:27

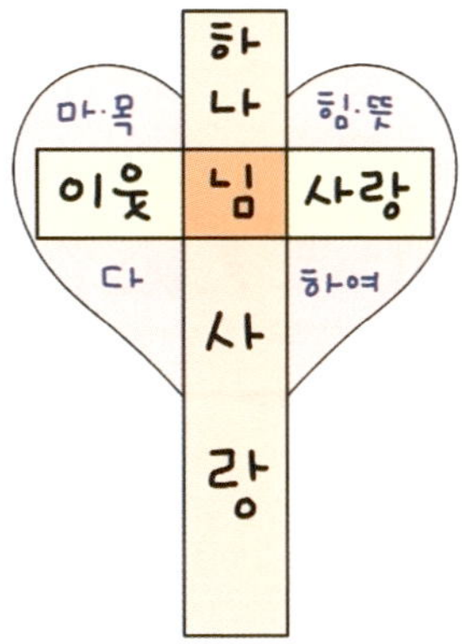

마.목.힘.뜻을.다하여 하.이.같이.사랑하라

20. 눅 10:30~37

강도.만나매.거.죽.을.사위.사마
돌보라.더.갚으리 누가.이웃?
너도.이와.같이.하라

21. 눅 21:4

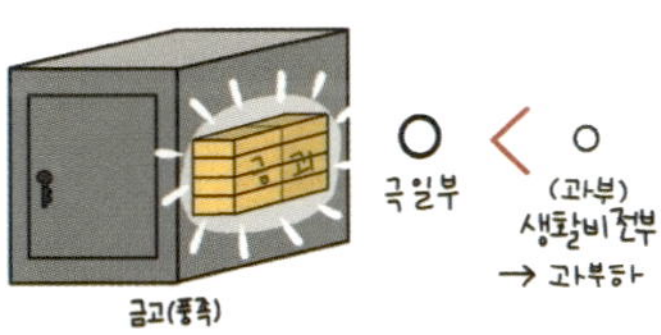

저들.풍족.중.넣었거니와
과부.전부.넣었느니라

22. 눅 24:13, 17, 32~33

엠마오.가면서.슬픈.빛을
성경을.풀어.주실.때에.
마음이.뜨겁지 예루살렘에.돌아가

23. 요 3:16

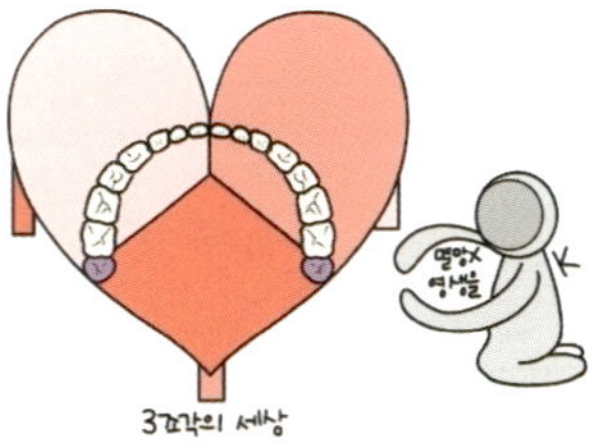

하나님이 세상을.사랑니처럼.사랑하사
독생자를.주셨으니 이는.멸망하지×.
영생을.얻게.하려.하심이라

24. 요 6:9~13

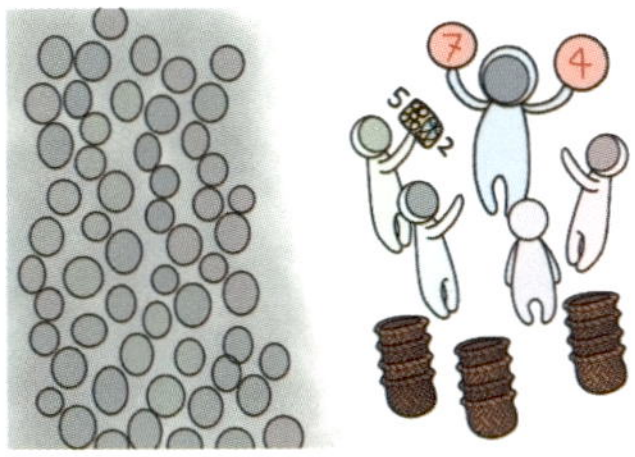

아이가.가지고.온.52를.74로
5000명.배부른.후에 남은.조각이.
12바구니에.찼더라

25. 요 14:6

내가.길.진.생 나.말.고는
아버지께로.올.자가.없느니라

26. 요 15:7

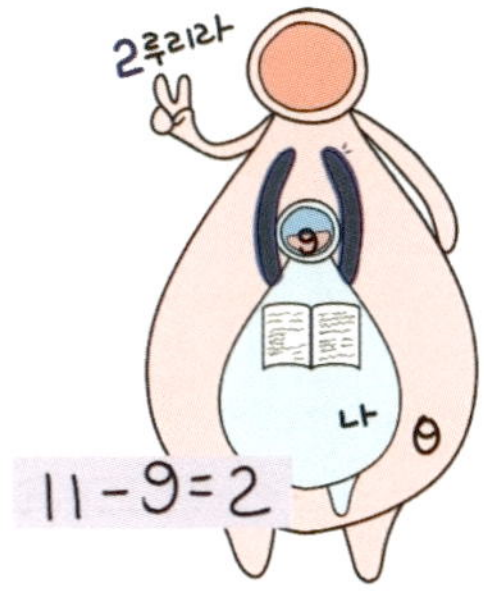

너희.내.거/내.말.너.거 원하(11)는.대로.9하라.
그리하면.2루리라

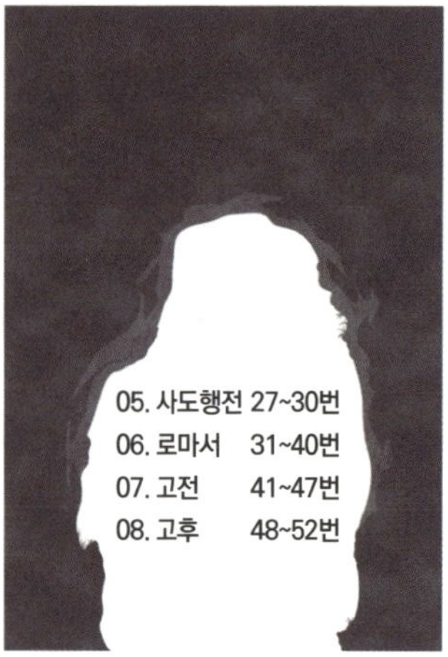

27. 행 1:8

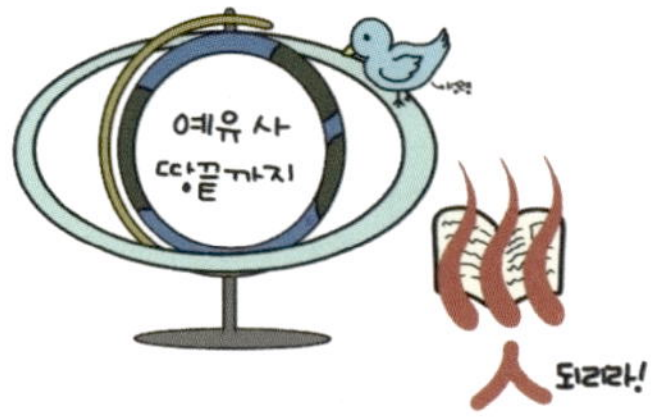

오직.성령이.임하시면.권능을.받고
예.유.사.땅끝까지 내.증인이.
되리라

28. 행 2:17

말씀하시기를 말세에.내.영을.부어
예.상.꿈을.꾸리라

29. 행 3:6~8

베드로.은과금.내게.없거니와
나사렛.예수.이름으로.일어나.
걸으라 힘.걷.뛰며.찬송하니

30. 행 16:24~26

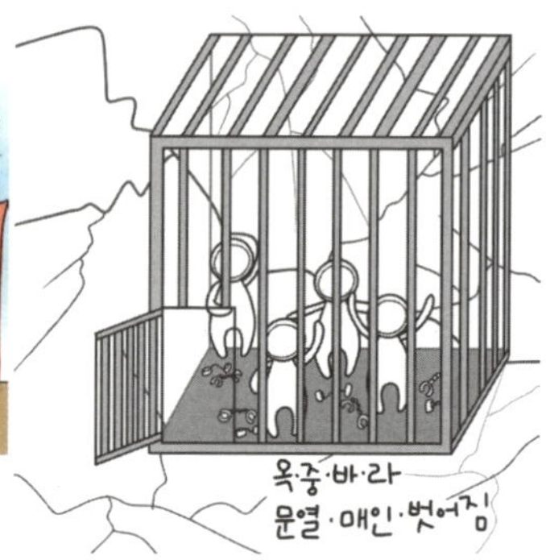

옥.중.바.라 기도.찬송하매.큰.지진
문.열리며.매인.것이.벗어진지라

31. 롬 4:18

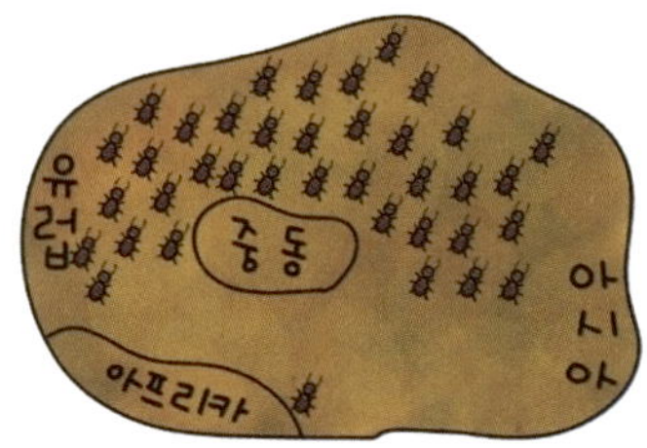

아브라함이.바랄.수.없는.중에.믿었으니
후손이.이같이 많은.민족의.조상이.되게.하려

32. 롬 4:25

예수는.우리.죄.때문.내줌
우리.의롭다.위하여.살아나셨느니라

33. 롬 5:3~4

우리가.환난.중에도.즐거워
이는.환.인.연.소 이루는.줄.앎이로다

34. 롬 5:3~5

환.인.연.소.후 성령으로.말미암아
하나님의.사랑이.우리.'마.부'됨이니

35. 롬 6:23

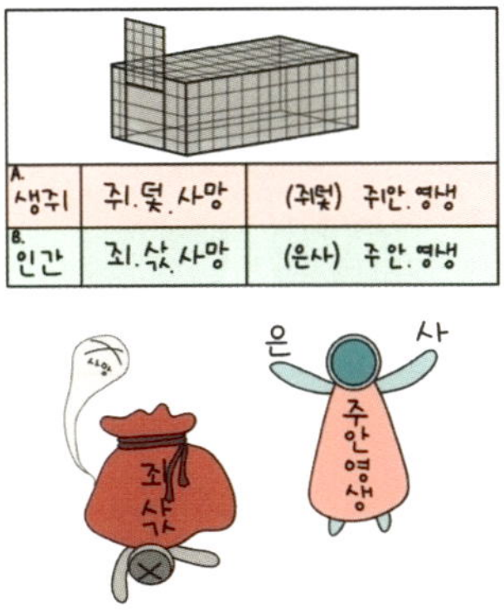

죄.삯은.사망이요 은사는.주.안.영생이니라

36. 롬 8:26

성령도.연약함을.도우시나니 우리는.
'기도.알.못' 성령이.탄식누룽지으로.
간구하시느니라

37. 롬 10:10

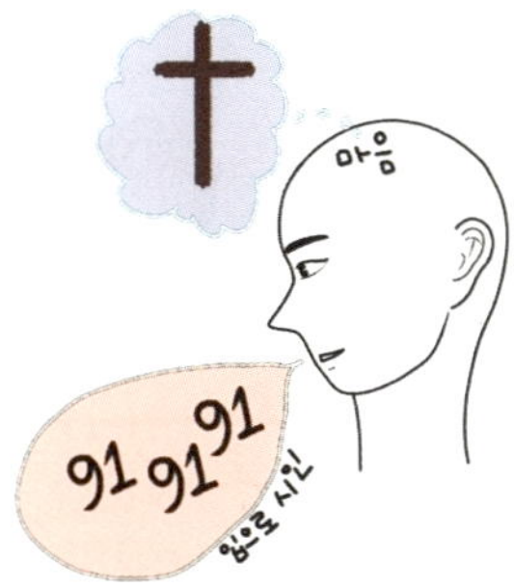

사람이 마음.믿.의.입으로.시인
구원에.이르느니라

38. 롬 11:36

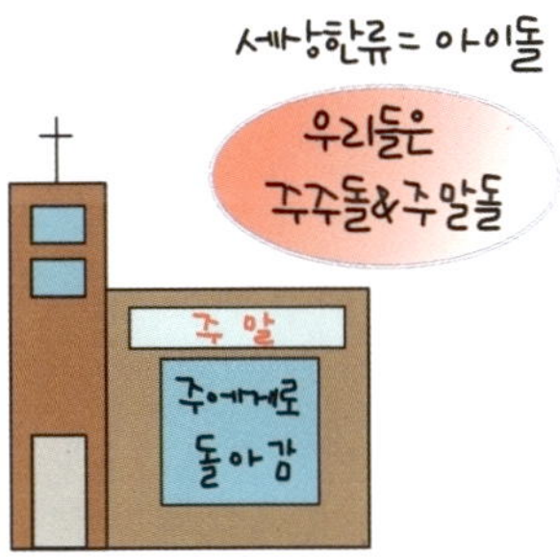

만물이 주에게서.나오고 주.말
주에게로.돌아감이라

39. 롬 12:1~2

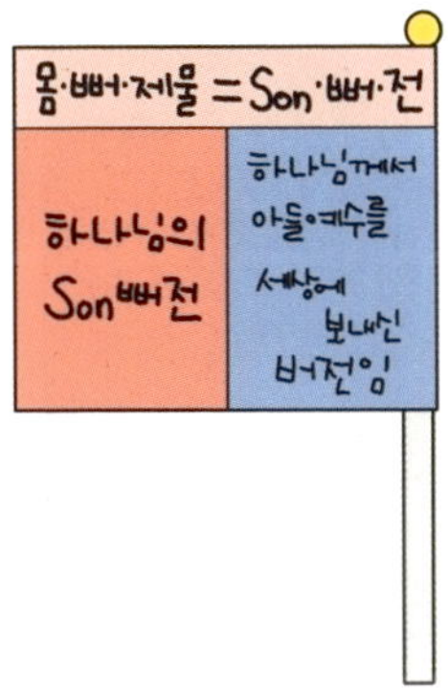

몸.뻐.제물.영적예배 새롭게.변화.받아
son.뻐.전.분별하도록.하라

40. 롬 12:17

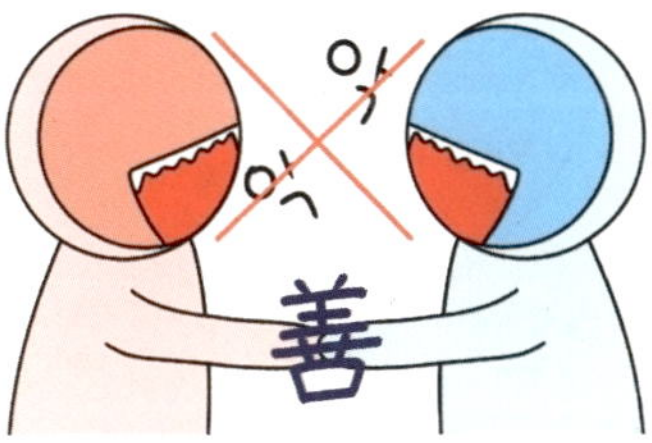

(악을.악으로.갚지.말고
선한.일을.도모하라)

41. 고전 1:18

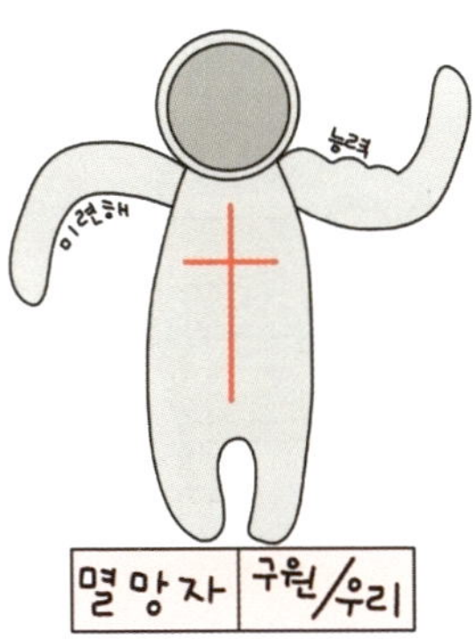

십자가의.도가 멸망.자들에게는.미련
구원.받는.우리에게는.능력이라

42. 고전 1:22~24

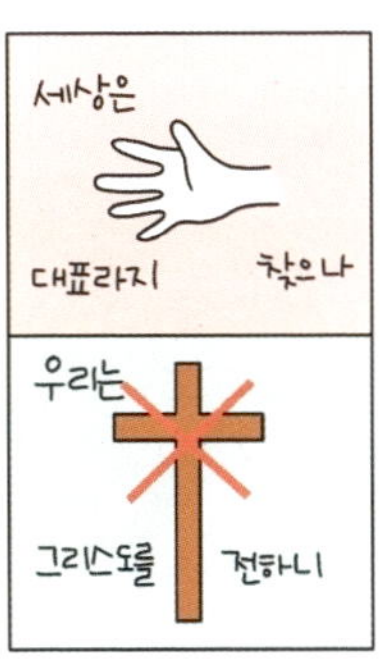

대.표.라.지.찾으나
우리는.못.박힌.그를.전하니
하나님의.능력/지혜니라

43. 고전 1:25

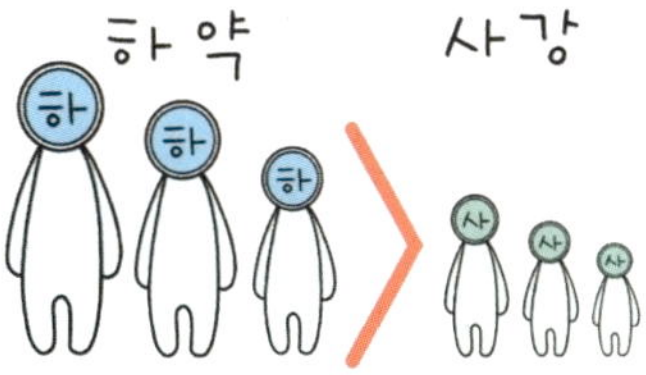

하.어이.사.보다.지혜롭고
하.약이.사.보다.강하니라

44. 고전 1:27

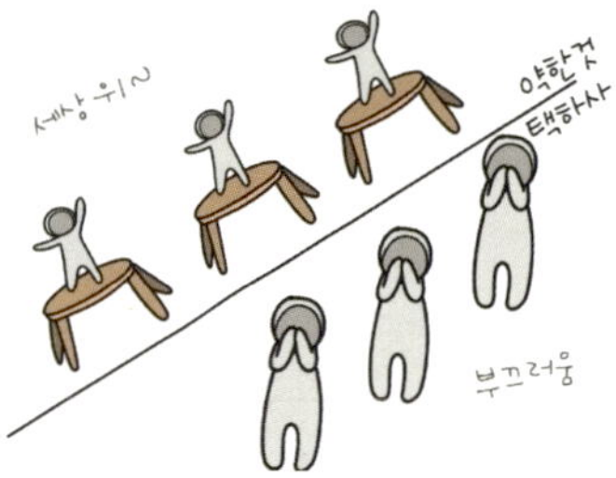

세상의.미련한.것들.택/
지혜자들.부끄 약한.것들.택/
강한.것들.부끄럽게.하려.하시며

45. 고전 3:6

나.심고 아침마다.물.주었으되 오직.하나님
께서.자라나게.하셨나니

46. 고전 11:23~26

예수.잡.밤에 떡.축사.내몸/
잔.내피.새언약.기념하라 떡먹.잔마.때마다
주.죽으심.오실.때까지.전하라

47. 고전 13:4~7

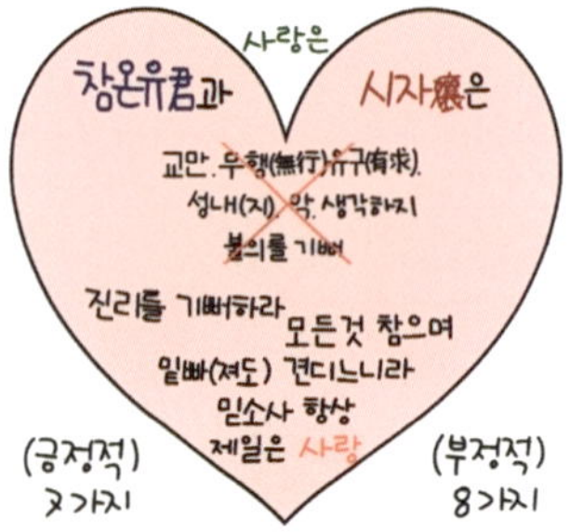

사랑은.오래.참고.온유君과.
시.자嫉은.교만× 무행유구×.
성내지.악.생각하지× 불의.기뻐×.
진리.기뻐하고 모든.것.참으며.
밑.빠져도.견디느니라

48. 고후 1:10

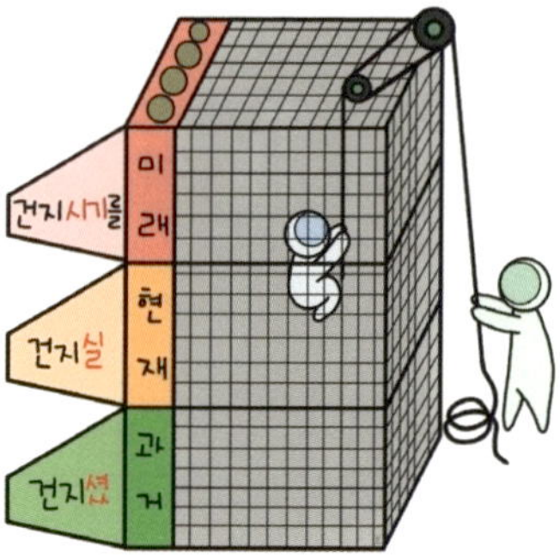

그가.큰.사망死網에서 우리를.건지셨/
건지실/건지시기를 바라노라

49. 고후 4:18

우리가.주목하는.것은 보이.잠깐이요
보않.영원함이라

50. 고후 6:10

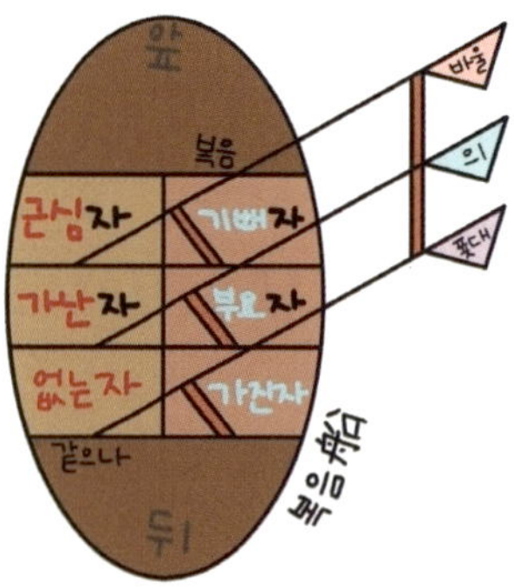

근심.가난.없는.자.같으나
복음기뻐.부요.가진.자로다

51. 고후 9:6~7

적심.적거.많심.많거 인색.억지.말지니
즐겨.내는.자.사랑하시느니라

52. 고후 12:9

내.은혜.네게.조카
이는.내.능력.약한.데서.온전하여짐
여러.약.들.자랑 그.능력.내게.머물게

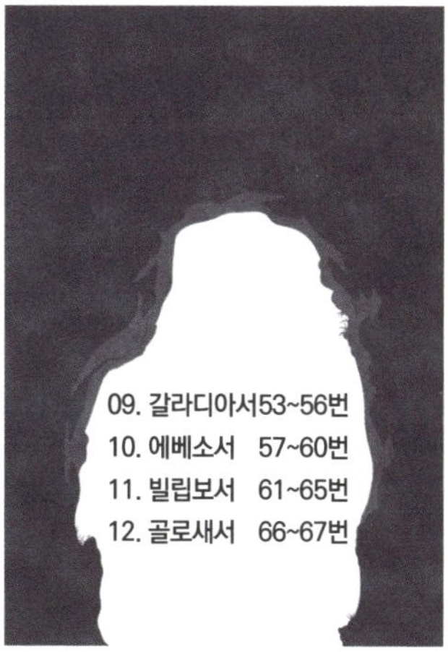

53. 갈 2:20

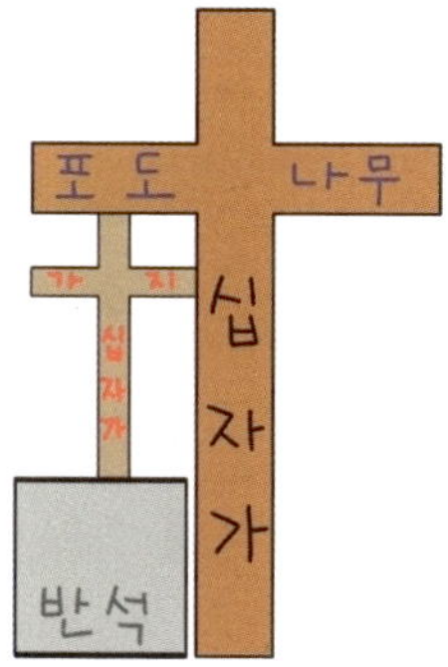

내가.그와.함께
십자가에.못.박혔나니 내가.사는.것×
내.안에.그.께서.사시는.것이라

54. 갈 5:19~21

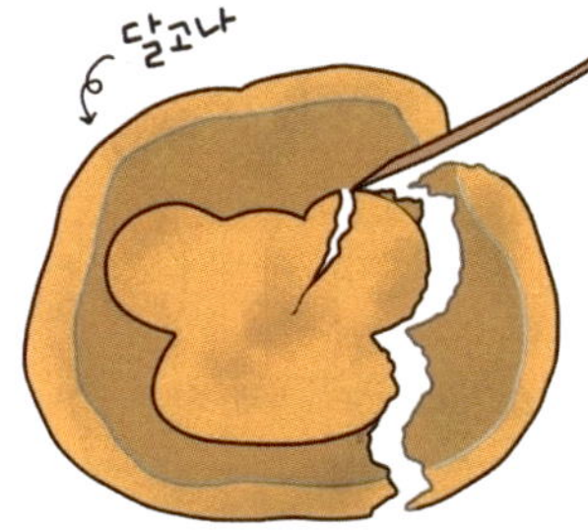

부러진.달고나 몰래.붙이기

55. 갈 5:22~23

성령의.열매는 사희화.참자양.충온절

56. 갈 6:7~8

무엇.심든지 육.심.썩.거두고
령.심.영.거두리라

57. 엡 4:2~3

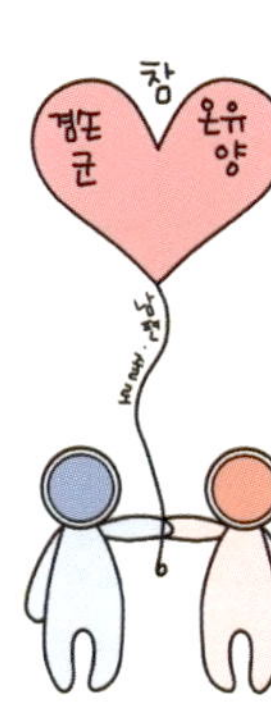

겸손군과.온유양의
참.사랑이.남.편(용.안).줄로
성령이.하나.되게.지키라

58. 엡 4:13

아들.믿는/아는.일에.하나.되어
온전한.사람.이루어
그.장성.분량이.충만.까지.이르리니

59. 엡 6:1~4

a.자녀들아 부모에게.순종 공경은.첫.계명
네가.잘되고.장수하리라
b.아비들아 자녀를.노엽게× 훈계로.
양육하라

60. 엡 6:14~17

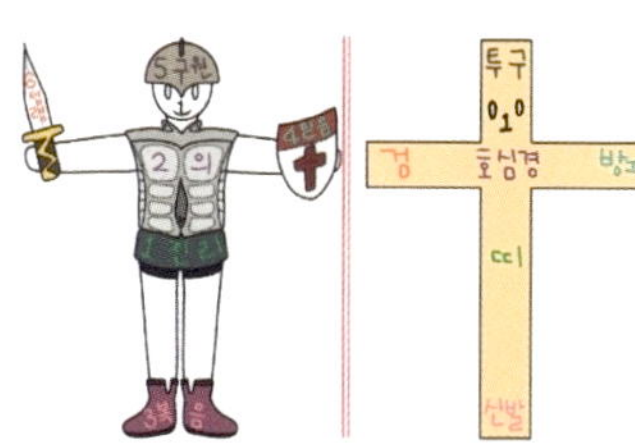

(번호 순서대로) (첫 글자) (번호 순서대로)

진리.의.복음.믿.구.성령을.가지라

61. 빌 2:3~4

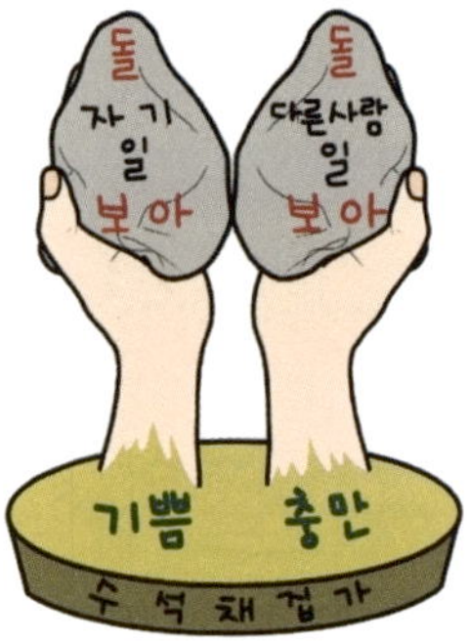

겸손한.마음으로 남을.낫게.여기고
자기.일/다른사람.일.돌보아
기쁨.충만하게.하라

62. 빌 3:7~8

내게.유익.해로/모든.것.해(害)로.여김은
예수.지식.가장.高床
모든.것.배설물로.여김은.그를.얻고

63. 빌 3:12~14

얻었다×.이루었다×
잡힌.바.된.그것을.잡으려고.달려
뒤것.잊어.앞것.잡으려고
푯대.향하여.달려.가노라

64. 빌 4:6~7

기도.간구.감사로.아뢰라
지각에.뛰어난.(지각대장).평강이
마음과.생각을.지키시리라

65. 빌 4:12

비.처할/풍.처할.줄도.알아
배부름과.배고.풍.궁.에도.처할
일체.비결.배웠노라

66. 골 3:2

위의.것.생각하고 땅의.것.생각하지.말라

67. 골 3:12~14

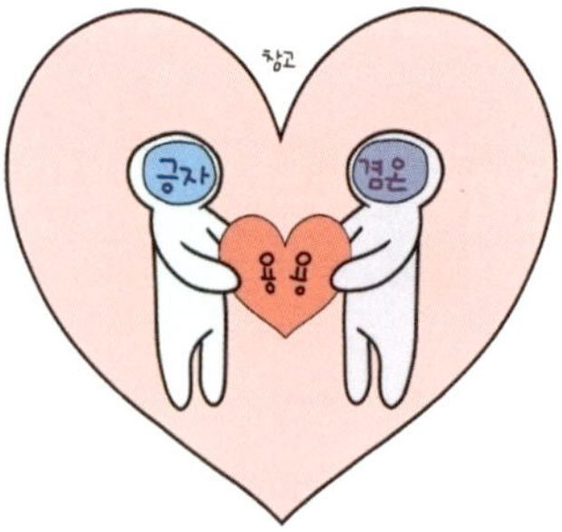

긍.자양과 겸.온군은 오래.참고.용.용
사랑을.더하라

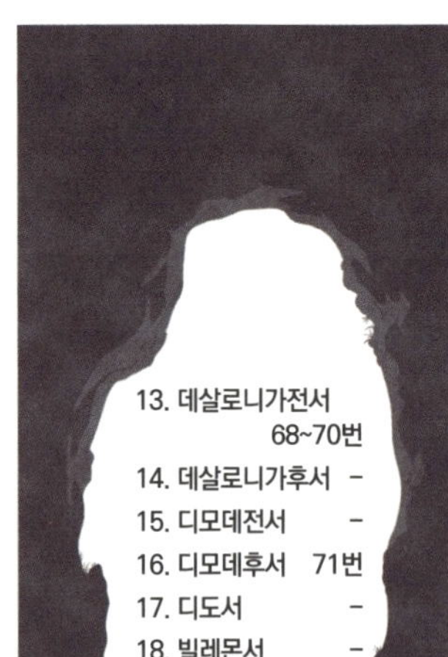

68. 살전 1:3

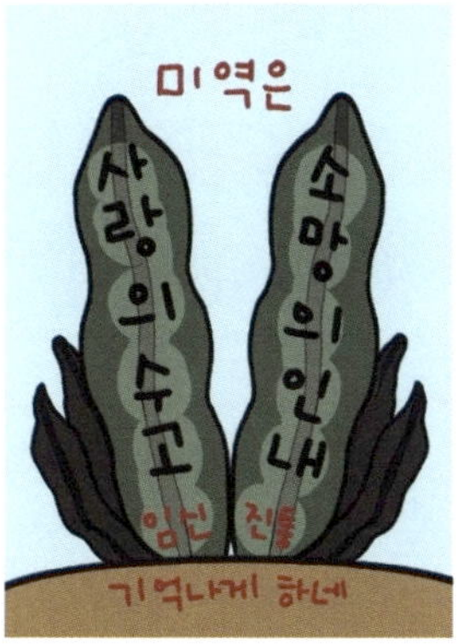

미역은 임신과.진통을 **기억**나게.하네

69. 살전 4:16~17

호.소.나팔소리로.강림
죽은.자들.먼저.남은.자들도.함께
구름속.올려.공중에서.주.영접하게

70. 살전 5:16~22

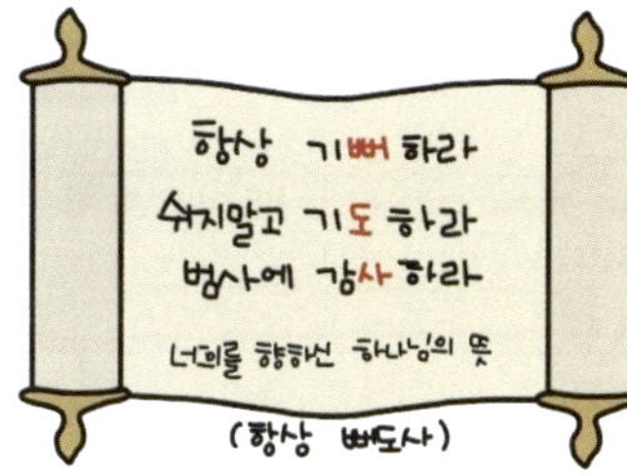

뻐.도.사는.하나님의.뜻
성령.소멸×.예언.멸시× 좋.취/악.버리라

71. 딤후 3:15~16

구원에.이르는.지혜가.성경
하나님.감동으로.된 교훈.책.바.유~

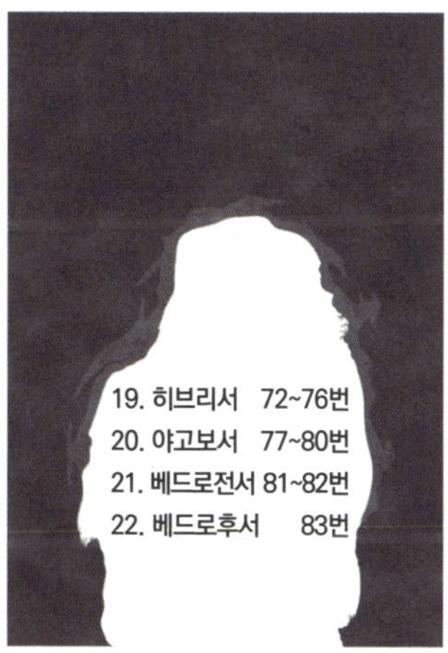

72. 히 4:12

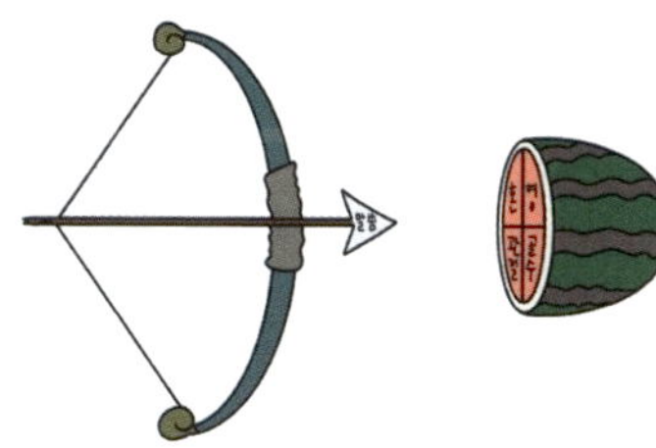

말씀은 활.살.력이.있어 혼.영.관절.골수를
찔러.쪼개기까지.하며

73. 히 6:14

너에게 복.복.주며
뻔~뻔~하게.하리라.하셨더니

74. 히 11:1

밑.바라!.실상이요
음(音)은.보이지.않는.것들의.증거니

75. 히 12:11

징계가 당시.슬퍼.보이나
후에.연단.받은.자들은 열매를.맺느니라

76. 히 13:8

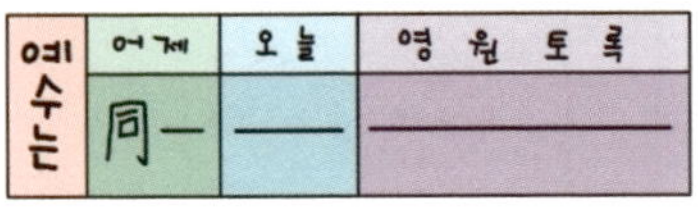

예수는 어제.오늘.영원토록 동일하시니라

77. 약 1:2~3

여러.가지.시험을.기쁘게.여기라
이는.믿음의.시련이
인내를.만들어.내는.줄.앎이라

78. 약 1:5

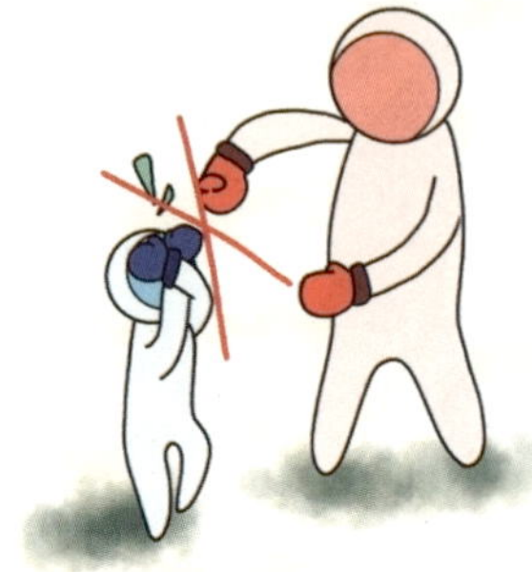

누구든지.지혜가.부족하거든
후.꾸.아니하시는
하나님께.구하라.주시리라

79. 약 1:15

욕심.잉태한즉.죄.낳고
죄.장성한즉.사망.낳느니라

80. 약 4:7~10

하나님께.복종할지어다
대적.가까이.깨끗이.낮추라
그리하면.높이시리라

81. 벧전 2:9

너희는.택하신.제사장.나라.백성
어두운데서.불러.빛에.들어가게.하신
아름다운.덕을.선포하게

82. 벧전 4:11

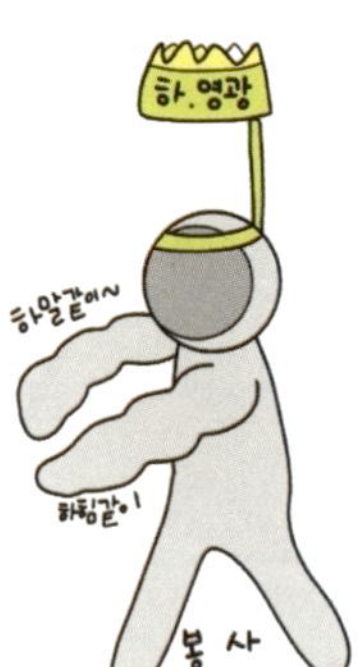

누가 말하려면.하.말.같이/
봉사하려면.하.힘.같이.하라
그로.말미암아.하.영광.받으시게

83. 벧후 1:5~7

믿.덕.지않게 절.인.경.우 소금을.더하라

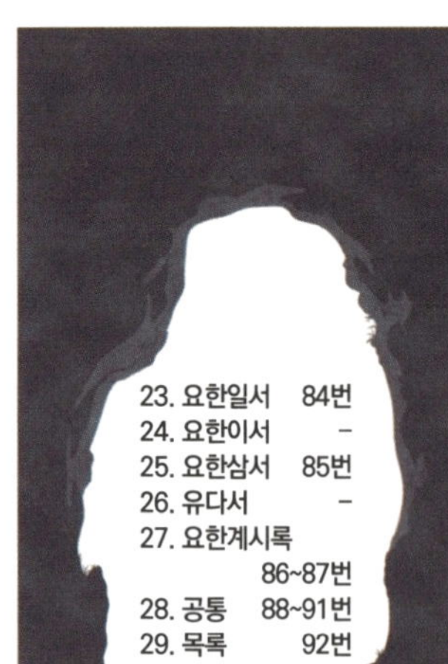

84. 요일 2:15~16

세상/세상.것들.사랑× 세상.모든.것이
육.정/안.정/이.자(6.1.2)이니

85. 요삼 1:2

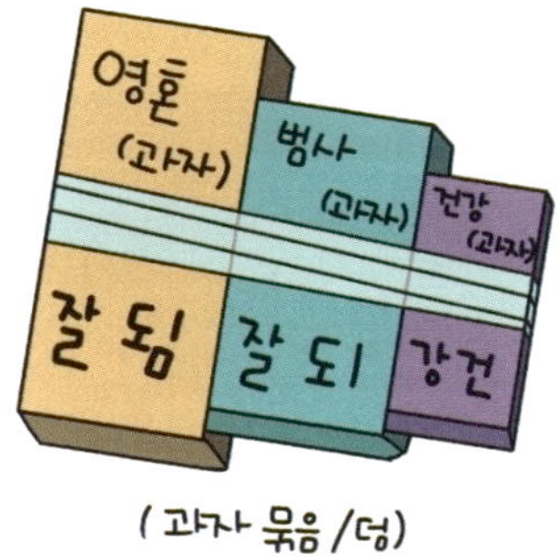

사랑하는.자여 네.영혼.잘됨.같이
범사.잘되.강~.간구하노라

86. 계 2:1~3:22

애.써 버거워.두 사데 빌.라를

87. 계 21:6~7

나는.알.오.마.처
생명수.샘물.목마른.자에게.값없이.주리니
이기는.자.상속.받으리라

88

가스펠, 부를 노래는?

89

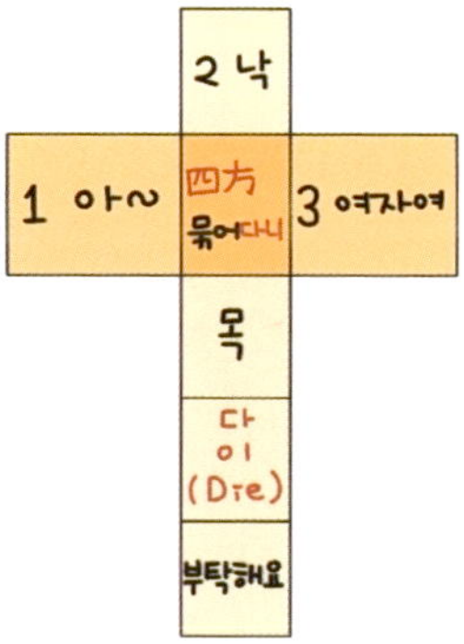

아.낙.여자여~ 四方묶어다니.목.다이
영혼을.부탁하나이다

90

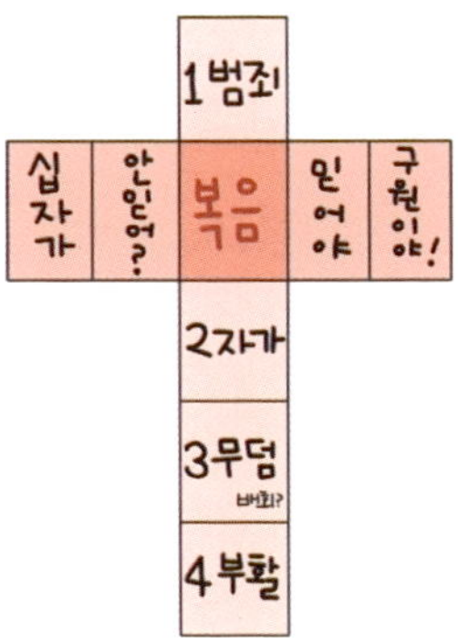

범죄.자가.무덤배회? 부활.십자가.안믿어?
믿어야.구원이야~

91. 감사 십계명

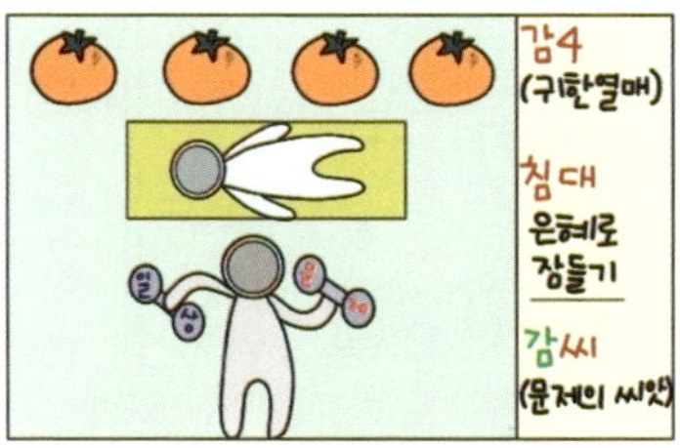

감사 십계명

92. 신약 목록 27권

정타 없어서 계속 고전해

More Honey 살아있는 갤러리(구약 58개)

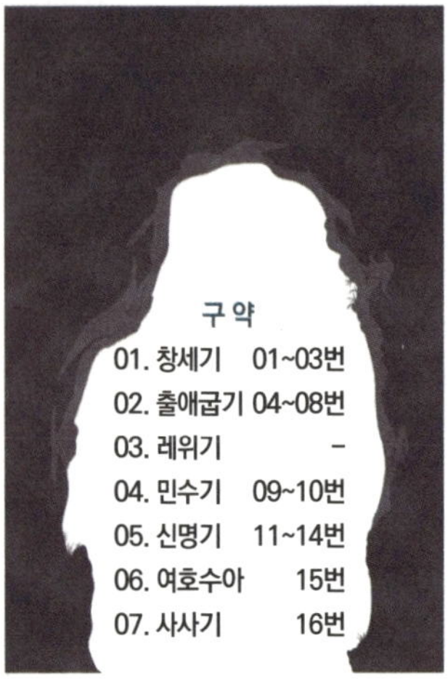

01. 창 1:28

나처럼.육.성으로 만.복.다스리라

02. 창 3:6

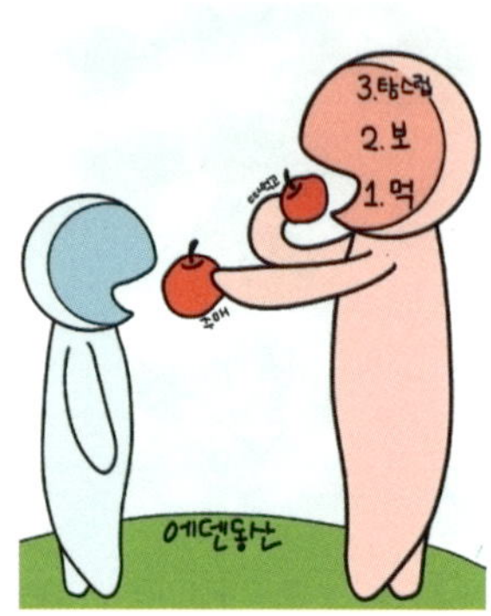

여자가.나무를.본즉 먹.보.탐스럽기도
그.열매를.따먹고.주.먹?

03. 창 30:32

내가.외삼촌의.양.중에
아롱.점.검.가려내며 내.품삯이.되리이다

04. 출 3:7~8

여호와 계획표	
3고	백성의 고통을 보고
	듣고
	알고
4여	내려가서
	건져내고
	인도하여
	데려가려

여호와께서.백성의.고통을 보.듣.알고
내려가.건져.인도.데려가

05. 출 12:11

유월절 먹방 가이드	
3고	이렇게
	허리 띠고
	발 신고
	손 잡고
1라	입 먹으라

너희는.이렇게 띠.신.잡고.먹으라
유월절이니라

06. 출 13:21

여호와께서.앞에서.가시며
밤.낮.불.구.go하게.하시니

07. 출 17:11~13

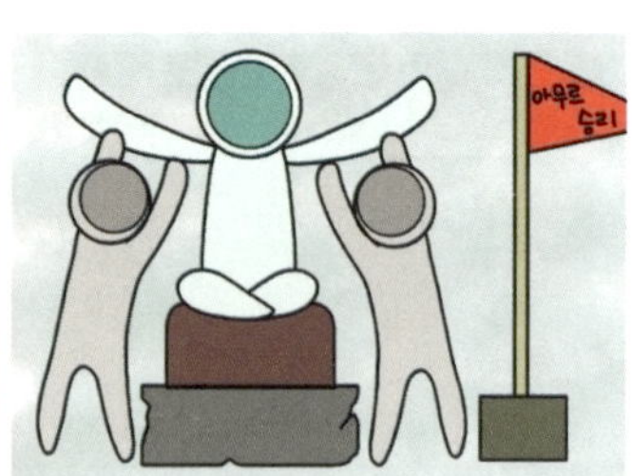

들면.이기고/내리면.지고
이쪽.저쪽.내려오지×
여호수아.아.무.르.파티

08. 출 20:3~17

신.우.여 안.부묻고.살라
간.도둑.짓.탐내지.말라

09. 민 6:24~26

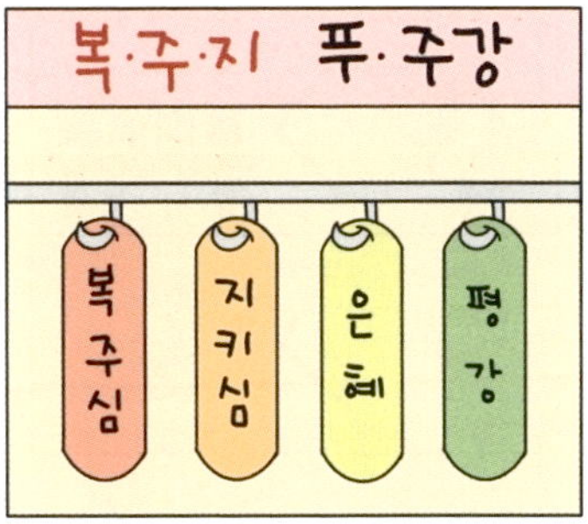

여호와는 복.주시고.너.지키시며
은혜.베푸/평강.주시기를.원하노라

10. 민 13:25, 33, 14:9

40일.정탐보고 아낙.자손.거인들/
우리는.메뚜기 그들은.먹2라/두려워.말라

11. 신 6:4~9

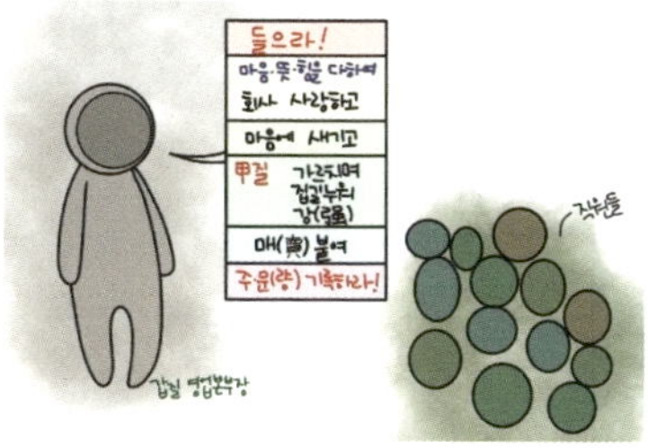

들으라 마음.뜻.힘을.다하여
회사.사랑하고.새기고.
甲질.가르치며 집.길.누.일.때 강.매.붙여
주.문.기록하라

12. 신 16:13~14

초막절.절기를 너와.자녀와.노.레
고.객.과.함께~

13. 신 24:19

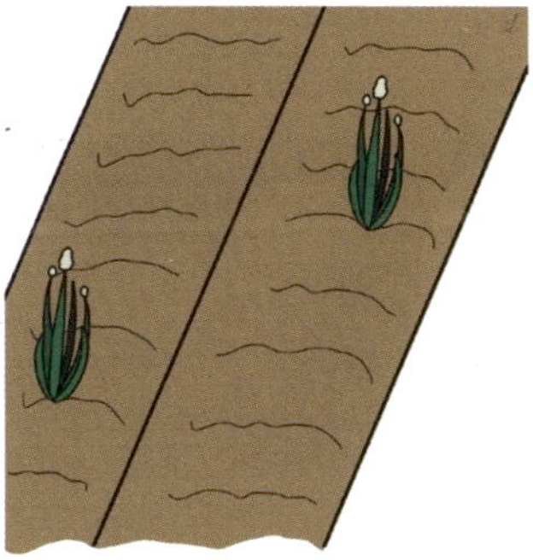

곡식.한.뭇을 나.고.과.위하여.남겨두라
그리하면.복을.내리시리라

14. 신 32:11~12

독수리가.'어.너.새.받.업'.같이
여호와께서.홀.인.업!

15. 수 1:8

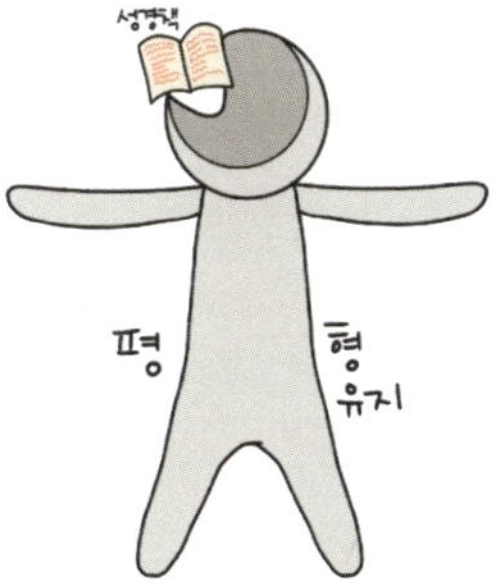

율법.책.입에.떠.넣어
주야로.묵상하여.지켜.행하라
그리하면.평.형유지.하리라

16. 삿 7:5~7

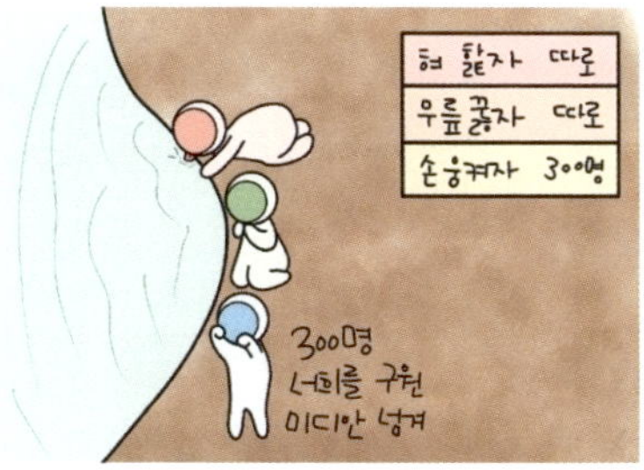

기드온에게 혀핥자.
따로/무릎꿇자.따로/손움켜자.
삼백.명으로 미디안을.넘겨.주리니

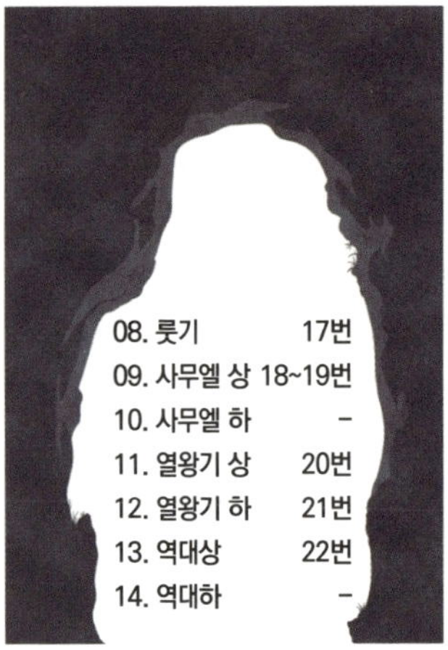

17. 룻 1:21

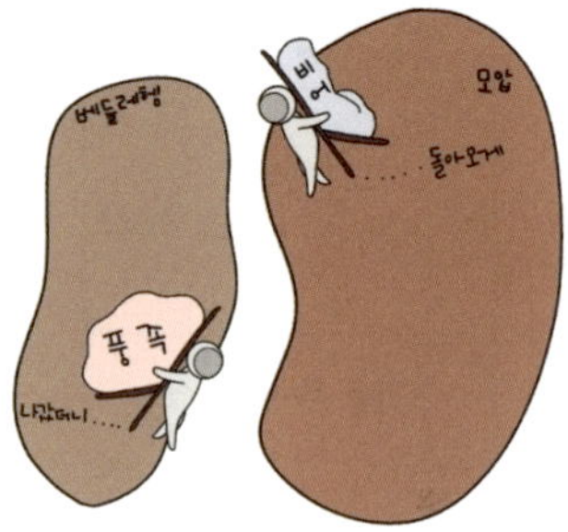

풍족.나갔/비어.돌아오게 나를.징벌/
괴롭게.하셨거늘 어찌.'나오미'라.부르느냐

18. 삼상 15:22

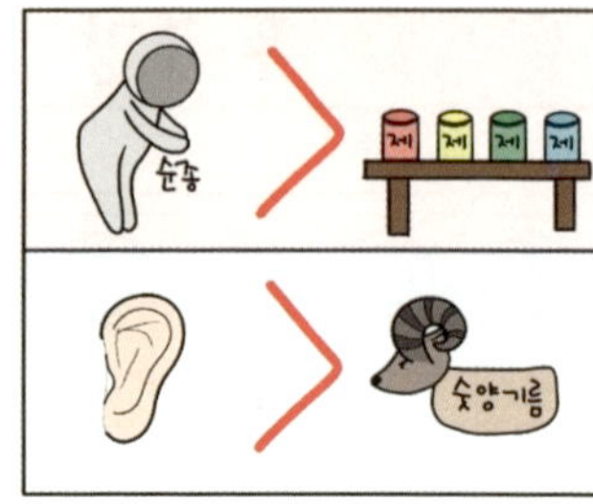

사무엘 여호와께서.번제를.좋아하시겠나
순종이.제사보다.낫고
듣는.것이.기름보다.나으니

19. 삼상 29:5

춤추며.노래하여.이르되
사울이.죽인.자.천천은
다윗을.만만히.보았기에

20. 왕상 18:42~44

엘리야.갈멜산.얼굴.무릎사이
7번까지.다시.가라
손.만한.작은.구름.일어나나이다

21. 왕하 20:1~3

히스기야.병들어.죽게.되매 벽.향.기도
진실과.선.행.을.기억하옵소서.통곡하더라

22. 대상 4:10

야베스.내게.복을 지역을.넓히시고
환난을.벗어나.근심이.없게 허락하셨더라

15. 에스라 -
16. 느헤미야 -
17. 에스더 -
18. 욥기 23~25번

23. 욥 1:21

모태.알몸.나/알몸.돌아가 주/거두.
여호와.이름이.찬송을.받으실지니이다

24. 욥 8:7

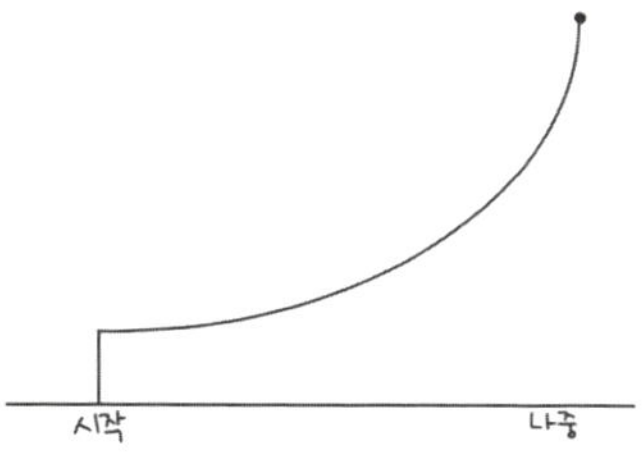

시작은.미약하였으나 나중은.창대하리라

25. 욥 23:10~11

가는.길을.그가.아시나니
단련.후.순금.같이.되어
그의.걸음.바로.따랐으며

19. 시편 26~30번
20. 잠언 31~35번
21. 전도서 36~38번
22. 아가 -
23. 이사야 39~44번

26. 시 1:1~5

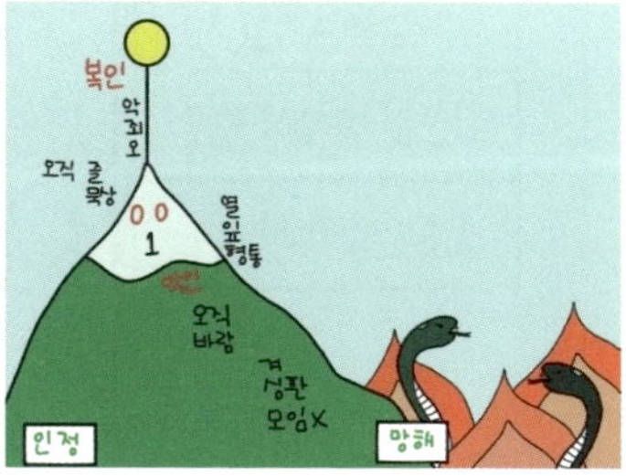

복人은.악.죄.오 오직.즐.묵상
시냇가.나무.열매.잎.형통
악人들은.오직.바람.겨 심판.견디지×

27. 시 18:2

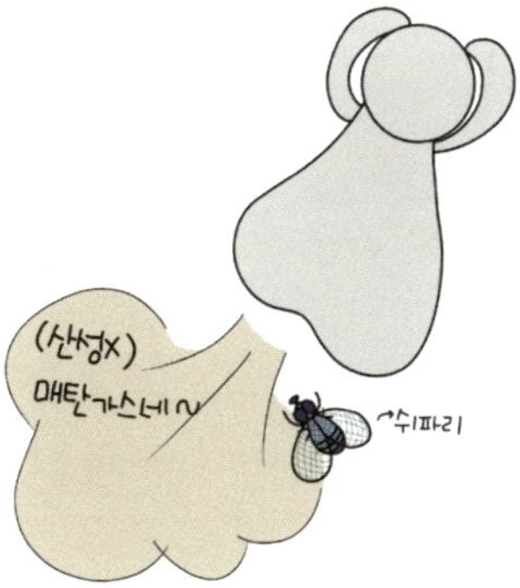

여호와는 석.쇠.에서.건지시는.하나님
피할.바위.방.구.산성이시로다)

28. 시 23:1~4

여호와는.목자.부족함×
풀밭.물.가/영혼.소생.의.길로.인도
음침한.골짜기.해.두려워하지×
주.와.함께.막.지!

29. 시 50:15

환난.날에.부르라 '너를.건지리니'
나를.영화감독이라.하리로다

30. 시 84:10

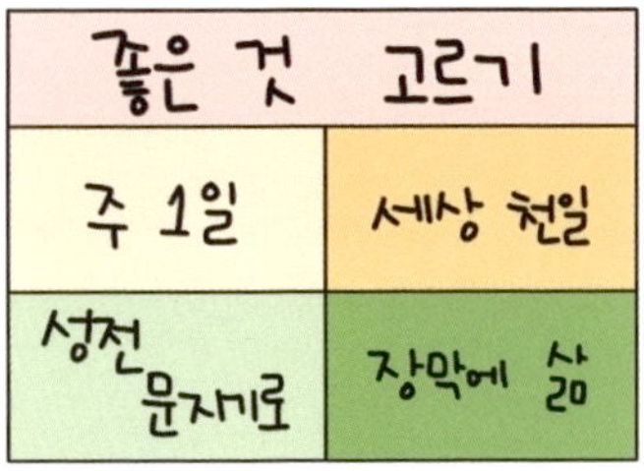

주의.한.날이 다른.천.날보다.나은즉
악인.장막.보다 성전.문지기.좋사오니

31. 잠 15:8

(악인.제사는.미워하셔도 정직한.
기도는.기뻐하시느니라)

32. 잠 16:8

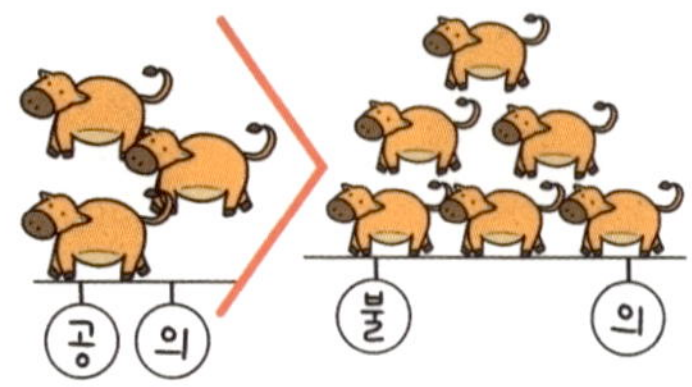

적.소.공의.겸하면 많.소.불의.겸보다
나으리라

33. 잠 16:18

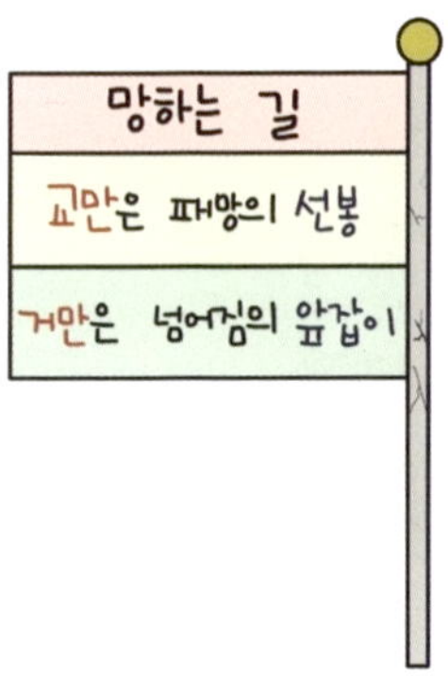

교만은.패망의.선봉이요
거만은.넘어짐의.앞잡이니라

34. 잠 16:25

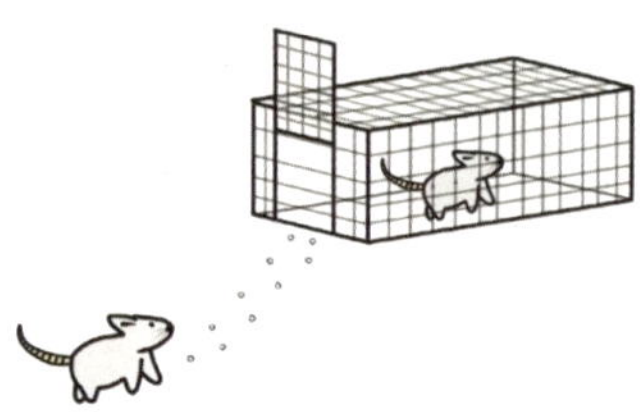

어떤.길은 보기에.바르나
필경은.사망의.길이니라

35. 잠 30:7~9

2179 거짓말.멀리
가.마.부.마.필요한.양식.먹이소서

36. 전 7:14

통뼈.곤되 두.가지.병행하게
장래.알.못.하셨느니라

37. 전 7:15

의로움.불구.멸망.의인.있고
악행.불구.장수.악인.있으니

38. 전 10:12~13

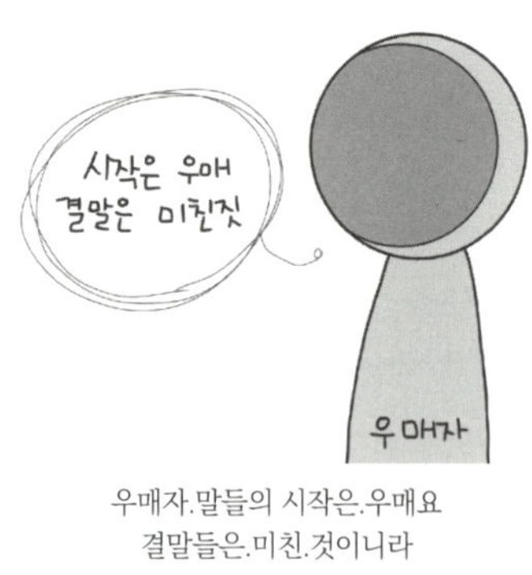

우매자.말들의 시작은.우매요
결말들은.미친.것이니라

39. 사 9:6

한.아기가.났고 어깨에는.정사각형.모기장
이름은.모.기.전하!존버.왕이라

40. 사 40:31

여호와.앙망.자는 새.힘을.얻으리니
독수리.날개.달.걸~.피곤하지×

41. 사 42:3

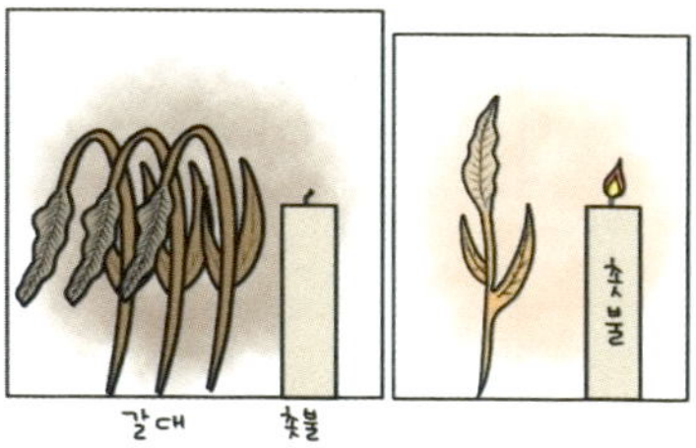

상한.갈대.꺾지/꺼져.등불.끄지.아니하고
정의를.시행할.것이며

42. 사 43:19

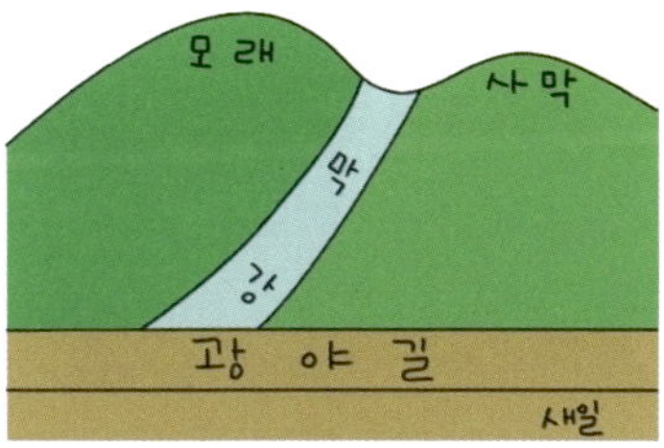

보라.내가.새.일을.행하리니
광야에.길/사막에.강을.내리니

43. 사 46:4

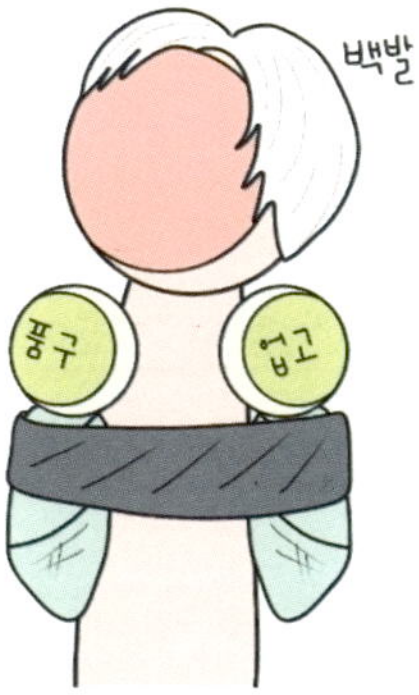

백발이.되기까지 내가.너희를.품을/
업을.것이요 품고.구하여.내리라

44. 사 53:5

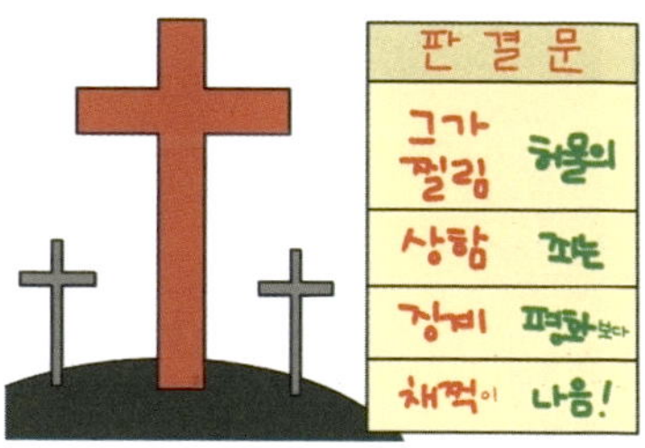

그가 찔림.허물의.상함.죄는
징계.평화보다.채찍이.나음!

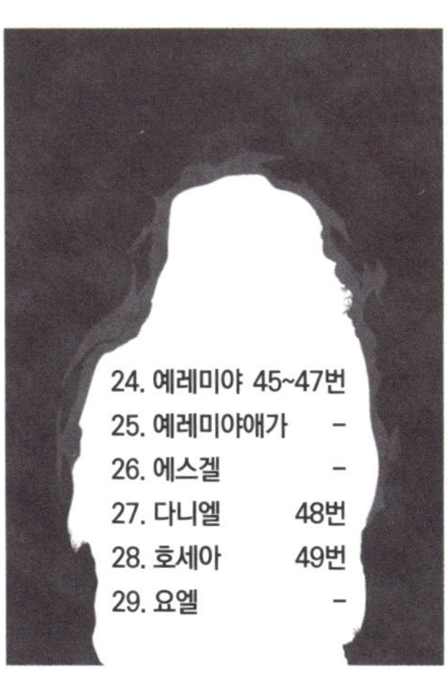

45. 렘 17:8

물.가.나무는 뿌리.더.위에.잎.청청
결실.그치지.아니함.같으리라

46. 렘 23:23

나는.가까운.데.있는.하나님
먼.데.있는.하나님은.아니냐

47. 렘 29:12~13

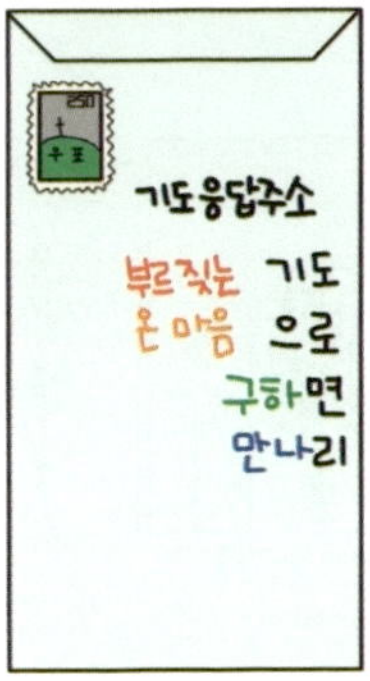

내게.부르짖는.기도
온.마음으로.구하면.만나리

48. 단 6:22~23

천사.사자들.입.봉.무죄
왕.기뻐.다니엘.올린즉.상하지×
이는.믿음이었더라

49. 호 4:6

네가.지식.버렸/나도.너.버려,
네가.율법.잊었/
나도.네.자녀들.잊어버리리라

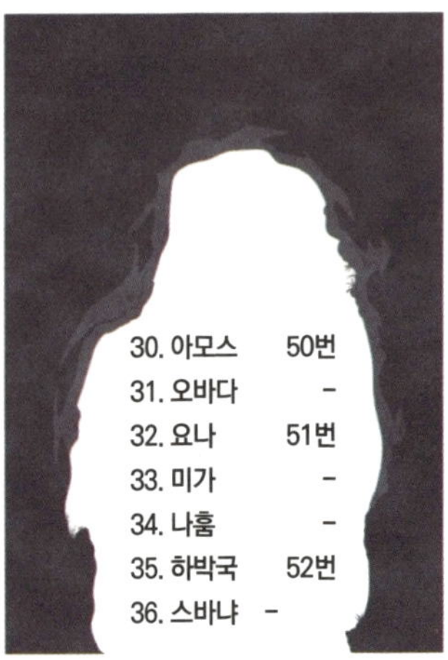

50. 암 8:11

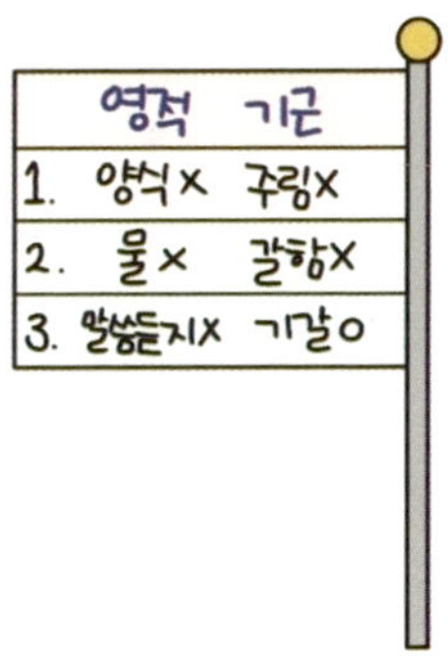

기근은 양식.없어.주림×/물.없어.갈함×
말씀.듣지.못한.기갈이라

51. 욘 1:2~3

니느웨로.가서.외치라
여호와.얼굴.피하려고.
다시스로.도망 배에.올랐더라

52. 합 3:17~18

비록.무화과.포도.감람.소출×
우리.밭.외양간.소×
나는.여.즐.하나로.기뻐

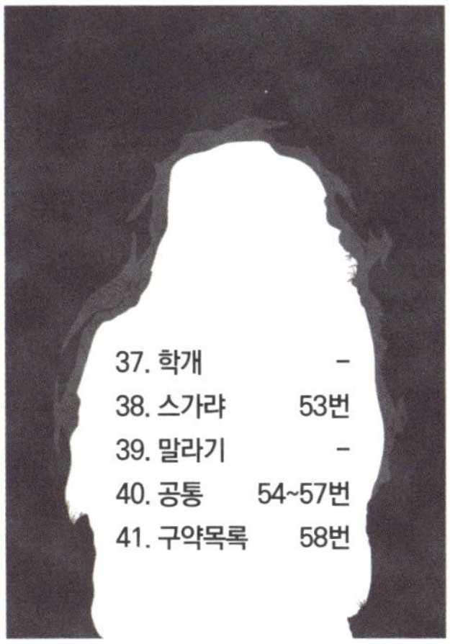

53. 슥 4:5~6

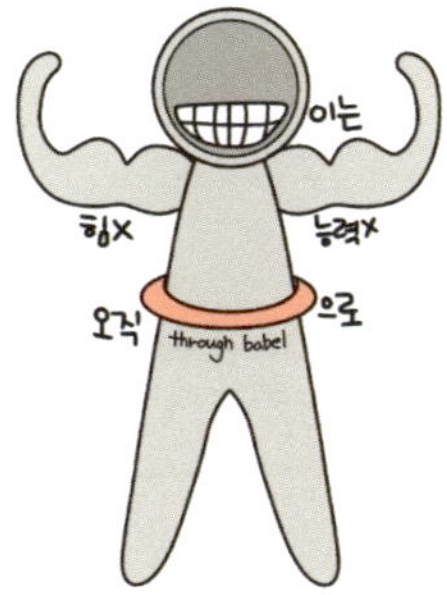

천사가.무.알.못?/내.알.못
여호와.스룹바벨에게 이는.힘/
능력으로.되지× 오직.나의.영으로

54. 하나님 품성

영.불변.무.전.공.사中

55. 절기

적군.유.무에.관계없이 5.초후.나팔.소리에
진격!부.수.수~

56. 제사

번제물 소.화.속.속되네
요거.내게.위임된거야~

57. 여호수아~그리스도 (손동작)

(여호수아~그리스도)
34개 키워드 손동작을
축토링한 것

58. 구약 목록(39권)

사랑의 트위스트 춤추기 연습생

구경
한번 잘했네~

장절주소 우체국 신약, 구약

* 비교적 쉬운 암기 요령을 한곳에 모은 주소록입니다.

* 축토링 장절주소 암기의 복습 코너입니다.

* 반복해서 보시면, 숫자 중 자주 등장하는 '단골 대명사'를 읊조리게 됩니다.

* 재밌게 표현되어야 오래 기억이 가능하고, 또한 기억 재생이 용이합니다.

장절주소 우체국(신약)

No	장절주소	장절주소 숫자 연상
01	마 1:23	아들 예수를 마치 123(1:23) 권투하듯… 임마! 누엘 때려!
02	마 4:23	마치 예수님의 사역(4)은 이(2) 세(3)가지 '가.전.고치시'는 것!
03	마 5:3~10	산상수훈 들으러 마냥 오세(5:3)요! 천국 길이 열(10)립니다
04	마 6:9~13	주기도문은 마침내 육(6)도 구(9)함일세(13)
05	마 7:7	마치 구두를 척척(7:7) 찾아내리라!
06	마 10:2~4	마침 베드로 침대를 청소하러, 열(10)심히 이사(2~4)하네
07	마 10:16	마치 열량(10) 많은 뱀과 일류(16) 비둘기 같이 하라
08	마 13:4~8	마침내 좋은 땅일세(13), 사팔(4~8)이 아니라면…
09	마 18:18	마치 땅에서 풀고(1), 매면(8/모습), 하늘에서도 풀고(1), 매고(8)
10	마 19:20~22	마치 소유를 팔아 나눠 주면 천국(19)은 예비된 것이여(20), 똘똘(22)하네
11	마 23:23	마치 이(2) 세(3)가지의 십일조는 드려도, 정.긍.믿음은 이상(23) 끝이네
12	마 24:38~39	세상은 마치 방주 속 이사(24)보다 '먹.마.시.장'을 38광땡으로 삼구(39)
13	마 28:19~20	마치 이빨(28)로 전하는 천국(19)이여(20)
14	막 4:26~29	막 씨가 사방(4)으로 이륙(26)하고, 자라면 추수이구(29)
15	막 16:17~18	방귀에 해 받지 아니한 자가 막 16, 17, 18명(16:17~18)째이다
16	눅 2:11, 14	누구(눅)에게나 두(2) 가지(영광, 평화)가 일일(11)이 찾아왔네(14)
17	눅 3:5	골짜기가 메워지기를 누가 사모(3:5)했나?
18	눅 6:38	누르고 흔들어 넘치면, 누구(눅)든지 육(6)은 38광땡이라
19	눅 10:27	'마.목.힘.뜻을 다하여'는 누구(눅)를 위한 십자가(10)이지(27)?
20	눅 10:30~37	누가, 강도 만난 자를 열정(10)으로 30분 이상 상처(37)를 돌봤나?
21	눅 21:4	누가 봐도 과부의 두 렙돈, 이일(21)은 사력(4)을 다한 것일세
22	눅 24:32~33	누구(눅)든지 말씀대로 이사(24)가는 삶이(32) 삼삼(33)한 일일세
23	요 3:16	요 말씀이 우리 삶(3)을 일류(16)로 인도하시네
24	요 6:9~13	요런 도시락으로 배고픈 육(6)을 구(9)한 것일세(13)
25	요 14:6	중요! 예수님이 우리를 하나님께로 인도코자 왔네유(14:6)~
26	요 15:7	'너희.내.거 내.말.너.거'이면 요것은 이뤄져(15:7)~
27	행 1:8	땅끝까지 증인의 행동 강령 첫(1)째는 8째 복(박해/산상수훈)이다
28	행 2:17	세 행동 주체의 理想(이상/2)이 일치(17)하네
29	행 3:6~8	못 걷게 된 이의 행복한 삶(3)은 육(6)적으로 팔팔(8)하게 걷는 것
30	행 16:24~26	옥에서도 기도.찬송하는 바울과 실라는 행복한 인류(16)이오(25)
31	롬 4:18	아브라함은 바랄 수 없는 중에 사내(4)놈(롬) 한(1) 몸(8/모습)을 원했네
32	롬 4:25	로마 병정 앞에서의 부활은 죽음(4)과는 다른 것이오(25)
33	롬 5:3~4	샬롬의 과정이 오직(5) 3~4글자로 압축되네(환.인.연.소)
34	롬 5:3~5	샬롬은 오직(5) 환.인.연.소.를 사모(3~5)함이라
35	롬 6:23	샬롬은 육(6) 이상(23)의 하나님 은사야~
36	롬 8:26	성령의 샬롬은 약한 몸(8/모습)을 누룽지라도 도우시는 이유(26)라네

No	장절주소	장절주소 숫자 연상
37	롬 10:10	샬롬이란 입을 열(10)어 시인하면, 구원의 문은 열(10)린다
38	롬 11:36	샬롬은 두 손 들고(11) 주께 가려고 세상에서 36계 줄행랑친다네
39	롬 12:1~2	샬롬은 시비(12)없는 '몸.뼈.제물=영적 예배', 일리(1~2)있네
40	롬 12:17	샬롬이 되려면, 시비(12) 말고 선한 일로 일치(17)해야
41	고전 1:18	고전하는 첫(1)째 이유는 십자가를 심판(18)으로 여겨
42	고전 1:22~24	고전하는 첫(1)째 이유는 목 사이즈가 22와 24의 중간이라서
43	고전 1:25	고전하는 첫(1)째 이유는 '하.어이.사.보다.지혜롭고'이오(25)
44	고전 1:27	고전했던 약점이 주님으로 인해 첫(1)째가 된 것이지(27)
45	고전 3:6	씨는 잠깐 고전이나, 생육(3:6)은 하나님뿐이라네
46	고전 11:23~26	고전 끝에 떡 1개, 피 1잔이세(23), 결국 이륙(26)하셔 구원 완성하셨네
47	고전 13:4~7	사랑이 없으면 고전일세(13), 사죽(4~7)을 못 쓴다네(가정에서)
48	고후 1:10	고생후 우리를 건지실 유일한(1) 길은 십자가(10) 예수라네
49	고후 4:18	안개로 고생후 보이는 4m는 잠깐, 보이지 않는 18m는 영원하네
50	고후 6:10	고생후 육(6)으로는 근심자 같으나, 열(10)정의 '복음 기부가'로다
51	고후 9:6~7	고생후 소득이 9든, 6이든 입에 풀칠(7)은 비슷해
52	고후 12:9	고생후 약점에 시비(12) 말라! 구원(9)으로 충분해~
53	갈 2:20	갈급해, 내가 그리스도와 함께(2) 가지 십자가(10+10=20)에 못 박혔나니
54	갈 5:19~21	갈망했던 육체의 일은 오직(5) 19세부터 이일(21)을 했노라
55	갈 5:22~23	갈망한 열매는 오직(5) 둘이(22) 이세(23)를 만드는 것이야
56	갈 6:7~8	갈망하던 육(6) 위해 심으면, 7~8십%는 썩어질 것
57	엡 4:2~3	온유와 남편은 애밴(엡) 사이세(4:2~3)
58	엡 4:13	충만은 예비(엡)된 뜻 따라 온전한 사람(4)을 이루는 삶일세(13)
59	엡 6:1~4	순종은 애비(엡)의 육(6)적 회초리(1)냐? 사기(4) 진작의 통닭 효과이냐?
60	엡 6:14~17	예비(엡)할 6가지 무기가 왔네(14)! 일치(17)토록 준비하라
61	빌 2:3~4	빌립보 교회의 봉사 원칙 234(2:3~4)는 타인 일을 돌보는 것
62	빌 3:7~8	빌빌거리는 삶(3)의 7~8십%는 배설물로 여기자!
63	빌 3:12~14	빌붙는 삶(3)이라도, 일리(12)있는 푯대를 보고 달려왔네(14)
64	빌 4:6~7	빌기를 감사(4)함으로 조용한 시간 중 6~7십%는 아뢰라
65	빌 4:12	빌라 4층의 단지 내 조망은 12층보다 좋다네
66	골 3:2	골 때리는 삶(3) 이(2)란? 땅의 것을 생각할 때이다
67	골 3:12~14	진골이신 예수님의 삶(3)은 일리(12)있네! 일곱 가지 성품으로 왔네(14)!
68	살전 1:3	미역은 산모의 절실한 살점(살전)일세(1:3)
69	살전 4:16~17	살던(살전) 죽은(4) 자들 일어나고, 남은 인류(16)도 함께(일치/17)
70	살전 5:16~22	신앙의 살점(살전)인 뻐.도.사는 오직(5) 인류(16)를 덜덜(22) 떨게 하네
71	딤후 3:15~16	뒹구른후 세상 삶(3)은 잃어(15)버리고, 일류(16)로 이끄는 것은 성경뿐!
72	히 4:12	희한하게도 말씀은 (혼.영.관절.골수)4개를 찔러(1/모습) 쪼개기(2)까지

No	장절주소	장절주소 숫자 연상
73	히 6:14	희한하게도 예수를 믿었더니 번데기라는 육(6)의 풍성도 왔네(14)
74	히 11:1	특히 믿음은 바라는 시선(모습/11)의 첫(1)째 실상이요
75	히 12:11	징계를 특히 시비(12) 말라, 연단 후에는 높이 세우(11)시리라
76	히 13:8	희한한 일일세(13), 예수는 영원(∞/8)토록 동일하시네
77	약 1:2~3	믿음의 약발은 시험/시련/인내가 123(1:2~3)이네
78	약 1:5	구하려는 약 이름을 잃어(1:5)버리면, 후꾸 한방이다~ 신약? 구약?
79	약 1:15	욕심은 신약의 첫(1)째인 절제, 평강을 잃어(15)버린 결과라네!
80	약 4:7~10	약점 노리는 마귀를 사죽(4:7) 못쓰게 하려면, 십자가(10)뿐
81	벧전 2:9	나는 '제사장.나라.백성'이니, 배짱(벧전)이구(2:9)
82	벧전 4:11	배전(벧전)의 봉사(4)는 하나님의 공급/힘으로, 일일(11)이 언급되었네
83	벧후 1:5~7	배추(벧후) 절임의 첫(1)째는 오직(5~7) 소금!
84	요일 2:15~16	요 일! 2가지(세상, 세상 것들)를 잃어(15)버리는 것이 일류(16)라네~
85	요삼 1:2	영혼/범사/건강 잘됨(1+2), 요런 삶은 일리(1:2) 있네
86	계 2:1~3:22	계시록 교회 형성, 이일(2:1)은 일곱=3+2+2(3:22) 교회까지
87	계 21:6~7	계속 알.오.마.처~ 생명수의 상속, 이일(21)은 6~7십% 이상 받으리라
88	사도신경	-
89	가상칠언	-
90	복음 제시	-
91	감사 십계명	-
92	신약 목록	-

장절주소 우체국(구약)

No	장절주소	장절주소 숫자 연상
01	창 1:28	창조 후 하나님(1)께서 이빨(28)로 명령하셨네(육.성.만.복.다스리라)
02	창 3:6	창세기 하와의 삶(3)은 육(6)적이었네
03	창 30:32	창세기 야곱, 처음에 외삼촌(3)이 환영(0)했으나, 이제는 외삼촌(3)과 이별(2)이네
04	출 3:7~8	출애굽 계획을 백성들이 삶(3) 속에서 7~8십%가 믿었을까?
05	출 12:11	출발부터 '유월절 먹방 가이드' 일리(12)있네, 일일(11)이 적혀 있네
06	출 13:21	출발법은 '밤낮 불구 go'일세(13), 이일(21)은 신기해
07	출 17:11~13	출발부터 일치(17)된 마음으로 두 손 높이(11)든 것일세(13)
08	출 20:3~17	출애굽기 20장의 삶(3)은 십계명과 일치(17)하네
09	민 6:24~26	민족적 비극 6.25 사변의 앞뒤 요절(6.24/6.26)이네
10	민13:25,33, 14:9	열 명의 민망한 보고는 보이는 현실만 일삼(13)는 보고이오(25) 민초여~ 긍정 보고가 왔네(14)! 여호와께서 구출(9)해 주신다네!
11	신 6:4~9	신기한 쉐마 교육(6)은 우리 사고(4~9) 방식과 다르네
12	신 16:13~14	신나는 일류(16) 절기일세(13), 고객과 함께 왔네(14)!
13	신 24:19	신선한 명령, 남겨둔 이삭(24)은 어려운 식구(19)를 위한 것!
14	신 32:11~12	신기하게 독수리 새끼 훈련 삶이(32) 일일(11)이 열거, 일리(12)있네
15	수 1:8	수많은 책 중 으뜸(1)은 8복이 있는 율법 책!
16	삿 7:5~7	기드온 용사(삿)는 럭키(7)하게 오직(5~7) 순종, 삼백 명으로 승리했네
17	룻 1:21	룻과 빈손으로 홀(1)로 돌아왔네, 이일(21)도 여호와의 계획이라네
18	삼상 15:22	삼삼(삼상)한 제물은 잃어(15)버려, 무릎 꿇고꿇은(22) 순종이 더 낫고
19	삼상 29:5	'천천 만만'은 삼라만상이 다 아는 사실이구요(29:5)
20	왕상 18:42~44	18ml 작은 구름도 왕창(왕상) 42~44L 뭉게구름으로 여겼네
21	왕하 20:1~3	왕의 하염없는 벽향기도이여(20), 통곡 상태일세(1~3)
22	대상 4:10	야베스가 기도 대상 하나님께 고한 딱한 사정(4)이 열납(10)되었네
23	욥 1:21	욥은 '알몸.나/알몸.돌아가', 하나(1)님께 이일(21)로도 찬송하였네
24	욥 8:7	악창의 욥의 몸(모습/8)이 치료(7)받아 창대케 되리라
25	욥 23:10~11	욥의 이런삶(23)은 십자가(10) 예표, 이하동문(〃/11)
26	시 1:1~5	복인에게는 시방도 하나(1)님 한(1) 분만 오직(5) 주관자
27	시 18:2	피할.바위.방.구는 시큼한 쉬파리(18:2) 방구네~
28	시 23:1~4	시편의 이상(23)적 최고의 말씀이 왔네(1~4)!
29	시 50:15	시퍼런 환난의 오공(50)시절을 잃어(15)버리려면 나를 부르라
30	시 84:10	시끌벅적한 세상 84일보다, 주일 10일이 더 좋다네!
31	잠 15:8	잠시 악인 제사는 잃어(15)버리고, 정직한 몸(8/모습)의 기도를 드려라
32	잠 16:8	잠시 불의.소득 16보다 공의.소득 8이 나으리라
33	잠 16:18	잠복해 있는 일류(16)병 교만은 비난받을 심판(18)의 선봉
34	잠 16:25	잠시 일류(16)로 보이나, 필경은 사망길이오(25)!
35	잠 30:7~9	잠시 월급 30만원의 가난도, 7~9백만원의 부도 마옵시고

No	장절주소	장절주소 숫자 연상
36	전 7:14	전에 원했던 형통이 럭키 7인데, 원치 않는 곤고도 왔네(14)!
37	전 7:15	전적으로 주(7)를 의뢰해도 목숨을 잃어(15)버린 의인이 있고
38	전 10:12~13	전도자의 말은 십자가(10), 우매자는 시비(12)일세(13)
39	사 9:6	아기 예수는 사랑의 구유(9:6)에서 탄생하셨네
40	사 40:31	사막의 사공(40)인 성도의 삶(3)의 첫(1)째는 여호와를 앙망하는 것
41	사 42:3	상한.갈대.꺽지/꺼진.등불.끄지 아니하는 사랑이 쌓이세(42:3)
42	사 43:19	사랑의 사생(43) 결단으로 광야 길을 일구(19)셨네
43	사 46:4	내가 사람들을 품는 사유(46)는 사랑(4)이라
44	사 53:5	우리 죄를 사하시러 오세요(53:5)
45	렘 17:8	물 가 나무는 주를 향한 설렘에 일치(17)되는 몸(8/모습)이여!
46	렘 23:23	설렘의 대상은 2~3m이고, 23km 먼 데 하나님은 아니냐?
47	렘 29:12~13	설렘의 異口(이구/29)동성은 시비(12)조차 없는 것일세(13)
48	단 6:22~23	다니엘 사자 굴에서 육(6)의 당돌(22)함은 그의 믿음이세(23)
49	호 4:6	말씀 지식을 버린 사람들은 매우 혼내유(호 4:6)
50	암 8:11	암만 생각해도 내 영적 몸(8)은 삐쩍(11) 말랐다네
51	욘 1:2~3	요나는 하나(1)님 얼굴을 피해 도망간 것이세(2~3)
52	합 3:17~18	하박국의 삶(3)은 결핍에 일치(17)해도 불평의 18은 없었네
53	슥 4:5~6	서로 으쓱(슥)대며 '힘 최고'와 '영 최고'가 싸워유(4:5~6)
54	하나님 품성	-
55	절기	-
56	제사	-
57	여호수아 ~그리스도	키워드 손동작
58	구약 목록	-